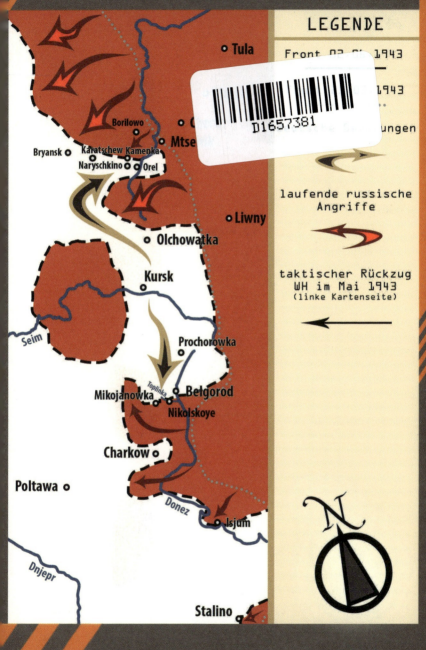

STAHLZEIT
Der andere Weltkrieg

Die deutsche Alternativweltserie
von

Tom Zola

UNITALL®

Band 2

Die Ostfront brennt!

1. Auflage
September 2014

HJB Verlag & Shop KG
Im Kai 1
78259 Mühlhausen-Ehingen
Deutschland
Tel.: 0 77 33 – 9 77 34 30
Fax: 0 77 33 – 9 77 34 39
www.unitall.de
hjb@bernt.de

Umschlaggestaltung: Tom Zola & P. Bookmaker
Titelbild und Karten: Christoph Ott
Lektorat & Buchsatz: Lanz Martell
Korrekturen: Meyer & Tyra
Printed in EU

© 2014 HJB Verlag KG
Ein Buch aus dem Label *Unitall*
Alle Rechte vorbehalten
ISBN 978-3-95634-024-6

Besuchen Sie unsere Homepage www.unitall.de

Danksagung

Auch an dieser Stelle möchte ich wieder sehr herzlich meinem Vater danken, der mein ergiebigster Unterstützer ist. Auch meine Frau verdient eine lobende Erwähnung, denn sie ist es, die mich jeden Tag aufs Neue inspiriert und glücklich macht.

Ich möchte auch einmal mehr meinem Verleger Hansjoachim Bernt danken, dessen Engagement und dessen beständige Kritik an meinen Konzepten und Texten die Stahlzeit-Serie erst zu dem gemacht haben, was sie ist.

In stundenlangen Telefonaten haben wir sämtliche Lagen durchgespielt, die Für und Wider einer Situation diskutiert, und sind manchmal auch zu unterschiedlichen Ergebnissen gekommen. Oftmals haben mich diese Gespräche auf Schwächen in meiner Handlung aufmerksam gemacht, weshalb ihm ebenso die Anerkennung derer zuteilwerden muss, die Stahlzeit schätzen.

Natürlich danke ich auch ein weiteres Mal dem guten Pony, der wieder für die russischen Texte verantwortlich zeichnet. Dank gebührt gleichfalls John, der meinen Text mit wachen Augen durchgesehen hat.

Zum Schluss danke ich noch dem Internet; im Speziellen 9gag, google, filmstarts, areagames, schnittberichte, der Möglichkeit der Email-Postfachüberprüfung zu jeder Tag- und Nachtzeit, diversen Foren, ebay, southpark, diversen Wikis, sowie youtube mit den Screen Junkies, Fail Compiliations, Red Letter Media, Americas Best Aerobic Atheletes, den Nachtcafé-Aufzeichnungen, diversen Let's Plays, Coldmirror und LeFloid. Ohne euch wären meine Bücher bereits Jahre früher fertig gewesen – und meine Leser müssten nicht drei Monate auf den nächsten Band warten.

Vorgeschichte

Am 03.11.1942 verunglückt die Führermaschine irgendwo über Ungarn. Adolf Hitler, der »Führer« des Reichs, stirbt und hinterlässt ein gigantisches Machtvakuum. Die höchsten Offiziere der Wehrmacht nutzen die Gunst der Stunde. Sie sichern sich die Herrschaft über das Deutsche Reich, und machen Generalfeldmarschall Erwin von Witzleben zum Reichskanzler. Die SS wird aufgelöst, die NSDAP ins politische Abseits gestellt. Die neue Regierung entscheidet, den Krieg solange fortzusetzen, bis die Alliierten von ihrer Forderung nach einer bedingungslosen Kapitulation Deutschlands abrücken – um dann am Verhandlungstisch einen Frieden auszuhandeln, bei dem das Territorium und die Souveränität des Reiches gewahrt bleiben.

Im Osten sucht die Wehrmacht daraufhin die Entscheidung im Frontbogen von Kursk. Leutnant Josef Engelmann, Zugführer einer Panzereinheit, sowie Unteroffizier Franz Berning, Gruppenführer bei der Infanterie, beteiligen sich am deutschen Angriff, der in einer Zangenbewegung von Norden und Süden starke Feindkräfte einkesseln und die Stadt Kursk nehmen soll. Unterdessen schickt die Abwehr Unteroffizier Thomas Taylor in die Schweiz, wo er falsche Informationen über den Angriff an die feindlichen Geheimdienste übermittelt. Während Engelmann und Berning mit ihren Kameraden Kursk nehmen, fliegt Taylors Tarnung auf, und er muss fliehen. Nachdem er untergetaucht ist, macht er sich in Bern an Luise Roth ran, eine Mitarbeiterin des englischen Konsulats, deren Vater General der britischen Armee ist.

Im Kursker Kessel wehren die Deutschen schließlich einen verzweifelten Ausbruchsversuch der Sowjets ab und entscheiden die Schlacht damit endgültig für sich, doch es bleibt keine Zeit, sich über den Sieg zu freuen. Die Russen blasen an mehreren Frontabschnitten zum Gegenangriff, rollen somit gegen Orel, Charkow, Isjum und Stalino. Über Taylor erfährt die Abwehr zudem, dass sich die West-Alliierten auf eine Invasion Italiens vorbereiten.

Berlin, Deutsches Reich, 28.05.1943

Es war eine stürmische und verregnete Freitagnacht, die jeden Gedanken an den Sommer verdrängte. Dicke Tropfen prasselten auf die vom Bombenkrieg gebeutelte Hauptstadt des Reiches, während kühle Luft durch die Straßen und Gassen strich. In der Ferne röhrten die Motoren englischer Bomberverbände. Hunderte Maschinen zogen über den Süden von Charlottenburg hinweg und warfen ihre tödliche Last ab. Die heimische Flak bellte an allen Orten. Geschosse zogen glühend in den Himmel. Vereinzelte deutsche Jagdmaschinen warfen sich schützend zwischen Berlin und die feindlichen Bomberpulks. Sie waren dem Tode geweiht.

Als tiefes Dröhnen hallten die Detonationen auch bis zum Schloss Bellevue herüber, wo der Reichskanzler des Deutsches Reichs, Generalfeldmarschall Erwin von Witzleben, ungeachtet der Gefahr aus der Luft die Regierungsarbeit fortführte. Es mussten schon der Bezirk Tiergarten und das Schloss selbst im Bombenhagel liegen, damit von Witzleben die imposante Dreiflügelanlage verlassen und sich in Sicherheit bringen würde.

Von Witzleben saß in seinem Büro, ein mit Holz vertäfelter großer Raum, der Platz für eine ganze Fußballmannschaft geboten hätte. Karten über Karten, die die Lage in Frankreich, in Italien, an der Ostfront und im Pazifik zeigten, waren in Aufsteller eingebettet. Der Blick des Kanzlers schweifte über das Kartenmaterial. Für den Bruchteil einer Sekunde schoss ihm durch den Kopf, was in den bald sieben Monaten seiner Amtszeit alles geschehen war.

Im ersten Quartal des Jahres 1943 hatte von Manstein, dem von Witzleben alle Kompetenzen für den Osten übertragen hatte, trotz der Schlammperiode in den Abschnitten der Heeresgruppe Mitte und Nord einige überraschende Erfolge erzielen können. Die im Raum agierenden Verbände waren nach und nach durch ehemalige SS-Männer aufgefrischt worden, die durch die Auflösung zahlreicher Konzentrationslager und deren Logistik freigeworden waren. Darüber hinaus griffen auch Truppen der Heeresgruppe Süd, die durch taktische Rückzüge der Wehrmacht zur Verfügung standen, in von Mansteins Operationen des ersten Quartals ein; so zum Beispiel die kampfstarke 24. Panzer-Division. Bis Ende Februar hatte der OB Ost sich bis an Tula herangearbeitet, dann aber, aus Furcht, die eigenen Truppen zu stark abzunutzen, alle Bewegungen gestoppt. Als sich der März dem Ende zuneigte, gelangte von Manstein zu der Erkenntnis, die Wehrmacht wäre für eine Offensive im laufenden Jahr nicht mehr gewappnet. Der Kanzler allerdings setzte das umstrittene Unternehmen Zitadelle durch – was mit einem kleinen Erfolg endete. Die anschließenden Gegenoffensiven der Russen setzten nicht nur den deutschen Verbänden bei Orel bis Stalino zu, nein, sie hatten auch fast alle deutschen Erfolge des Jahresanfangs zunichte gemacht. Tausende Ortschaften wechselten zum x-ten Mal den Besitzer.

Das Brausen der Bombardements in der Ferne riss von Witzleben aus seinen Gedanken. Das Donnern und Krachen der Bomben war eine mittlerweile grausig-vertraute Geräuschkulisse für den Kanzler; und auch wenn jede Bombe, die auf deutsche Städte fiel, von Witzlebens ohnmächtige Wut nur noch weiter schürte, blieb ihm nichts weiter übrig, als dem Geschehen tatenlos beizuwohnen. Die Luftwaffe, ausgezehrt durch vier Kriegsjahre und gezeichnet von Personal- und Materialknappheit, hatte den alliierten Bomberangriffen nichts entgegenzusetzen. So kam es, dass dieser Tage Flugzeuge der Alliierten durch den deutschen Luftraum flogen, wie es ihnen beliebte. Von Witzleben hatte unzählige Gespräche mit Erhard Milch geführt, seines Zeichens Oberbefehlshaber der Luftwaffe, doch sie waren immer zu dem selben, ernüchternden Ergebnis gelangt: Das Deutsche Reich war angesichts des Bombenterrors machtlos. Es ging dem Kanzler wahrlich nahe, tausendjährige deutsche Städte binnen Stunden in Schutt zerfallen zu sehen. Es ging ihm noch viel näher, das in Berlin durch den Bombenterror geschaffene Leid hautnah zu erfahren: Frauen, die tote Kinder aus Ruinen zerrten. Knaben und Mädels, denen die Beine oder Arme fehlten, oder deren Gesichter bis zur Unkenntlichkeit verbrannt waren. Einmal hatte er am ganzen Körper gezittert, als ihn sein Adjutant durch Schönefeld fuhr, kurz nachdem der Bezirk Opfer eines großen Angriffes geworden war. Was der Feind mit den Städten – mit den Menschen – Deutschlands anrichtete, machte den Reichskanzler sprachlos und fassungslos. Doch von Witzleben kannte auch den ganzen Zwiespalt seiner Gefühlslage: Er war der Kanzler des Deutschen Reiches und hatte gemäß der durch seine Regierung geschaffenen Gesetze die alleinige Führerschaft über die Nation inne. Ein Wort und ein Schriftstück würde es ihn kosten, und die Bombardements endeten binnen Tagen. Doch er gab dieses Wort nicht, und er setzte auch dieses Schriftstück nicht auf, denn von Witzleben war überzeugt, dieser Opfergang des deutschen Volkes war die einzige Möglichkeit, das Reich in die Zukunft zu retten, denn die von den Kriegsgegnern geforderte bedingungslose Kapitulation würde das Ende der deutschen Nation bedeuten. Dies konnte der Kanzler nicht akzeptieren; also musste es weiter gehen. Auch war ihm die andere Seite der Medaille bewusst: Deutschland hatte diesen Krieg begonnen, in dessen Verlauf die deutsche und die britische Luftwaffe über die Städte des jeweils anderen hergefallen waren. Darüber hinaus war die Bombardierung der Zivilbevölkerung ein in von Witzlebens Augen zwar grausames, aber legitimes Mittel, um den Feind in die Knie zu zwingen. Die Kriege des 20. Jahrhunderts waren durch die fortgeschrittene Industrialisierung totaler und grausamer als alles je Dagewesene, und darum mussten sie auch genauso und auf allen erdenklichen Ebenen ausgefochten werden.

Deutsche Bombenangriffe gegen englische Städte unterblieben derzeit nicht, weil der Kanzler für solche Methoden zu gutmütig war. Auch von Witzleben würde wieder Angriffe gegen feindliche Städte befehlen, wäre die Luftwaffe dazu in der Lage. Und sollten im nächsten Jahr tatsächlich diese wundersamen Flugkörper einsatzbereit sein, deren Ungenauigkeit ein Einsetzen gegen militärische Ziele schwierig machte, dann würde von Witzleben auch ihren Einsatz gegen feindliche Städte anordnen. Dann würden englische Frauen und englische Kinder auf seinen Befehl hin sterben. Es war eine harte Zeit, das wusste der Reichskanzler. Die Kriege des 20. Jahrhunderts erlaubten keine Unbeteiligten mehr. Entweder man war für eine Seite – oder dagegen. Von Witzleben musste diese Ordnung und diese Spielregeln nicht mögen, doch er war realistisch genug zu erkennen, dass sie da waren; dass das grausame Spiel, das die Menschheit Krieg getauft hatte, nun einmal so funktionierte.

Doch, wie gesagt, derzeit war das Deutsche Reich am empfangenden Ende des Luftkrieges. Es gab nichts, was der Kanzler dagegen hätte tun können. So arbeitete von Witzleben eben weiter, während anderenorts in Berlin Bomben vom Himmel regneten, Gebäude einstürzten, Menschen starben. Arbeit war von Witzlebens Rezept gegen die Niederlage. Tiefe

Augenringe zeichneten den alt gewordenen Kanzler, der seit Amtsantritt kaum eine Nacht ausreichend geschlafen hatte. Arbeit bestimmte sein Leben. Er koordinierte die Politik, die Wirtschaft und das Militär. Er reiste umher, an die Brennpunkte und die wichtigsten Produktionsstätten. Er sprach mit den führenden Industriellen des Landes, den Porsches und den Krupps; er sprach mit den Feldmarschällen und Generälen; er sprach mit seinen Ministern und den Reichstagsabgeordneten, auch wenn die eigentlich gar nichts zu melden hatten. Beck wollte gar das demokratische Element aus dem Staat entfernen, doch von Witzleben hatte sich schließlich dagegen entschieden, obwohl auch er sicherlich kein Demokrat war. Doch der Reichskanzler war der Meinung, man durfte den Deutschen nicht zu viele Veränderungen auf einmal zumuten, und somit blieb die Farce des Reichstags vorerst im Deutschen Reich bestehen.

Insgesamt führte all dies dazu, dass von Witzleben jeden Tag unzählige Gespräche führte; er koordinierte, er dirigierte, er lenkte den Staat; er traf Entscheidungen. Vor allem musste er all die Fehler Hitlers korrigieren. Die Wirtschaft zum Beispiel durfte nicht mehr weiter so tun, als wäre alles in Butter. Deutschland konnte es sich nicht leisten, Luxusgüter zu produzieren. Alles musste auf den Kampf ausgerichtet werden.

Und zur Stunde gab es eine Angelegenheit von wirtschaftlicher wie militärischer Bedeutung zu klären. Zwei Männer standen am Tisch des Reichskanzlers, auf dem sie einen ganzen Haufen Dokumente und Arbeitsmappen abgeladen hatten. Sie stritten lautstark über die zukünftige Vorgehensweise. Bei den beiden Streithähnen handelte es sich um Albert Speer, Reichsminister für Produktion und Rüstung; sowie Generalfeldmarschall Heinz Guderian, Chef des Heereswaffenamtes. Beide hatten die Aufgabe, im Rahmen der Rüstung zusammenzuarbeiten und die Produktion von kriegswichtigem Gerät zu maximieren, und beide waren innerhalb der Regierung keine unumstrittenen Personen.

Von Witzleben blickte mit müden Augen auf und betrachtete die beiden Männer, die sich wie Hammel aufplusterten und gestenreich Argumente im Raum verteilten.

»Die Entwicklungsphasen sind bei allen Projekten längst angelaufen – teilweise schon abgeschlossen. Mit einigen Modellen stehen wir kurz vor der Serienproduktion. Das ist eine Verschwendung sondergleichen und ein einziger Wahnsinn, was du da forderst!«, geiferte Speer seinem Kontrahenten entgegen, ehe er etwas ruhiger fortfuhr: »Heinz, niemand versteht mehr von Panzern als du, aber bedenke auch eines: Niemand versteht mehr von der Organisation der Industrie als ich. Also glaube mir, wenn ich dir sage, die Kosten für den Abbruch solcher weit fortgeschrittener Projekte sind nicht akzeptabel.«

Von Witzleben seufzte. Speer war als einer der engsten Vertrauten Hitlers einigen Angehörigen der neuen Regierung nur schwerlich zu verkaufen gewesen. Letztendlich zogen allerdings zwei Argumente, die seine Besetzung zuließen: Zum einen konnte man nach dem Tod des Führers nicht einfach so tun, als habe es die Naziherrschaft nie gegeben, auch wenn einige das gerne hätten.

Doch das Deutsche Reichs war in Kriegstagen wie diesen auf Stabilität angewiesen; und die konnte nur erreicht werden, wenn man alle Strömungen mit ins Boot holte, also auch all die Nazis und Parteifreunde. Speer war daher ein guter Kandidat für einen Regierungsposten, da er als ehemaliger Minister unter Hitler eine gewisse Kontinuität zwischen beiden Regierungen versprühte und gleichsam kein allzu fanatischer Nazi war. Sein Geschäft war ihm seit jeher wichtiger als die Ideologie. Zum anderen aber war Speer auch einfach verdammt gut auf seinem Gebiet: Als langjähriger Mitwirkender an der Kriegsrüstung des Reiches kannte er alle wichtigen Köpfe in der Branche, führte ein entsprechendes Adressbuch und war darüber hinaus ein Organisationstalent sondergleichen. So gut und effizient wie er, vermochte niemand sonst Ressourcen einzusetzen.

Er arbeitete dazu zwar auch mit Zwangsarbeitern und Kriegsgefangenen, doch das war ein Kurs, den die Regierung von Witzlebens unterstützte. Genau das schätzte der Kanzler an Speer: Er war – wenn es sein musste – ein skrupelloser Mann und stand damit den alten NS-Größen in nichts nach. Auch wenn man sich der meisten Nazis entledigt hatte, in einigen Bereichen brauchte man in diesen Zeiten schlichtweg einen Schweinehund – und Speer konnte dieser Schweinehund sein. Der Krieg musste schließlich bis zum Äußersten geführt werden.

Anders als durch den Einsatz »unfreiwilliger Ressourcen« hätten die benötigten Produkte überhaupt nicht in diesem Umfang hergestellt werden können, und selbst jetzt konnte das Deutsche Reich weder mit der Produktion der Sowjetunion noch mit der der USA mithalten – und beide waren miteinander verbündete Kriegsgegner Deutschlands!

Die Situation war also denkbar gefährlich, und da erübrigte sich dann auch schnell die Frage, ob es nicht verwerflich sei, entgegen dem Völkerrecht Kriegsgefangene und andere Unfreiwillige in der Rüstung einzusetzen. Deutschland konnte es sich im Augenblick schlichtweg nicht leisten, zu den Guten zu gehören. Beide Streithähne stierten sich mit bösem Blick an. Guderian atmete lautstark ein, während der Zorn sein Gesicht flutete. Wäre von Witzleben nicht so unsagbar müde, ihn würde das Aufplustern des Panzermannes glatt amüsieren. Doch dem Kanzler steckte die Arbeit der letzten Monate und auch die Russlandreise, von der er erst am vorigen Tag zurückgekehrt war, in den Knochen.

Auch Guderian war im Kreise der Reichsregierung ein streitbarer Mann. Zwar rechneten ihm viele seinen offenen Widerstand gegen hirnrissige Befehle zu Zeiten Hitlers hoch an, doch ebenso fürchtete man seine Unberechenbarkeit, seine Forschheit und seinen Drang zur Selbstdarstellung. Als Militär und Panzerfachmann war er sicherlich genial, als Mensch oftmals anstrengend.

»Albert«, begann Guderian und baute sich mit seinen 190 Zentimetern Körpergröße und dem blitzenden Ritterkreuz am Kragen drohend vor dem Minister auf, »diese Dinger, die du da bauen willst, sind doch ein Witz. Das sind keine Panzer, dass sind steife Festungen. Damit bist du glatt hundert Jahre zu spät!«

»Ich verbitte mir ausdrücklich, die jahrelange Arbeit der besten Ingenieure unseres Landes auf diese Weise zu diffamieren! Die neuen Panzer werden sehr wohl fahren – und nicht nur das, sie werden den Feind zerschmettern!« Auf diese Aussage Speers lachte Guderian gekünstelt auf, dann verzerrte sich sein Gesicht, als er wetterte: »Da zeigt sich, dass du eben doch ein Architekt bist und kein Soldat. Bei allem Respekt, Albert, lass dir gesagt sein, dass diese Geräte untauglich sind. Ja? Das ist nicht bloß meine Meinung! Erwin Rommel, von Manstein, ja, jeder Offizier mit militärischem Grips in der Birne, alle werden sie dir dieselben Dinge erzählen.«

Von Witzleben fielen fast die Augen zu. Ja, die Diskussion, die hier geführt wurde, war wichtig und ernst, doch er konnte einfach nicht mehr. Am Ende würde er auf die militärischen Argumente hören, und auf seinen Instinkt, der in eine eindeutige Richtung tendierte. Sein Blick wanderte unterdessen über all die Mappen, gefüllt mit Dokumenten und Skizzen, die auf seinem Tisch lagen. »Tiger II« stand auf einem Deckblatt. Er rümpfte die Nase. Das roch ja quasi schon nach dem Führer, und siehe da, kaum war das Stichwort in seinem Geiste gefallen, brachte ihn Speer zur Sprache: »Der Führer selbst hatte diese Projekte noch in Auftrag gegeben. In seiner Voraussicht hat er schon vor Jahren erkannt, was wir noch bitter nötig haben werden!«

Jetzt musste von Witzleben grinsen. Das war nun wirklich das falsche Stichwort, um einen Heinz Guderian zu beeindrucken – und eigentlich müsste Speer das auch wissen. Guderian spuckte nun auch umgehend symbolisch aus, und höhnte: »Es ist mir piepegal, was Adolf bestellt hat ...«

Das traf Speer sichtlich, der sofort intervenierte: »Unser seliger Führer hat Deutschland doch erst wieder stark gemacht, also hab ein Mindestmaß an Respekt! Er hat die Franzosen und die Engländer hinfort gefegt und ermöglicht, was 1914 keiner schaffte. Er hat doch ...«

Aus Guderians Antlitz platzten nun so viele unterschiedliche Emotionen, dass von Witzleben sie gar nicht mehr alle zuordnen konnte.

»Albert!«, tönte er mit drohendem Zeigefinger. »Komm mir nicht mit dem GröFaZ. Wenn du hier noch einmal behauptest, unser Adolf hätte irgendwelche Schlachten gewonnen, sehe ich mich gezwungen, dir ins Gesicht zu greifen!«

Alter Haudegen, dachte von Witzleben, *aber Recht hat er!* Speer jedoch machte nun ein Gesicht, als hätte ihm die Liebe seines Lebens einen Korb verpasst.

»Du hast doch zu viel vorm Volksempfänger gehockt!«, fuhr Guderian fort. »Ja, der Führer ist natürlich auf einem weißen Ross voran geritten – 1940 – und hat den deutschen Panzern den Weg nach Paris gezeigt!«, äffte er dann mit verstellter Stimme, während er hämisch die Arme ausbreitete. Speer schüttelte den Kopf.

»Ich erzähl dir was, Albert, und lass dir das bitte von einem alten Panzermann gesagt sein: Diese Dinger sind Schrott.«

Guderian hob nun einen ganzen Schwall Mappen hoch, und fertigte davon eine nach der anderen ab: »Tiger II?«, lachte er auf. »Ich bitte dich! Darüber können wir in zehn Jahren mal reden, wenn der Tiger I endlich funktioniert!« Und zack, landete die Akte auf dem Boden. »Panzer Maus? Und sogar gleich in zwei verschiedenen Ausführungen von zwei unterschiedlichen Firmen? Ich hoffe, ihr baut auch gleich eine Zugmaschine dazu, die das Monster bis auf Kampfreichweite an die feindlichen Panzer herankarren kann! Oder sollen wir einfach Schienen bis vor die feindlichen Stellungen verlegen?« Auch diese Mappe landete auf dem Boden.

»VK4502(P)? Porsche bastelt also gleich an mehreren Rohrkrepierern? Schön!« Die nächste Mappe landete auf dem Boden. »Und hier, dieser Leopard! Zu langsam für einen Aufklärer, zu schwach für einen Panzer! Außerdem bereiten wir gerade erst die Produktion des 234ers vor. Warum zum Teufel wird dann schon sein Nachfolger entwickelt, ohne das wir Fronterfahrung mit dem Modell sammeln konnten?« Eine weitere Mappe flog zu Boden. »Dann diese ganze E-Serie! Was soll damit bezweckt werden? Entweder sind das überschweren Monsterviecher, denen man zehn LKW vorspannen muss, damit die sich überhaupt bewegen, oder es sollen bereits die Nachfolger von Modellen werden, die gerade erst fertiggestellt sind.« Ein paar weitere Mappen landeten auf dem Boden.

»Es geht darum, Produktionsabläufe zu vereinheitlichen und die möglichst gleichen Bauteile zu verwenden«, äußerte Speer mit dünner Stimme.

»Und was bitte ist das hier?« Guderian hielt Speer die letzten beiden Mappen direkt unter die Nase. »P-Reihe?« Speer wollte sich verteidigen, doch Guderian ließ ihn nicht und fuhr fort: »Ratte? Ein Landkreuzer? Was soll dieser Unsinn? 69 Meter Länge und 650 Tonnen Gewicht? Was soll das sein?«

»Ich habe die P-Projekte Anfang des Jahres einstellen lassen. Ich habe die Entwicklungsmappen bloß der Vollständigkeit halber beigelegt.«

»Du verstehst nicht, worauf ich hinaus möchte: Wer solche Panzer ...«, Guderian formte Gänsefüßchen mit seinen Fingern, während er das Wort »Panzer« aussprach, »... auch nur in Erwägung zieht, der ist völlig falsch im Bereich der Entwicklung von Kampfwagen. Was soll man denn mit solchen Monstern anfangen? Ich meine, ist deinen hochgelobten Ingenieuren denn nicht klar, dass der Feind … nun ja … Flugzeuge hat?« Die letzte Frage kam schnippisch, und nun starrte Guderian Speer mit verbissenem Blick an. Der schien nicht zu wissen, was er noch sagen sollte. Wieder musste von Witzleben innerlich lachen. Speer war eigentlich ein genialer Mann, der es verstand, Konkurrenten auszuhebeln und seine eigene Machtposition zu festigen. Doch im Angesicht des forschen Panzermanns Guderian, des »Schnellen Heinz«, wirkte Hitlers Architekt wie ein Häufchen Elend. Nun landeten auch die Mappen der P-Projekte auf den Holzdielen.

»Ich finde es traurig«, begann Speer reichlich kleinlaut, »dass du die großen Leistungen der Ingenieure von Daimler-Benz, von Porsche, von Krupp überhaupt nicht würdigst. Der Tiger II zum Beispiel ist ein prächtiger Kampfwagen, gegen den kein Kraut gewachsen ist.«

Guderian ging einen Schritt auf Speer zu und verlieh seinen Worten eine eindringliche Note: »Albert, bitte, zum letzten Mal: All diese Projekte sind doch Adolfs Größenwahn geschuldet und haben nichts mit der Realität zu tun. Ob du es hören magst oder nicht, wir haben in Frankreich nicht wegen der überragenden Führerleistung des GröFaZ gesiegt. Die französische Armee galt 1940 als die schlagkräftigste der Welt. Sie waren besser ausgerüstet, hatten die stärkeren Panzer – und auch noch zahlenmäßig mehr davon als wir!

Warum also haben wir gesiegt? Taktik, Albert! Taktik und Geschwindigkeit! Wir wussten unsere Panzer als eigenständige, schnelle Waffe einzusetzen, während der Franzmann seine Fahrzeuge auf die Infanterie-Kompanien verteilt hat und sie dadurch lähmte. Geschwindigkeit und dadurch das Erlangen des Überraschungsmoments sind die großen Vorteile der Panzerwaffe, und wir haben ausschließlich unsere Siege errungen, weil wir als einzige diesen Grundsatz begriffen haben. Das ist doch der Punkt. Mit deinen ganzen neuen Panzerprojekten würden wir genau die Fehler machen, die unsere Gegner in den Untergang getrieben haben.«

»Wir brauchen ...«

»Nein, Albert! Sag mir doch, der Panzer Maus? Ja? Dieser Panzer Maus? Wie schnell soll der fahren können?«

Speer druckste herum: »Der von Porsche oder von Krupp?«

»Mir gleich ... der von Krupp.«

»Etwa zehn.«

»Zehn was? Hektar pro Sekunde?«

Speer rollte mit den Augen: »Zehn Kilometer pro Stunde.«

»Zehn Kilometer pro Stunde? ZEHN? Und wie wir wissen, erreicht der fertige Panzer selten die berechneten Leistungen! Hier, unser Kanzler! Der ist doch ein alter Infanterist. Frag ihn, Albert, frag ihn, wie schnell sich ein Soldat fortbewegen kann. Los, frag ihn!« Dann, an den Reichskanzler gewandt, forderte er, mit wissbegieriger Miene wie ein kleines Kind: »Bitte, Erwin, sag es ihm.«

Guderian freute sich diebisch und blickte süffisant drein.

»Darum sind diese Dinger nicht zu gebrauchen!«, schloss der Panzermann nickend, ohne auf eine Antwort des Kanzlers zu warten.

»Der Tiger II!«, raunte Speer plötzlich. »Wo ist deine Schwierigkeit mit dem Tiger II? Das ist ein hervorragender

Panzer mit 38 Kilometern pro Stunde Spitze. Und überdies haben wir die ersten Probeexemplare bereits in Auftrag gegeben.«

»Mein lieber Albert. Hast du schon einmal eine Brücke in Russland gesehen? Oder eine Straße? Erstens ist er immer noch langsamer als unsere anderen Kampfwagen, und zweitens wiegt dieses Ding 70 Tonnen! 70!!! Soll vor jedem Tiger II ein ganzer Verkehrsbetrieb herfahren, der entsprechende Infrastruktur baut? Ich frage mich wirklich, wie sich der GröFaZ das vorgestellt hat! Hinzu kommt unsere akute Ressourcenknappheit. Wir haben kaum Diesel, wir haben kaum Öl, uns gehen die meisten Metalle aus. Da kann die Antwort doch nicht sein, wir bauen noch größere Panzer, die noch mehr Brennstoff fressen und noch komplizierter herzustellen sind. Wir brauchen eine schlagkräftige Truppe, die mobil und schnell ist! Weiter müssen wir es schaffen, uns den russischen Produktionszahlen anzunähern. Das geht aber nicht, wenn wir unsere Kapazitäten auf 37 Millionen Hirngespinste verteilen.

Hier mein Rezept, wenn wir nicht spätestens im nächsten Jahr diesen Krieg verlieren wollen: Konzentrieren auf unsere jetzigen Modelle. Der Panzer IV ist ein hervorragender Wagen. Der Tiger ist gut. Der Panther ist gut. Die Sturmgeschütze ebenso. Lieber hier weiterentwickeln, die ganzen Kinderkrankheiten ausmerzen. Panzerung und Bewaffnung maximieren, und die Produktion, wo es geht, vereinfachen, damit wir unsere Zahlen weiter steigern können. Das hat den Vorteil, dass sich die Industrie nicht zeitintensiv umzustellen braucht. Das hat weiter den Vorteil, dass wir uns kostbare Ausbildungswochen der Mannschaften an neuem Gerät ersparen, und ihnen nach und nach verbesserte Versionen ihrer bekannten Kästen liefern. Kurz: Panzer IV, Tiger, Panther und Sturmgeschütz als Rückgrat unserer Panzerwaffe. Dazu einige abenteuerliche Geräte in kleiner Stückzahl; sprich Ferdinand und so fort. Aber nicht weiter die begrenzten Kapazitäten unserer Industrie zerstreuen, um zig verschiedene Modelle zu entwickeln. Klotzen, nicht kleckern, lieber Albert!« Guderian stoppte plötzlich und holte tief Luft, dann blickte er Speer mit érnster Miene an. Der starrte bloß zurück und wusste nicht, was er sagen sollte. Schließlich wandte er sich dem Kanzler zu. »Herr Reichskanzler«, begann er keuchend, »wir haben den Tiger II derzeit in Auftrag gegeben. Krupp und Porsche haben überdies große Anstrengungen unternommen, alles für die Produktion der Maus vorzubereiten ... wenn wir das jetzt stoppen ...«

Von Witzleben beäugte Speer mit scharfem Blick, dann schwenkte er herüber zu Guderian, der wie ein amerikanischer Filmstar grinste. Der Kanzler konnte bloß den Kopf schütteln über die Dinge, die Hitler da in Auftrag gegeben hatte.

»Besser stellen wir jetzt die Produktion ein, als weitere Kapazitäten dafür abzuzweigen«, entschied von Witzleben mit ruhiger Stimme, wobei man ihm anhörte, dass er seine Worte mit Bedacht wählte. »In dieser Sache hat Herr Guderian einfach recht. Was wir brauchen, sind funktionierende Kampfwagen ohne Kinderkrankheiten, und keine Prototypen. Daher muss gelten: Weiterentwicklung bestehender Fahrzeuge vor Neuentwicklung.«

Speer schien noch mal zu einem Widerspruch ansetzen zu wollen, blieb dann aber stumm. Ihm war wohl klar geworden, dass er verloren hatte.

»Es ist natürlich ärgerlich, dass wir reichlich Zeit und Mittel in diese Projekte investiert haben«, fuhr von Witzleben fort, »und es ist über alle Maßen ärgerlich, dass wir so lange gebraucht haben, um uns zu ordnen, und erst jetzt auf diese Dinge aufmerksam geworden sind. Ich sehe daher, Heinz, deine Ernennung zum Chef des Heereswaffenamtes Anfang Mai war der richtige Schritt. Und ich pflichte dir bei. Die Einstellung dieser Projekte ist der beste Weg, mit einer Ausnahme: Wir sollten die Entwicklung des Tiger II fortführen, uns allerdings Zeit damit lassen und ihn erst in die Serienproduktion bringen, wenn er wirklich frontreif ist. Der Feind wird schließlich auch nicht schlafen und an schwereren Tanks arbeiten, daher ist es gut, irgendwann etwas Größeres als unsere jetzigen Wagen in petto zu haben.

Allerdings muss Besonnenheit das Gebot der Stunde sein, es darf nicht noch einmal zu überstürzten Fertigungen wie beim Panther kommen. Und wir dürfen bei all den Panzern die anderen Projekte nicht außer Acht lassen. Die Truppe hat größere Sorgen als neue Panzer.

Wir müssen die Entwicklung des neuen Karabiners weiter vorantreiben, um nur ein Beispiel zu nennen. Wir müssen die MP 43 schnellstens in die Truppe bekommen. Wir müssen all die Einheiten endlich vernünftig mit modernen Waffen versorgen, die derzeit noch mit Gewehren aus dem Großen Krieg kämpfen. Was ergaben denn diesbezüglich die ausländischen Lizenzen?«

»Leider großenteils Fehlanzeige«, gab Guderian zu Protokoll. »Was soll ich sagen? In Sachen Gewehre verfolgen unsere Verbündeten dasselbe Konzept wie wir bisher. Wenn wir an den besprochenen Änderungen festhalten wollen, müssen wir selbst entwickeln – oder nochmals die bestehenden Eigenentwicklungen betrachten.«

»Also doch?«, stellte von Witzleben fest.

»Ja, ich fürchte schon, auch wenn eine Lizenzproduktion natürlich schneller vonstattengegangen wäre.«

»Wir müssen allgemein das Tempo bei der Nutzung der Lizenzen beschleunigen«, sinnierte von Witzleben laut. »Es kann nicht sein, dass wir noch immer in der Durchsicht der

Unterlagen sind, während die Italiener schon Panzer IV, V und VI bauen, um nur mal ein Beispiel zu nennen.«

»Wir dürfen aber auch nichts überstürzen. Jedes Produkt muss umfassenden Erprobungen unterzogen werden ... wir haben Regularien einzuhalten«, warf Speer ein.

»Das mag sein. Dennoch muss der Prozess beschleunigt werden. Setzten Sie mehr Leute auf das Projekt an. Kommen Sie zu mir, wenn Sie weitere Mittel benötigen oder Ihnen Steine diesbezüglich in den Weg gelegt werden.«

»Ja, danke, das werde ich.«

»Hat sich denn bisher wenigstens irgendetwas ergeben?«, wollte der Kanzler wissen. Ehe Speer antworten konnte, warf Guderian ein: »Die Tanks der Japsen sind leider kaum zu gebrauchen.

Teilweise hervorragende Entwicklungen; aber eben für den pazifischen Raum. Leichte, schnelle Fahrzeuge für den weichen Untergrund, aber für einen ausgeprägten Landkrieg unzweckmäßig. Ich denke, die sind daher derzeit auch sehr dankbar für unsere Hilfe diesbezüglich.« Der Panzermann grinste verschmitzt. »Allerdings haben die zwei sehr gute Amphibienkampfwagen, die wir für das Projekt in Betracht ziehen. Wir prüfen derzeit den Bedarf der Truppe für diese Art Panzer. Na ja, und sonst?« Guderian zuckte mit den Schultern. »Die italienischen Tanks zum Beispiel sind noch viel schlimmer als man so hört.«

»Ich verstehe. Ich setze jedenfalls großes Vertrauen in Sie beide, dass Sie die richtigen Entscheidungen treffen werden.«

»Na dann, lieber Albert, wir haben viel Arbeit vor uns. Sehen wir zu, dass wir unsere Produktionszahlen in die Höhe schrauben«, sagte der Panzermann und ergriff Speer am Arm. Der nickte nochmals stumm, löste sich dann aber aus dem Griff Guderians und wandte sich noch einmal dem Kanzler zu.

»Eine andere Sache habe ich noch, die von äußerster Wichtigkeit ist, Herr Reichskanzler«, begann er.

»Fahren Sie fort.«

»Sie mögen eine wohlüberlegte Entscheidung getroffen haben, als sie die Deportation der Juden in die Lager stoppten und umkehrten, ebenso wie mit der Aufhebung der Sondervorhaben, doch ich muss sie darauf hinweisen, dass uns dadurch spürbar Arbeitskräfte fehlen, was sich bereits auf unsere Produktionszahlen auswirkt.«

»An dieser Entscheidung gibt es nichts zu rütteln, Herr Speer.«

»Herr Reichskanzler, ich brauche mehr Arbeiter.«

»Sie bekommen die Kriegsgefangenen. Sie bekommen unsere Häftlinge. Und wir starten dieser Tage ein Programm, mit dem wir versuchen wollen, in den besetzten Gebieten um Hilfswillige zu werben.«

»Das reicht bei Weitem nicht. Die Juden waren darüber hinaus hervorragende und qualifizierte Arbeiter.«

»Sie wollen wieder zurück zu den Beschlüssen der Wannseekonferenz? Diese sind nun einmal in diesem Krieg nicht tragbar.«

»Mir ist gleich, wer die sind oder wo die herkommen, die in meinen Werken schaffen, aber ich brauche mehr Leute. Wieso werden mir zum Beispiel keine Menschen mehr aus den Ostgebieten zur Verfügung gestellt? Seit dem tragischen Tod unseres Führers merke ich sehr deutlich die Einschnitte, die ihre Politik in meinem Bereich bewirkt. Und nun – nach einem halben Jahr – lässt es sich auch sehr deutlich aus den Zahlen herauslesen.«

»Wir werden keine Menschen mehr ihrer Heime berauben, anders lässt sich das Partisanenproblem in den besetzten Gebieten nicht in den Griff bekommen.«

»Dann sind auch mir die Hände gebunden, und das Reich

muss mit einer Minderung der Produktion auskommen.«

»Dann ist dem so. Darüber hinaus dürfen wir nicht vergessen, dass Hitlers Regierung damit begonnen hatte, eine riesige Logistik für diese Lager und die sogenannten Sondervorhaben aufzuziehen. Durch den Abbruch aller Maßnahmen, die über das Festhalten tatsächlicher Straftäter hinausgehen, machen wir nicht bloß die Männer der internierten Volksgruppen für den deutschen Waffengang frei, sondern können auch jene Truppen an die Front schicken, die bisher in dieser Logistik und den Lagern selbst gebunden waren – immerhin über 350.000 ausgebildete Soldaten.«

Speer nickte reserviert, sammelte die Mappen vom Boden auf.

»Wollte der gute Beck nicht alle Lagerwachen nach Hause schicken?«, fragte Guderian mit schelmischer Miene. Von Witzleben schüttelte entschieden den Kopf: »Der alte Mann ist in seinem Metier unersetzlich, doch manchmal verkennt er die Situation, in der wir uns befinden. Ginge es nach ihm, wäre die Wehrmacht bald bloß noch mit Stöcken ausgerüstet, weil alles andere zu grausam ist. Eine Prise Realismus würde dem Herrn Reichspräsidenten bisweilen sehr gut tun. Nun denn, wenn das alles ist?«

Speer verabschiedete sich knapp; auch Guderian sprach einen Abschiedsgruß, dann verließen beide den Raum. Von Witzleben blickte ihnen mit zusammengekniffenen Augen nach. Wieder einmal hatte er hautnah erlebt, was dieser Speer doch für ein gefährlicher Mann war. Im Kriege brauchte der Kanzler einige solcher Männer. Doch würde es irgendwann einmal Frieden geben, musste Speer weg. Definitiv.

An: Frau Else Engelmann   **26.5.1943**
(23) Bremen
Hagenauerstr. 21

Liebste Elly,

  danke für das prächtige Unterstützungspaket, das habe ich bitter nötig gehabt! Wie Du in der Heimat sicherlich schon erfahren hast, verlief unser Angriff gegen Kursk sehr zufriedenstellend. Siehst Du! Da haben wir wieder einen weiteren Schritt auf dem Weg zum Kriegsende gemacht! Ich meine doch, das Schlimmste und auch die längste Zeit des Krieges haben wir nun hinter uns. Irgendwann muß der Russe doch mal einsehen, daß man diese Sache am Verhandlungstisch klären muß und nicht im Feld. Das hoffe ich zumindest aufrichtig, ansonsten müssen wir uns noch auf einen langen und blutigen Kampf einstellen. Manchmal ist es wie der Kampf gegen die Hydra – den Spruch hat Manstein geprägt, doch Recht hat er. Man schlägt einen Kopf ab, da kommen schon zwei neue! Aber man merkt, daß die Russen nun doch an Kraft eingebüßt haben.

  Du siehst also, Du brauchst Dir nicht mehr so viele Sorgen zu machen. Bald ist alles vorbei, dann komme ich nach Hause und muß so schnell nicht wieder fort. Ach, was vermisse ich Dich und die kleine Gudrun! Ich bete, daß es in diesem Jahr nochmal klappen mag mit Urlaub und es sieht auch eigentlich recht gut aus. Nach den schweren Kämpfen bei Kursk haben wir viele Verluste erlitten und sind daher im Augenblick nicht mehr kampffähig. Daher rechne ich fest damit, dass wir baldmöglichst aus der Front herausgezogen werden. Dann geht es wieder zurück in die Etappe (und diesmal nicht bloß einige Kilometer hinter die Front, wie damals bei Stalino, wo der Russe auch noch jeden Tag näher kam, und man Angst haben mußte, aus der Etappe wird plötzlich die Front. Dieses

Mal muss es für uns richtig raus aus der Schlammzone gehen!). Vielleicht sogar ganz raus aus dem Osten? Mit etwas Glück kommen wir zur Auffrischung nach Deutschland oder wenigstens nach Italien oder Frankreich. Aber raus aus den Kämpfen komme ich in jedem Fall! Das Regiment stellt sogar schon ein Vorkommando zusammen. Also mach dir keine Sorgen, ich lasse bald wieder von mir hören. Gib Gudrun einen dicken Kuss und grüße brav alle, die mich kennen. Ich liebe euch! Ich vermisse euch!!!

Dein Sepp

Südlich von Mikojanowka, Sowjetunion, 01.06.1943

Engelmanns »Kompanie«, mittlerweile nur noch ganze drei Panzer III, die alle durch das Unternehmen Zitadelle stark gezeichnet waren, lagen hinter einem Sonnenblumenfeld, das bis zum Horizont reichte, in Feuerstellungen. Die Panzer waren übersät mit Wunden, die ihnen Panzerbüchsen, Pak, Geschütze und sogar feindliche Tanks beigebracht hatten. Der aufgeplatzte Stahl und die löchrigen Schürzen, die über den Laufwerken montiert waren, glänzten im Licht der untergehenden Sonne. In einer Stunde schon würde das ewige Russland in völlige Dunkelheit gehüllt sein.

Das Panzer-Regiment 2 hatte es in und um Kursk wirklich hart getroffen. An vielen Stellen war die materielle Überlegenheit des Feindes an der Kampfkraft und der besseren Ausbildung der deutschen Soldaten zerschellt – demnach waren noch viele der beim Angriff auf den Kursker Bogen frontnah eingesetzten Verbände äußerst kampfkräftig. Das PzRgt 2 hatte tatsächlich die meisten Federn lassen müssen. Der größere Blutzoll dieser Schlacht lag jedoch bei den Russen. Dabei durfte nicht vergessen werden: Jeder zerstörte Panzer, jeder abgeschossene PKW und jeder verbrauchte Liter Sprit tat den Deutschen deutlich mehr weh als den Sowjets. Dies relativierte die krassen Verlustzahlen der Roten Armee – ein wenig. Hinzu kam, dass die Wehrmacht mit heißer Nadel gestrickt war. Schon lange stand kaum noch ein Verband im Soll, auch daher tat jeder Verlust gleich doppelt weh. Gleichsam erwuchs in einem deutschen Soldaten, der eine Zeitlang an der Ostfront gedient hatte, der Gedanke, bei den Russen sprössen Panzer und Soldaten aus dem Boden wie Unkraut.

Das PzRgt 2 stand somit nach tage- und nächtelangem Einsatz der Werkstätten sowie der Zuführung einiger Büchsen aus der Reserve bei wieder knapp über 100 Panzern. Engelmanns Elfriede allerdings hatten die Instandsetzer nicht mehr retten können.

Eine russische Panzergranate hatte, nachdem Engelmann und seine Besatzung ihren Panzer während der Kämpfe um Kursk verlassen mussten, die Panzerung durchschlagen, und die treue Elfriede war somit hin. So mussten Engelmann und seine Mannschaft nun mit Franzi, dem freundlichen Panzer III auskommen.

Leutnant Engelmann öffnete eine rote Dose, während er aus seiner Kuppel hinaus auf das weite, gelbe Meer schaute. Er steckte sich ein Stück Schokolade zwischen die Zähne und seufzte, denn er musste daran denken, dass er vor Tagen noch gehofft hatte, Russland endlich verlassen zu können. Doch wie so oft im Krieg war alles anders gekommen. Die Deutschen lagen hier vor dem wichtigen Stützpunkt des VIII. Fliegerkorps mit der neu gebildeten Kampfgruppe Sieckenius, die über 320 bunt gemischte Panzer verfügte – sogar eine schwere Abteilung war darunter. Hinzu kamen 64 Batterien verschiedenster Geschütze; Pioniere, Sanitäter sowie zwei

Regimenter Infanterie – vom gut ausgerüsteten und hervorragend ausgebildeten Kerninfanteristen bis hin zum Panzermann, dem man ein Gewehr in die Hand gedrückt hatte, war alles dabei. Auch Engelmann hatte für die Infanteriekompanien der Kampfgruppe sein Ersatzpersonal abgeben müssen.

Die Sonne lag an der rechten Flanke der Deutschen, bewegte sich langsam auf den Horizont zu. Der Himmel erstrahlte blutrot – doch der letzte Blutstropfen des Tages war noch nicht vergossen.

Leutnant Engelmanns Miene verdunkelte sich unter der Anspannung, die auf ihm lastete. Der Ansturm feindlicher Panzer, welche mitten durch das Sonnenblumenfeld genau auf die deutschen Linien zupreschten, zeichnete sich durch das Abknicken und Verschwinden ganzer Reihen der gelben Blüten ab. Unaufhaltsam näherte sich ein russisches Panzerregiment. Sie wussten noch nicht, dass sie geradewegs auf einen deutschen Sperrriegel, bestehend aus Panzern, Schützen, Pak und Acht-Acht, aufliefen, obwohl ein Vorkommando die deutschen Stellungen aufgeklärt hatte, ehe es zusammengeschossen worden war.

Selbst schuld, wenn man keine Funkgeräte in seine Kästen einbaut, sinnierte Engelmann mit bösem Unterton. Doch er fragte sich auch, was nun besser wäre: 200 Panzer mit Funkverbindung oder 20.000 ohne. Außerdem waren die Russen alles andere als lernresistent, und rüsteten ihre Panzerwaffe langsam mit Funksystemen nach.

»Dieses Mal bin ich mir sicher«, erklärte Münster. Der Leutnant blickte zu seinem Fahrer hinunter.

»Dieses Mal bin ich mir sicher«, wiederholte der Unterfeldwebel, »dass wir es gleich mit einem Tigerpanzer mit rotem Stern zu tun bekommen werden.« Münster blickte mit erwartungsvoller Miene nach oben zu seinen Kameraden.

»Quatsch nicht!«, zischte Nitz.

»Ich hab dir tausend Mal gesagt, dass die Sowjets die Büchse nicht geklaut haben«, warf Engelmann ein.

»Und ich glaube doch. Wer sonst sollte einen Tiger stibitzen?«

»Der ist nicht geklaut worden. Die Deppen haben den irgendwo versenkt, und haben sich dann nicht getraut, dass ihrem Chef zu beichten.«

»Was ist mit Partisanen?«, überlegte Ludwig.

»Der ist nicht gestohlen worden, Menschenskinder«, stellte Engelmann ein für allemal klar. »Weiß doch niemand, wie man so ein Ding bedient.«

»Wir werden sehen ...«, murmelte Münster.

Unaufhaltsam näherten sich die feindlichen Büchsen; unaufhaltsam rollten die Bahnen aus wegbrechenden Sonnenblumen auf die Deutschen zu. Engelmann klammerte sich mit beiden Händen an den Deckelklappen seiner Kuppel fest, während die Lautsprecher seiner Panzerhaube leise knackten. Nitz hatte die Kompaniefrequenz auf sein Gerät gelegt, sodass der Leutnant direkt die gesamte Einheit führen konnte.

Dann brach der Feind aus dem Feld, und das Stahlgewitter begann. Deutsche Granaten prasselten auf die schlanken T-34 ein, die überall aus dem gelben Meer rollten. Feuerzungen tanzten über Russenpanzer, Munitionslager detonierten, Türme hoben ab. Doch einmal mehr trat der Feind zahlreich auf. Das Feld spuckte mehr und mehr Panzer aus, die unter krassen Verlusten auf die Ebene preschten, die zwischen der deutschen Linie und dem Sonnenblumenfeld lag. Die Entfernung zwischen den Kontrahenten betrug gerade einmal 200 Meter. Jeder Treffer bedeutete Tod und Vernichtung. War Engelmann normalerweise darauf bedacht, den Kampf auf größerer Entfernung zu führen, musste er, seitdem man ihn in einen Panzer III gesteckt hatte, umdenken, denn jene Panzer III mit ihren fünf-Zentimeter-Rohren konnten einem russischen T-34 und vergleichbaren Kampfwagen bloß im absoluten Nahkampf gefährlich werden. Da die Russen in diesem Abschnitt einmal mehr mit unglaublichen Menschen- und Materialmassen antraten, und die KG Sieckenius noch immer einige der nicht mehr hergestellten Panzer III in ihren Beständen hatte, hatte der Generalmajor entschieden, den Russen im Schutze des Sonnenblumenfeldes zu begegnen. Das dumpfe Schlagen mächtiger Flugabwehrkanonen und das hellere Knallen der Panzerabwehrkanonen – ein deutscher Geschützriegel lag 100 Meter hinter den Panzern auf einem leichten Höhenrücken –, mischte sich unter den Lärm des Krieges.

Engelmann tauchte in seinen Panzer ab und schloss die Luke, während russische Panzergeschosse sirrend über die deutschen Stellungen hinwegfegten. Direkt vor ihnen raste ein T-34 mit voller Fahrt quer über das Gefechtsfeld.

»Panzer in Querfahrt!«, schrie der Leutnant. »Feuer!«

Franzis Rohr vibrierte, als das Geschoss hinausjagte. Es traf den Russenpanzer seitlich, der sich durch die Wucht des Aufpralls halb drehte. Eine Detonation aus dem Inneren warf den Turm schließlich in die Luft. Rostrote Flammen schossen aus dem Panzer und hüllten ihn in Qualm.

Beide Fronten spien Feuer. Auf einer Breite von zwei Kilometern lagen die Deutschen und Russen miteinander im Kampf. Hinter den T-34 stürmten nun auch Infanterietrupps aus dem Feld. Auf deutscher Seite eröffneten MG-Nester, die zwischen den Kanonen in Stellung lagen, das Feuer. Der anfängliche deutsche Feuerüberfall hatte den Russen hohe Verluste abgefordert, doch nun, da mehr und mehr Einheiten der Roten Armee auf das Gefechtsfeld stürmten, flogen auch zahlreiche deutsche Geschütze und Büchsen auseinander. Die russische Infanterie preschte rücksichtslos vor, während Dutzende Männer stürzten und liegen blieben. Die Fußsoldaten nahmen mit Masse die deutschen Geschütze unter Feuer, während sich die T-34 auf ihre Gegenstücke konzentrierten. Das Gefecht war mörderisch, hatte ein Crescendo todbringenden Lärms entfacht.

Engelmann biss die Zähne aufeinander, während der Panzeroberschütze Jahnke, der neue Ladeschütze, die nächste Panzergranate in die Ladevorrichtung schob.

Eine Detonation direkt vor Franzi riss die Erde auf und hüllte den Panzer in einen Mantel aus Erde und Grasnarben. Der Leutnant erspähte durch sein Sichtfenster einen T-34, der 150 Meter vor seiner Kompanie in Stellung gegangen war. Der Leutnant blickte dem Panzer direkt ins Rohr.

»Halblinks, 150, einzelner T-34«, schrie er mit heiserer Kehle, während Ludwig den Turm schwenkte und auf das Ziel ausrichtete.

»Erkannt!«, brüllte der Richtschütze schließlich.

»Feuer!«

Im Zwielicht der untergehenden Sonne zersprang der Panzer vor Engelmanns Augen. Der Leutnant wischte sich den Schweiß von der Stirn. Einmal mehr stand die Luft in seinem Panzer. Es roch nach Feuer, nach gesiedetem Öl und nach Körperausdünstungen.

Nitz, der über sein Funkgerät die Frequenz des Regiments – die Abteilungen hatte man aufgrund der desolaten Ist-Stärke vorerst abgeschafft – abhörte, blätterte in seiner Funkkladde, hob dann den Kopf und meldete: »Befehl vom Regiment. Wir sollen bloß nicht aus unserer Linie ausbrechen! Die Stukas sind gleich da!« Nervös zupfte sich der Feldwebel am Schnurrbart und klemmte sich wieder hinters Funkgerät. Die deutschen Flieger waren vom Schlachtfeld aus auszumachen, doch Engelmann konnte sie durch die schmalen Sichtblöcke nicht sehen.

Das wird höchste Zeit, bevor wir gar kein Licht mehr haben!, stöhnte er innerlich.

Die Materialschlacht tobte weiter. Die russische und die deutsche Linie wurden mit jedem Feuerschlag einer Kanone weiter ausgedünnt. Die MG der Deutschen machten die feindliche Infanterie schon am Rand des Feldes nieder, wo diese unter enormen Verlusten Stellung bezog. Doch auch deutsche Infanteristen mussten bluten: Sie wurden in Mitleidenschaft gezogen, wenn die Metallsplitter zerberstender Geschütze umherflogen, oder gerieten direkt ins Visier russischer Waffen.

Ein ganzes Geschwader von 60 Sturzkampfbombern näherte sich dröhnend der Schlacht. Tatsächlich, die deutsche Luftwaffe erbrachte hier im Abschnitt der Heeresgruppe Süd unter großen Anstrengungen noch einmal das Kunststück, den Luftraum gegen die zahlenmäßig überlegene Wojennowosduschnye sily SSSR – die russischen Luftstreitkräfte – zu behaupten. Die sowjetischen Panzer allerdings hatten die Gefahr aus der Luft erkannt und ließen ihre Motoren aufheulen. Einige legten den Rückwärtsgang ein, fuhren zurück ins Feld. Deutsche Granaten jagten ihnen nach, schleuderten Sonnenblumen in die Höhe.

»Feige Bolschewiken!«, brüllte Münster, der durch sein schmales Sichtfenster bloß einige Russenpanzer im Blick hatte, die geschlossen den Rückzug ins Feld antraten. Engelmanns Augen weiteten sich jedoch. Unkoordiniert wie eh und je hatte sich die Mehrheit der Feindkräfte in scheinbar stummem Einverständnis darauf geeinigt, Gas zu geben.

Granaten gruben Trichter in die Erde, während das Gros der feindlichen Stahlfront nach vorne rollte und schließlich in die deutschen Linien hinein knallte. Panzer verzahnten sich ineinander, schossen aus nächster Entfernung. Flammenbälle hüllten zahlreiche Stahlkolosse ein. Andere blieben einfach liegen, während in ihrem Inneren alles Leben erstarb. Der Panzer erstarrte dann zur Reglosigkeit, während seine Besatzung elendig zugrundeging. Im Hintergrund gingen die Stukas mit kreischenden Jericho-Trompeten nieder, doch sie konnten nicht dort zuschlagen, wo russische und deutsche Kämpfer auf Bajonettreichweite miteinander rangen. Durch ihren kopflosen wie mutigen Angriff hatten die Russen der deutschen Luftüberlegenheit das Wasser abgegraben. Die stählernen Vögel mit den seltsam gewundenen Schwingen kreisten am Firmament auf der Suche nach Beute, die sich aus dem Schlachtgetümmel zu entfernen versuchte. Sie brummten wie gereizte Hummeln.

Aus nächster Entfernung gingen die Kontrahenten am Boden aufeinander los. Die mittlerweile stark dezimierten russischen Angreifer kassierten weitere Treffer, während nun Deutsche und Sowjets wild durcheinander fuhren und sich zu einem grau-olivfarbenen Wirrwarr vermengten.

Engelmann krallte sich mit aller Macht an seinen Sitz, der wie der Platz des Richtschützen an der Turmwand angehängt war. Er spuckte Zielansprachen aus, dann feuerte Ludwig – wieder und wieder. Sieben Abschüsse gingen in diesem Gefecht bereits auf ihr Konto. Brennende Kampfwagen säumten das Schlachtfeld, ausbootende Panzermänner beider Seiten versuchten, sich abzusetzen. Verkohlte Leichen lagen über die Erde verstreut. Einige wurden von Panzerketten zermahlen. Erste Lücken bildeten sich in der vorgeschobenen Linie der deutschen Panzer, als dort mehr und mehr Büchsen zum Teufel gejagt wurden. Viele aber erhielten auch bloß Kettentreffer oder verkeilten ihre Türme, weshalb die Werkstätten sie später sicherlich wieder flott machen konnten. Auf solche Lücken waren die Russen aus, nur so konnten sie ihren Untergang abwenden: Sie mussten die deutsche Panzerlinie durchbrechen und die dahinter liegenden Geschütze in Nahkämpfe verwickeln. In jedem anderen Fall würden sie von den Acht-Acht, die gnadenlos in das Getümmel aus Tanks beider Armeen hineinhielten, binnen kürzester Zeit zerstückelt werden.

»Anna 1 an alle. Neue Stellung bei der Kusselgruppe mit den drei vernichteten Panzer IV auf zwei Uhr. Wir riegeln dort breit ab, sonst brechen die Russen noch zu unseren Pak durch!«, brüllte Engelmann, und versuchte den Lärm der Schlacht zu übertönen, der als dumpfer Geräuschteppich durch den Panzerstahl drang. Gleichsam fächerte die 10. Kompanie mit ihren 14 verblieben Kampfwagen breiter auf, um zusätzlich den Feuerbereich der Kompanie Engelmann abzudecken. Wie gesagt, Funkverbindung untereinander war eine tolle Sache.

Münster gab Gas, stellte per Schalthebel den nächsten Gang ein, und trat das Kupplungspedal, dann ruckte der Panzer an. Mit rasselnden Ketten schob sich Engelmanns Kompanie in die Lücke, die auch ein Pulk T-34 für sich entdeckt hatte. Diese feuerten sofort auf die Büchsen der 9., doch die Deutschen hatten Glück. Anna 3 warf die Kette, die restlichen Granaten gingen vorbei. Beide Panzerrudel rasten direkt aufeinander zu, waren nun keine 30 Meter mehr voneinander entfernt. Nitz hatte die Lücke umgehend ans Regiment gemeldet. Ein cleverer Mann am anderen Ende leitete prompt Gegenmaßnahmen ein. Schon bildete sich eine Wand aus Dreck vor den Russenpanzern, als eine Batterie Acht-Achter das Feuer auf sie eröffnete. Die Panzer sprangen auseinander, explodierten und schleuderten ihre Türme hinfort. Von den Besatzungen blieb nichts als verkohltes Fleisch übrig. Engelmanns Tanks sprangen im nächsten Moment in die entstandene Lücke. Als sich der Vorhang aus Erde senkte, war da noch immer ein T-34, der nun Vollgas gab und direkt auf Franzi zuhielt. Beide feuerten zeitgleich. Die deutsche Granate zischte über den Russenpanzer hinweg, während es im Panzer Engelmann schepperte und knallte, als sie den Treffer kassierten. Die Büchse machte einen Satz nach vorne, bevor der Motor erstarb. Die Stahlwände des Panzers waren von der Energie des Treffers kochend heiß, doch das Geschoss hatte letztlich nichts Vitales getroffen – ein Wunder! Das MG in der Frontwanne war zerfetzt worden, der Stahl drum herum aufgerissen und versengt. Das Funkgerät von Nitz hatte einen Schlag abbekommen, während der Feldwebel aufschrie, als er versehentlich den glühenden Stahl berührte.

Münster drückte den Anlasser, doch der Motor blieb stumm. Noch einmal versuchte er zu starten. Und noch einmal. Nichts passierte. Engelmann presste sein Gesicht gegen den Sichtblock und ließ Ludwig den Turm nach rechts schwenken. Er hatte den überlebenden T-34 aus den Augen verloren.

»Der Motor ist hin«, brüllte Münster.

»Funkgerät ausgefallen«, ergänzte Nitz.

Ludwig ließ den Turm nach rechts rotieren, wo Engelmann plötzlich den feindlichen Tank genau auf sich zufahren sah. Er schloss nur noch die Augen in Erwartung des Zusammenstoßes; zu mehr reichte die Zeit nicht. Ein gewaltiger Schlag schüttelte Franzi, warf im Inneren die Besatzung durcheinander. Der Leutnant wurde von seinem Sitz geschleudert, und prallte gegen die Wand, ehe er gegen Jahnke wirbelte. Engelmann stöhnte laut, denn ein heftiger Schmerz schoss durch seine linke Hand. Sofort hielt er sich die verletzte Stelle, die ruck zuck anschwoll und bläulich schimmerte. Der ganze Panzer rappelte, während der T-34 ihn vor sich herschob. Franzi wurde von dem Russenpanzer bedrohlich angehoben, drohte zu kippen. Ein rasches Vaterunser ratterte durch Engelmanns Geist, obwohl er Gott auf dem Schlachtfeld eigentlich nicht anrufen wollte. Mit der Rechten klammerte er sich an seinem Kommandantensitz fest und versuchte, sich wieder hochzuziehen.

»Verdammte Transuse!«, fauchte Münster und betätigte wieder und wieder den Anlasser. Plötzlich brüllte Franzis Motor auf.

»Ja, Süße!«, stieß der Fahrer aus, ließ die Kupplung kommen und gab Gas. Das Getriebe machte ein Geräusch wie ein Sägeblatt, dass sich in Hartholz fraß, als die Zahnräder ineinandergriffen. Ächzend setzten sich die Laufwerke des Panzers in Bewegung. Der Stahl stöhnte, während sich die rechte Kette über den feindlichen Tank schob, alldieweil sich die linke in die Erde wühlte. Dann machte Franzi einen Satz nach vorne, rumste mit der rechten Seite zurück auf den Boden, und stand plötzlich wieder auf beiden Ketten. Sofort machte Münster weiter Tempo, jagte den Panzer voran, während in ihrem Rücken der T-34 in einem Flammenball aufging. Engelmanns Leute hatten sofort das Feuer eröffnet, nachdem Franzi sich aus der Verkeilung gelöst hatte.

Nun fuhr Engelmans Büchse rechts herum im Kreis, bis Münster sich in die Lenkung warf und endlich gegensteuerte. Scheinbar hatte das Laufwerk doch einen Schlag abbekommen. Der Leutnant zog sich an seinem Sitz hoch, nahm wieder auf seiner Position platz. Er stöhnte kurz auf, als er mit seiner verletzten Hand die Armaturen streifte. Es schmerzte fürchterlich.

»Lass dir das bloß als Verwundung eintragen«, zischte Nitz, »für dein Abzeichen in Gold.«

»Ach, spinn nicht herum, Ebbe.«

Engelmann presste sein Gesicht gegen den schmalen Sichtblock, während er den pochenden Schmerz in seiner Hand runterschluckte.

»Schwenk den Turm zurück«, befahl er, unterdessen konnte er nichts weiter als zerschossene Panzer im Vorfeld ausmachen. Weiter hinten im Sonnenblumenfeld ging Artilleriefeuer nieder und zerriss die Pflanzen.

»Verflixt!«, stieß Engelmann aus und hielt sich die verletzte Hand. Er hatte keine Funkverbindung mehr zu seinen Panzern, und durch das schmale Sichtfenster konnte er es vergessen, sich einen ordentlichen Überblick zu verschaffen. Er biss sich auf die Unterlippe, während die stehende, brütend warme Luft in der Büchse ihm den Saft aus den Poren trieb. Sein Gesicht glänzte vor Schweiß und seine Haare waren so nass, als wäre er baden gewesen. Die Panzermütze rutschte auf seinem Kopf hin und her, darunter juckte es fürchterlich. Noch kämpfte Engelmann mit sich selbst, dabei war ihm klar, wer das Duell zwischen seinem innerem Soldaten und seinem Selbsterhaltungstrieb beziehungsweise seiner Pflicht als Familienvater für sich entscheiden würde: Es war der Soldat – wie so oft –, was Engelmann manchmal bedauerte. Mit der unverletzten Hand stieß er beide Deckelklappen seiner Luke auf, dann – nachdem er einen Moment mit sich um den Mut hatte ringen müssen – streckte er seinen Oberkörper hinaus und war somit schutzlos auf dem Schlachtfelde. Blitzschnell drehte er sich nach allen Seiten um, verschaffte sich ein Lagebild. Das Wichtigste zuerst: Seine Kompanie war noch vollzählig, auch wenn Anna 3 bewegungsunfähig etwas weiter hinten lag. Überall waren vereinzelte russische Tanks auf dem Rückzug, während das Gefechtsfeld mit brennenden oder stillliegenden Wracks übersät war. Die russische Infanterie versuchte, sich dorthin abzusetzen, wo sie hergekommen war, doch deutsche Projektile und Granaten jagten ihnen gnadenlos nach und zerlegten das Sonnenblumenfeld. Der russische Angriff war abgeschlagen. Stukas brüllten, als sie sich auf die flüchtenden Gegner stürzten. Pak und Flak donnerten in die Feindbewegungen hinein. Die deutsche Linie hatte dem Angriff standgehalten, doch auch dutzende Tanks der Kampfgruppe Sieckenius waren zerstört worden und noch viel mehr deutsche Soldaten hatten den Tod gefunden. Engelmann ließ sich in seinen Panzer zurücksacken und setzte sich. Es war noch nicht vorbei, noch lange nicht. Der Russe bedrohte Charkow und das Umland mit starken Angriffsbewegungen. Was die Kampfgruppe hier unter beträchtlichen Verlusten abgeschlagen hatte, was bloß eine Art Vorhut gewesen.

Die Lage war angespannt und gefährlich, denn der Iwan hatte die Wehrmacht unerwartet und heftig getroffen. Nach dem Erfolg bei Kursk war die Führung davon ausgegangen, man würde den Sowjets derart die Suppe versalzen, dass sie gar nicht erst zu ihrer Sommeroffensive ansetzten, nur um dann festzustellen, dass Schukow verwegen genug war, alle geplanten Angriffsbewegungen vorzuziehen und den Deutschen damit eine gehörige Überraschung zu bereiten. Mit drei Angriffsformationen drängte er derzeit im Raum Belgorod bis Charkow in die deutschen Linien und hatte teils tiefe Einbrüche erzielt. Die Woroneschfront sowie die Steppenfront hatten dafür ihre Truppen zusammengezogen. Im Süden jagte die 57. sowjetische Armee an Charkow vorbei und schwenkte westlich der Stadt in Richtung Norden ein, wo sie drohte, sich mit der 1. Panzerarmee sowie der 5. Gardearmee zu vereinen, die nördlich von Charkow antraten und westlich der Stadt nach Norden einschwenken wollten. Sowohl die 1. Panzerarmee als auch die 5. Gardearmee hatten durch das Unternehmen Zitadelle enorme Verluste erlitten. Sie waren im Eilverfahren mit Verbänden aus der Etappe aufgefrischt worden. Es wirkte ein bisschen so, als würden die Sowjets einfach alles an Einheiten packen, was in Reichweite lag, diese in die zum Angriff angetretenen Armeen stecken und sie gnadenlos gegen die deutschen Linien werfen. Immerhin: Dass die Russen hier bloß mit einigen Armeen statt mit ganzen Fronten angriffen, bewies, dass auch ihre Ressourcen endlich waren.

Die deutschen Truppen hatten den Vormarsch bisher nicht aufhalten können, auch wenn sie den Russen einmal mehr ungeheure Verluste beibrachten. Weiter nördlich stießen dann auch noch die 7. sowjetische Armee zusammen mit der 5. Garde-Panzerarmee südlich an Belgorod vorbei, um hinter der Stadt gen Norden einzudrehen. Hier war die Situation richtig gefährlich: Noch immer lagen das Äquivalent von über vier sowjetischen Armeen im Kessel westlich von Kursk, noch immer hatten sich diese Kräfte nicht ergeben und stellten eine ernstzunehmende Bedrohung dar. Die Deutschen hielten östlich des Kessels bloß einen schmalen Landstreifen von Olchowatka über Kursk bis Belgorod. Die 6. Armee war dort im Einsatz; sie war durch zwei Reservekorps aufgefrischt worden. Sollte es der 7. Armee der Russen gelingen, in den Kessel hineinzustoßen, würde man nicht nur die Wehrmachtsverbände im Kursker Raum nach Süden hin abschneiden, sondern dann würden sich auch die eingekesselten Sowjettruppen über die umliegenden deutschen Verbände ergießen, und die Katastrophe wäre vorprogrammiert.

Doch auch im Raum Orel lief derzeit ein russischer Angriff. Wären beide Bewegungen erfolgreich, wären plötzlich die deutschen Einheiten in und um Kursk eingeschlossen. Wer genauer hinsah, erkannte, dass Schukow nicht bloß auf Masse setzte. Schukow war ein genialer Taktiker. Er hatte die deutschen Schwachstellen in der Front richtig erkannt, hatte die Gunst der Stunde genutzt, und binnen Tagen einen gewaltigen, improvisierten Gegenangriff gestartet. Er riskierte viel. Ein Fehlschlag würde den Russen nicht nur enorme Verluste einbringen, er würde die Rote Armee auch für mindestens ein Jahr bewegungsunfähig machen, denn Schukow warf hier scheinbar sämtliche Reserven in den Kampf.

Überall an der Ostfront war die Rote Armee in Bewegung. Sogar bei Leningrad wurde gekämpft. Die Sowjets versuchten dort mit aller Macht, den Belagerungsring um die Stadt zu sprengen, der die Bevölkerung so grausam in seinen Fängen hielt.

Die Kampfgruppe Sieckenius war unterdessen damit beauftragt worden, im Süden den weiteren Vorstoß der 7. sowjetischen Armee zu verhindern.

Würde Charkow an die Russen fallen, gab es nur noch eine einzige Handlungsoption für von Manstein: Dann musste er die Heeresgruppe Süd hinter den Dnjepr zurücknehmen, ehe der Russe zuerst zum Fluss durchstoßen würde und ganze deutsche Armeen einschloss.

Engelmann würde alles daran setzten, dies zu verhindern. Der Verlust von Charkow würde gleichsam den Verlust der gesamten Region bedeuten. Dann müsste auch Belgorod, müssten Prochorowka und Kursk aufgegeben werden. In diesem Falle wäre die gesamte Operation Zitadelle umsonst gewesen. So viel Blut, Fleisch und Stahl, mit dem die Eroberung Kursks bezahlt worden war, wären umsonst gewesen. Nein! Engelmann musste an gute Soldaten denken, die dort gefallen waren. An Born, an Laschke, an viele andere. Es durfte nicht umsonst gewesen sein! Würde man die Russen hier nicht aufhalten, würde man alles bis runter zum Dnjepr verlieren, stünden die Sowjets der Heimat wieder ein ganzes Stück näher. Solche Gedanken versetzten Engelmann einen regelrechten Stich in den Unterleib. Er wusste, was auf dem Spiel stand, und die Wehrmacht hatte sich aktuell stark verausgabt. Nun galt von Mansteins »Schlagen aus der Nachhand«, doch damit konnte man die Sowjets bloß aufhalten, aber keinen Krieg gewinnen. Die Zeit arbeitete bei der brachialen Volkswirtschaft des Iwan, die in einem Monat bald so viele Panzer produzierte wie die Deutschen in einem Jahr, klar gegen das Reich. Hinzu kamen die immensen Leihgaben an Fahrzeugen, Waffen und Ausrüstung durch das Lend-Lease-Programm der West-Alliierten, dessen Wirkung auf die russische Schlagkraft gar nicht überschätzt werden konnte.

Daher Schlagen aus der Nachhand. Würde man die Russen im Abwehrfeuer verbluten lassen, wäre Stalin vielleicht irgendwann bereit, sich an den Verhandlungstisch zu setzen. Doch bis es soweit war, würde noch eine Menge Blut vergossen und eine Menge Stahl versengt werden müssen.

Engelmann schaute sich nach allen Seiten um. Überall war das Schlachtfeld nun von Tod und Vernichtung übersät. Die Russen hatten einmal mehr allein bei den Panzern Verluste im Verhältnis eins zu fünf eingefahren.

Es ist möglich, machte er sich selbst Mut. *Zumindest, wenn die Westmächte stillhalten.* Engelmann seufzte. Alles stand auf Messers Schneide. Er blickte hinüber zum Panzer Anna 2, der 30 Meter neben ihm in Stellung gegangen war. Dessen Kommandant, Feldwebel Hagen Gunthermann, öffnete die beiden Deckelklappen seiner Luke und streckte schließlich den Kopf aus dem Turm. Die Seitenschürze seiner Büchse war durchsiebt wie ein Schweizer Käse. Gunthermann schaute zu Engelmann hinüber und tippte mit fragender Miene gegen die Ohrhörer seiner Panzermütze. Engelmann gab dem Feldwebel mit Gesten zu verstehen, dass sein Funkgerät ausgefallen war. Dieser nickte verstehend.

Im Hintergrund ordneten sich die deutschen Kräfte neu. Die Besatzung von Anna 3 war aus ihrer Büchse geklettert und spannte die Kette neu, die wie durch ein Wunder nicht relevant beschädigt worden war. 1.000 Meter weiter im Osten fuhr die schwere Abteilung der Kampfgruppe auf und formierte sich scheinbar schon zum weiteren Einsatz. Mächtige Panther- und Tigerpanzer brachten sich in Position, während Infanteriekräfte aus dem rückwärtigen Raum vorrückten, um die liegengebliebenen deutschen Panzer zu sichern. Engelmann ließ sich zurückfallen, landete unsanft in seinem Sitz. Seine verletzte Hand brannte und pulsierte. Sie war dick angeschwollen wie eine Feuerqualle. Überdies stand ihm der Schweiß im Gesicht und durchnässte seine Uniform. Der Leutnant spürte die Müdigkeit, die gegen seine Augen drückte, die ihm jeden Tatendrang entriss. Er blickte sich in seinem Panzer um, schaute in die erschöpften Augen seiner Besatzung. Nitz hatte eine Platzwunde am Schädel, die aber nicht stark blutete. Münster schien mit offenen Augen einzuschlafen, während Jahnke gerade die verblieben Geschosse zählte und Ludwig durch seine Optik das Vorfeld beobachtete. Sie alle wirkten schlaff und ermattet. Tage der Kämpfe zehrten an ihnen. Doch sie hatten hier einmal mehr bloß eine Vorhut abgehalten, der russische Angriff ging unvermindert weiter. Auch Franzi war ganz schön mitgenommen. Von außen sah der Panzer aus, als hätte er mit einer Abrissbirne einen vor den Latz geknallt bekommen. Eines der MG war hin, das Funkgerät beschädigt und die Stahlhaut an tausend Stellen angeknackst.

Plötzlich klopfte jemand gegen die Luke des Kommandanten. Engelmann vernahm ein ganz dumpfes »Herr Leutnant?«. Es kostete ihn sichtlich Überwindung, sich aufzuraffen, dann aber streckte er sich hoch, und blickte in das Gesicht eines Gefreiten von Anna 2.

»Herr Leutnant«, begann der seine Meldung. »Befehl vom Regiment: Wir umgehen die Sonnenblumen rechtsumfassend, und folgen dem Höhenrücken, um Feindkräften bei der Höhe 201,4 in die Flanke zu fallen. Abmarsch in 15 Minuten. 10. Kompanie übernimmt die Führung, wir sollen als schließendes Glied nach hinten und uns zurückhalten.«

»Hab verstanden«, murmelte Engelmann. »Damit es uns heute Abend noch gibt.«

Der Gefreite nickte.

»Danke«, schloss der Leutnant und verschwand in seinem Panzer. Also würde es sofort weitergehen. Das war wahrscheinlich die richtige Entscheidung, dennoch waren hier alle am Limit, sehnten sich nach einer Pause. Engelmann blickte in erwartungsvolle Mienen.

»Es geht weiter«, flüsterte er. Seine Männer nickten.

Naryschkino, Sowjetunion, 01.06.1943

Mit großem Getöse schlugen die Geschosse der Ratsch-Bumm im Zentrum der Siedlung ein. Die große Hauptstraße wurde wieder und wieder aufgerissen – Gestein und Dreck flogen umher. Jede Detonation brachte Vibrationen mit sich, und diese Vibrationen rüttelten an den Ruinen, die der Krieg von Naryschkino noch übrig gelassen hatte.

Unteroffizier Franz Berning drückte sich unter einem zersprengten Fenster gegen die Zimmerwand und kniff die Augen zusammen. Draußen jagten die Artilleriegranaten Staub und Dreck wie erdige Kaskaden in die Höhe. Berning presste sich mit beiden Händen den Helm fester gegen den Schädel. Im Vorgelände zauberten die Einschläge einen Mantel aus trockenem Nebel, der sich über das gesamte Stadtzentrum legte. Wieder und wieder hämmerte die russische Artillerie in die Siedlung hinein. Die Männer des 2. Zugs krallten sich an den Wänden der sich schüttelnden Gebäude fest. Höllenheiße Metallfetzen zischten umher, klatschten gegen die Außenwände der Häuser. Glühende Splitter zwitscherten durch die Luft, durchschlugen den Beton. Schreie der Todesnot gellten auf. In Naryschkino öffnete die Hölle selbst in diesem Augenblick ihre Pforten und schüttete die Glut brennender Feuerkessel über der Stadt aus. Der Luftdruck presste die

Soldaten, die sich in den Ruinen verbargen, wie Insekten gegen das Gemäuer. Einige Männer waren dem Wahnsinn nahe. Mit zusammengedrückten Augen und gegen die Ohrmuscheln gepressten Händen duckten sie sich zusammen, ließen das grausige Spiel über sich ergehen.

Bernings Atmung ging schnell und schneller. Er wusste, dass die feindliche Artillerie bloß den Angriff der Panzer und Soldaten vorbereitete, und er wusste auch, was ihn erwartete. Zitternd zwang er sich, über den Fenstersims nach draußen zu schauen. Eine gigantische Staubwolke verwehrte ihm die Sicht.

Das war nicht der übliche Vormittagssegen des Iwan. Die Granaten sollten eine Attacke vorbereiten. Berning war mit seiner Gruppe im Erdgeschoss eines zerstörten Ladenlokals in Stellung gegangen. Rechts von ihm unter dem anderen Fenster hockten Hege mit seinem MG sowie der Obergefreite Weiß, den Berning zu seinem Truppführer gemacht hatte, und der gleichsam als zweiter Gewehrführer das MG bediente. Der Rest der Gruppe – nach der Zusammenziehung aller Restkräfte der Division zu zwei verstärkten Regimentern, hatte man fast überall wieder Soll-Stärke erreichen können – verteilte sich über die anderen Fenster, Türen und durch die Kämpfe geschaffenen Durchbrüche des Gebäudes. Hier verharrten sie, ließen das feindliche Artilleriefeuer über sich ergehen. Wieder jagte eine Salve Granaten in die Stadt hinein, doch die Einschläge lagen zu kurz, als dass sie den Deutschen hätten gefährlich werden können.

Auch nördlich von Kursk war die Rote Armee nach dem Unternehmen Zitadelle zum Gegenangriff übergegangen, der drohte, sich zu einer waschechten Offensive auszuweiten. Mit zwei Angriffskeilen stieß der Feind nördlich und südlich von Orel vor und hatte teils tiefe Einbrüche in die deutschen Linien erzielt. Beide Angriffsbewegungen zeichneten – auf einer Karte gesehen – einen leichten Bogen, dessen Spitzen jeweils nach Süden zeigten. Im Süden von Orel jagten die 3., die 27. sowie die 53. sowjetische Armee an Orel vorbei. Von Manstein schätzte, dass es deren Absicht war, hinter der Stadt nach Süden einzudrehen, um die gefangenen Truppen im Kessel des ehemaligen Kursker Frontbogens freizukämpfen. Genau wie bei Charkow hätte dies auch im Oreler Raum katastrophale Folgen für die Wehrmacht. Auch hier war die Gefahr allgegenwärtig, die deutschen Sicherungskräfte auf dem schmalen Landstreifen zwischen Olchowatka im Norden und Belgorod im Süden, der zu beiden Seiten durch die russische Frontlinie begrenzt wurde, von der Wehrmacht im Norden abzuschneiden.

Nördlich Orels aber drohte die wahre Gefahr dieses Frontabschnitts: Dort traten mit der 4. Gardearmee, der 11. sowjetischen Armee und der 11. Panzerarmee gut ausgebildete und ausgerüstete Truppen zum Angriff an. Erst dachte die deutsche Führung, auch dieser Angriffskeil würde die Stadt links liegen lassen und nördlich daran vorbeiziehen, doch seit vorgestern drehten die Russen scharf nach Süden ein, und standen mittlerweile vor Naryschkino, das bloß 20 Kilometer westlich von Orel lag. Damit hing die Umzingelung Orels als drohendes Damoklesschwert über den deutschen Verteidigern. Beide Seiten wussten um die Wichtigkeit der Stadt: Orel diente der Wehrmacht seit ihrer Besetzung als Logistikzentrum, und galt allgemeinhin als letzter Fuß in der Tür nach Moskau. Würde die Stadt verlorengehen, würden die Russen sie nicht wieder hergeben. Dann wäre der Weg nach Moskau wohl für den Rest des Krieges versperrt. Keine rosigen Aussichten, darum musste Orel um jeden Preis gehalten werden. Während von Manstein und von Witzleben darüber übereingekommen waren, Charkow im größten Notfall aufzugeben, teilten beide die Meinung, Orel bis zur letzten Patrone zu verteidigen. Der einzige Lichtblick war die Verstärkung, die sich auf dem Weg befand. In etwa zwei Wochen würde die 15. Panzer-Division im Oreler Raum aufschlagen. Das waren perfekt ausgebildete und – viel wichtiger – im Soll stehende Panzerveteranen aus Afrika. Doch zwei Wochen waren eine lange Zeit, die mussten die Deutschen in diesem Gebiet erst einmal aushalten, auch wenn die Kampfgruppe Becker – zusammengezogen aus Teilen der Angriffskräfte von Zitadelle – bereits in die Schlacht geworfen worden war. Auch im Raum nördlich von Orel hatte der Russe, insgesamt betrachtet, von Mansteins Erfolge der ersten Jahreshälfte zunichte gemacht. Einmal mehr war die Frontlinie ein ganzes Stück von Tula weggerückt.

Nochmal wagte es Berning, über den brüchigen Fenstersims zu blicken. Eine dichte, graue Wand hatte sich vor der Stellung der 2. Gruppe aufgebaut. Von der Hauptstraße war nichts mehr zu sehen, so diesig war es dank des Staubes. Noch einmal donnerten russische Salven in die Siedlung hinein, dann stellte der Feind das Artilleriefeuer ein. Das Brausen der Explosionen verhallte, doch es rieselten noch einige Sekunden lang Gesteinsbrocken und Erde zu Boden. Anschließend schlich sich eine trügerische Ruhe in die Szenerie ein. Einer von Bernings Soldaten hustete, und irgendwo in weiter Ferne krachten Schüsse. Berning kniff die Augen zusammen, lauschte in den staubigen Nebel. Sein Herz klopfte kräftig, Schweiß badete sein Antlitz. Der 1. Juni war wieder ein sehr heißer Tag, doch nicht einmal die Sonne drang im Augenblick durch die Staubdecke, die Naryschkino fest im Griff hatte. Plötzlich vernahm Berning ein Geräusch, das jedem Soldaten Furcht einflößte: Das Quietschen von Panzerketten erfüllte mit einem Mal die Luft. Berning ging wieder unter dem Fenster in Deckung und umklammerte seine Waffe noch fester.

Oh nein! Zwei Worte, die seinen Geist beherrschten.

»Russischer Panzer!«, flüsterte einer.

»T- 34, zwei Stück! Plus Infanterie, meldet die 3. Gruppe!«, zischte ein anderer.

»Was ist?«, fragte Hege mit heiserer Stimme. Seit Kursk hörte er schlecht.

»Zwei T-34!«, raunte ihm Weiß eindringlich ins Ohr.

Berning nickte. Also würden sie hier in Stellung verbleiben und warten, bis der Feind vorübergezogen war. Gegen Panzer konnten sie nun wirklich nichts ausrichten. Sie hatten bloß Gewehre, ein paar Handgranaten und ein Maschinengewehr.

Plötzlich stand Unterfeldwebel Pappendorf mit einer prall gefüllten Packtasche im Hauseingang. Zielstrebig marschierte er auf Berning zu, hockte sich neben ihn. Die Tasche legte er vor sich auf dem Boden ab.

»Unteroffizier Berning!«, zischte Pappendorf.

»Jawohl, Herr Unterfeldwebel?«

»Unteroffizier Berning! Jetzt können Sie beweisen, was in Ihnen steckt!« Berning starrte seinen Zugführer mit offenem Mund an. Der öffnete den Sack, und geballte Ladungen – aus mehreren Granatköpfen zusammengebundene Sprengladungen – kamen zum Vorschein.

»Hat die 1. Gruppe angefertigt«, kommentierte Pappendorf und grinste hämisch, »extra für Sie.«

Bernings Augen wurden ganz groß, doch Pappendorf fuhr unvermindert fort: »Auftrag, Unteroffizier! Panzervernichtungstrupp bilden, vorrücken unter Deckungsfeuer des MG und Panzer auf der Straße vernichten. Wiederholen Sie!«

Berning entglitten die Gesichtszüge. Er konnte sich nicht vorstellen, dass er – bloß mit Granaten bewaffnet – dort raus gehen sollte, um Feindpanzer, die vermutlich noch von Infanterie begleitet wurden, zu vernichten. Er schaute Pappendorf an wie ein Hund, der sein Kunststück nicht vorführen wollte.

Die Miene des Zugführers verfinsterte sich. Doch ... Pappendorf meinte das bierernst.

»Ich soll Panzervernichtungstrupp bilden und auf der Straße Panzer vernichten«, stammelte Berning.

»Herr Unterfeldwebel«, ergänzte Pappendorf.

»Herr Unterfeldwebel.«

»Na, dann los!«

Zögernd griff Berning die Tasche, dann blickte er auf.

»Barth, Schapnick! Zu mir!«, zischte er. Pappendorf zog eine Augenbraue nach oben. Aus verschiedenen Räumen des Gebäudes trabten zwei junge Soldaten an; beide noch keine 20 Jahre alt und beide erst mit wenig Dienstzeit auf dem Buckel. Sie waren frisch vom Ersatz in die Kampfgruppe gelangt.

»Sie nehmen die beiden unerfahrensten Soldaten ihrer Gruppe mit?«, bemerkte Pappendorf. »Guter Schachzug, Unteroffizier, guter Schachzug.« Der Unterfeldwebel nickte mit verhöhnendem Blick. Unsicher blickte Berning zu seinem Zugführer auf, doch dann presste er die Lippen zusammen, während Zorn seinen Geist flutete.

Mir doch egal, was dieser Piefke denkt! Ungeachtet von Pappendorfs Blicken wandte sich Berning den herbeigerufenen Soldaten zu – das hieß, unbeachtet blieb Pappendorfs Verhalten bei Berning keineswegs, vielmehr versuchte er krampfhaft, seinen Zugführer zu ignorieren.

Draußen wurde das Quietschen der Ketten lauter, das Rattern der russischen Panzer deutlicher. Berning warf noch einmal einen Blick über den Fenstersims. Noch immer war dort nichts als eine Nebelwand zu sehen, doch langsam – ganz langsam – verflüchtigte sich der Staub. Berning musste sich sputen.

»Aufgemerkt!«, sagte er seinem Panzervernichtungstrupp. »Sie beide nehmen sich jeder zwei Granaten. Gewehre bleiben hier! Ich gehe vor, Sie bleiben mir direkt auf den Fersen. Verstanden?«

»Verstanden«, kam die Antwort wie aus einer Kehle.

»Herr Unteroffizier«, fügte Pappendorf umgehend bei.

»Herr Unteroffizier«, wiederholten der Grenadier und der Obergrenadier.

Kann dieser Kerl nicht einfach mal die Fresse halten?, überkam es Berning. Fast hätte er etwas gesagt. Fast! Dann besann er sich auf seine Aufgabe.

»Mir nach!«, flüsterte er, sprang auf und kletterte über den Fenstersims.

*

Pappendorf blickte dem Unteroffizier und seinen zwei Landsern nach, wie diese im Nebel verschwanden.

»Also, ich hätte an deiner Stelle ja meinem MG einen Wirkungsbereich für Störfeuer zugewiesen ... bei der Sicht«, murmelte er vor sich hin und schüttelte den Kopf.

Hege blickte seinen Zugführer mit unsicherer Miene an. »Wo soll ich jetzt hinhalten, Herr Unterfeldwebel?«, fragte er schließlich und drückte sich sein MG in die Schulter. Er grinste dabei ratlos und unsicher, wobei seine schlechten Zähne zu sehen waren.

»Gar nicht«, war Pappendorfs knappe Antwort. »Wie soll er es denn sonst lernen?«

Heges Gesicht war immer noch ein einziges Fragezeichen. Er sagte: »Wie bitte, Herr Unterfeldwebel?«

»Wie er es lernen soll!«

»Er ist ein Dirnentroll?«

»LERNEN! SOLL!«

»Wer?«

»Berning!«

»Aha ... soll ich jetzt schießen oder nicht, Herr Unterfeldwebel?«

»Herrgottszeiten! Nein!«

*

Berning sprang rasch über die Straße und drückte sich auf der anderen Seite gegen die Hauswand. Das Quietschen der Panzerketten war jetzt ganz laut, der Panzer somit nah. Berning spürte, wie die Straße unter dem Stahlkoloss vibrierte. Angst und Verzweiflung stiegen in ihm auf.

Seine beiden Truppsoldaten hielten sich mit je einer geballten Ladung bereit. Sie blickten mit ernsten Mienen in den sich lichtenden Staubumhang, der noch immer die Siedlung vernebelte. Russische Rufe drangen aus dem Nebel heraus.

»Mir nach«, flüsterte Berning. »Wir drücken uns an der Wand entlang bis in die Nische vor dem Postamt weiter vorne. Da warten wir, lassen uns überrollen und schlagen dann zu.« Seine Soldaten nickten, danach stürmte der Unteroffizier los. Stets in der Deckung der Wand rannte er an den teils eingerissenen Gebäudefassaden entlang, bis er das Postamt, ein kleines Gebäude mit rot geziegeltem Dach, erreichte. Dort gab es eine kleine Einbuchtung, in die ein Kleinwagen hineingepasst hätte. Berning und seine zwei Soldaten pressten ihre Körper gegen die Hauswand und verhielten sich ruhig. Der Unteroffizier konnte deutlich seine Atmung hören, die wie eine Hintergrundmusik über allen anderen Geräuschen lag. Die Ketten der Feindpanzer rasselten wie eine mittelalterliche Zugbrücke, kamen näher und näher. Die Straße erzitterte, und die Gebäude schüttelten sich unter dem Rumpeln des Panzers. Plötzlich brach das olivfarbene Stahlungeheuer – ein T-34 – aus dem Nebel und passierte das Postamt. Mit weit aufgerissenen Augen schaute Berning dem

Koloss nach, der sich weiter die Straße hinaufschob. So nah war er noch nie einem feindlichen Panzer gewesen.

»Jetzt!«, wisperte Berning und schlug Schapnick gegen den Helm. Der nickte, während ihm ein »Jawohl, Herr Unteroffizier« über die Lippen ging, dann rannte er los. Seine rechte Hand drehte die Sicherungskappe ab und pfriemelte die Abreißschnur aus dem Stiel.

Der Obergrenadier stürmte auf die Straße, eilte auf den Panzer zu. Plötzlich krachte ein Schuss. Das Projektil schleuderte Schapnicks Helm hinfort, fraß sich in dessen Kopf, wo es irreparable Schäden anrichtete, zertrümmerte das Jochbein des Obergrenadiers und platzte ihm schließlich zwischen Nase und Oberlippe aus dem Gesicht. Schapnicks Beine gaben nach, dann schlug sein Gesicht auf den Asphaltboden auf, wo er reglos liegen blieb. Sofort wurden hektische, russische Ausrufe laut.

Berning presste sich so sehr gegen die Hauswand, wie es ihm möglich war, und umklammerte sein Gewehr mit aller Macht. Auch Barth starrte wie gebannt auf den getöteten Schapnick.

»Scheiße!«, stieß Berning keuchend aus. Ihm blieb nicht verborgen, dass sich die Besitzer der russischen Stimmen rasch näherten. Der Unteroffizier brachte sein Gewehr in Anschlag und zielte auf die Ecke der Nische, doch seine Hände schlotterten. Sicherlich war da ein ganzer russischer Zug auf der Straße! Oder eine Kompanie!

»Soll ich los, Herr Unteroffizier?«, fragte Barth mit mutiger Stimme.

»Nein!«, flüsterte Berning und beugte sich langsam zur Ecke vor, hinter der Dutzende Russen lauern mochten. »Wir sind im Arsch!«, stellte er bibbernd fest.

Plötzlich stotterte von der anderen Straßenseite ein MG 42 los. Der Zug Pappendorf hatte das Feuer eröffnet! Der Nebel war sehr licht geworden, Berning konnte durch den Staub hindurch Mündungsblitze bei den Stellungen seiner Einheit ausmachen. Feuergarben schlugen über die Straße, ließen den Asphalt aufspringen und rangen den Gebäuden Gesteins- und Putzsplitter ab. Die russischen Stimmen waren mit einem Mal laut und panisch. Sowjetische Waffen erwiderten das Feuer. Augenblicklich stoppte der Panzer und richtete sein Rohr auf die Gebäude, in denen sich Teile des 2. Zuges verschanzt hatten. Berning biss sich auf die Unterlippe, derweil begann das MG des Panzers zu sprechen. Krachend jagten die Geschosse in die Stellungen seiner Kameraden hinein. Schreie und wild gebrüllte Befehle erfüllten die Luft. Dann schoss der T-34 seine Hauptwaffe ab. Scheppernd knallte die Sprenggranate in das Gebäude, rüttelte fürchterlich daran. Betonbrocken aller Größen sprangen auf die Straße.

»Wir müssen ihnen helfen«, stöhnte Barth und erfasste den Zünder seiner Granate. Wieder schoss der Panzer in das Gebäude, dessen linke Hälfte nun völlig in sich zusammenfiel. Berning kämpfte mit sich selbst. Er konnte seine Kameraden verzweifelt schreien hören, während noch immer mehrere deutsche MG auf die Straße rotzten. Gekreische drüben bei den Russen ließ darauf schließen, dass auch die Iwans Verluste erlitten.

»Wir müssen ihnen helfen, Herr Unteroffizier!«, machte Barth seinem Anliegen noch einmal Luft. Berning grub seine Schneidezähne in das Fleisch seiner Unterlippe – zögerte einen Moment – dann klopfte er Barth auf die Schulter. Der sprang auf, sprintete los. Berning hastete hinterher. Die beiden deutschen Soldaten rannten auf die Straße, so schnell sie ihre Beine trugen. Russisches Feuer jagte ihnen nach. Der Asphalt neben ihren Füßen platzte hoch. Berning sausten feine Splitter ins Gesicht. Er hielt sich seinen linken Arm schützend vor die Augen und rannte weiter. Vor ihm sah er bloß die Stiefel von Barth, die über die Straße hüpften. Der erreichte den Panzer. Berning konnte die russischen Befehle in seinem Rücken hören. Er bildete sich ein, sie riefen: »Knallt den Unteroffizier ab! Knall den Unteroffizier ab!« Er glaubte in diesem Augenblick, alle Schüsse dieses Krieges galten bloß ihm. Seine Atmung hatte sich zudem ins Unendliche gesteigert. Sein Puls pochte in seiner Kehle. Der Helm rutschte auf seinem Kopf hin und her. Doch er rannte bloß weiter, nichts anderes ließ sein Körper zu, keine störenden Gedanken bedrängten seinen Geist.

Barth zog den Zünder der geballten Ladung und schleuderte sie im Lauf auf den Panzer. Das Granatenbündel prallte von der Oberseite der Wanne ab, sprang noch einmal in die Höhe und kam genau zwischen Turm und Wanne zum Liegen. Barth und Berning rannten weiter. Geschosse beider Seiten sirrten durch die Luft, rissen Narben in die Gebäude; doch der deutsche Panzervernichtungstrupp hatte Glück. In dem Augenblick, indem sie die eigenen Stellungen erreichten und durch ein Fenster zurück ins Gebäude kraxelten, blitzte es hinter ihnen am Panzer, und ein lauter Knall hallte über die Straße. Danach blieb der T-34 ruhig. Äußerlich scheinbar unversehrt, feuerte er nicht erneut oder rührte sich sonst wie. Der Panzer war vernichtet.

Berning presste sich einmal mehr unter »sein« Fenster gegen die Wand und versuchte, seiner Atmung Herr zu werden. Noch immer führte seine Gruppe den Feuerkampf mit den Russen, doch diese – geschockt durch den ausgeschalteten T-34 – zogen sich schießend zurück und verschwanden schließlich aus dem Sichtbereich des 2. Zuges.

Berning keuchte und schnaubte, während er mit offenem Mund dalag.

»Keine Verluste«, meldete Weiß umgehend. »Munition bei 80 Prozent.«

Berning nickte bloß und bedeutete dem Obergefreiten mit einer Geste, einen Moment inne zu halten. Der Unteroffizier musste erst einmal wieder zu Luft kommen sowie die Emotionen, die in ihm auflodertern, abwürgen. Plötzlich aber stand Pappendorf vor Berning.

»Berning!«, plärrte er. Der Unteroffizier sprang sofort auf und wedelte mit beiden Armen, ehe er sich den Helm richtete, der schief auf seinem Kopf thronte.

»Jawohl … Herr Unterfeldwebel?«

»1. Zug meldet drei weitere Feindpanzer, die über die Straße vorstoßen. Prädestiniert für Sie! Geballte Ladungen schnappen und bereit halten für Panzervernichtungstrupp!«

Bern, Schweiz, 02.06.1943

Eine halbe Stunde schon lagen Thomas und Luise schweigend nebeneinander im Bett und genossen die Körperwärme des jeweils anderen sowie die kühle Luft, die durch das geöffnete Fenster in den Raum strömte. Draußen hüllte die Dunkelheit Bern in einen düsteren Mantel. Luise würde an diesem Abend nicht mehr nach Hause fahren. Sie würde bei Thomas bleiben, so wie fast jede Nacht.

Da Luises Mutter tot und ihr Vater irgendwo in England stationiert war, war sie in der für junge Frauen ungewöhnlichen Situation, in Bezug auf Männer tun zu können, was sie wollte. Gleichwohl würde ihrem Vater wohl kaum gefallen, was sie derzeit in der Schweiz trieb.

Thomas wusste das; sie hatten bereits darüber gesprochen. Er war daher wahrlich froh darüber, dass der alte Patriarch nicht in Reichweite war. Thomas musste grinsen. *Was der olle Tommy wohl davon hält, dass seine Tochter zehnmal die Woche mit einem Deutschen ins Bett hüpft?* Luise war in dem Punkt wirklich nicht totzukriegen – sie hatte ihre anfängliche Verlegenheit schneller abgelegt als Thomas gucken konnte. Er seufzte, dann steckte er sich eine Zigarette an. Luise fielen in seinen Armen soeben die Augen zu, doch Taylor konnte im Augenblick nicht an Schlaf denken. Dafür ratterten zu viele Dinge durch seinen Kopf.

Was soll ich tun? Das war die große Frage, die über allen anderen Gedanken in seinem Kopf schwebte. Taylor hatte Luise nun schon seit Tagen nicht mehr bezüglich der Invasion in Italien befragt, da er zu große Angst davor hatte, sie würde Wind von seinem wahren Auftrag bekommen. Dementsprechend mau war sein letzter Bericht an die Abwehr ausgefallen.

Was soll ich tun? So viele Zweifel, so viele Gefühle und auch sein Pflichtbewusstsein nagten an ihm, rangen um seine Aufmerksamkeit.

Thomas spürte Luises warmen Körper angeschmiegt an den seinen. Sie schlief. Gleichmäßig hob und senkte sich ihr Brustkorb, während ihre Augen geschlossen waren und ihr Antlitz ganz friedlich aussah.

Thomas war verliebt – und anders als er anfänglich gedacht hatte, war dieses Gefühl weder nach kurzer Zeit verflogen noch vermochte er erfolgreich dagegen anzukämpfen. Die tiefe Zuneigung gegenüber Luise konnte er nicht abschalten. Wie Metall von einem Magneten angezogen wurde, so zog sie ihn mit einer Kraft an, der er sich nicht erwehren konnte. Aber was sollte er tun? Sein erstes Dilemma war, dass er hier einen dienstlichen Zweck zu erfüllen hatte, und dass die Informationen, die er sammelte, dem Reich den Hintern retten konnten. Andererseits fragte er sich schon, was aus einer Tippse des britischen Konsulats schon noch herauszuholen war, außer dem ungefähren Angriffstermin für Italien – was sie ihm schon geliefert hatte. Die Hoffnung der Abwehr hatte von Anfang an auf Luises Vater geruht, doch enttäuschenderweise hatte Taylor lernen müssen, dass sie nur sehr selten Kontakt zu ihm hatte; und dass das Verhältnis überdies recht angespannt war. So blieb nur ihre Tätigkeit im britischen Konsulat als Quelle, doch es war nun mal nicht gerade so, dass sie dort die Chefgeheimnisträgerin war.

Thomas zweites Dilemma war das Fundament selbst, auf welchem seine Beziehung mit Luise ruhte. So hieß er weder Aaron Stern noch war er Jude, doch würde Luise irgendwann einmal von seiner wahren Identität erfahren, dann wusste er nicht, wovor er sich mehr fürchten musste: vor der schweizerischen Polizei oder vor ihr. Sie konnte verdammt temperamentvoll sein; manchmal war sie richtig geladen – nicht bloß im Bett.

Thomas fragte sich ernsthaft, ob es nicht doch ginge, ein Leben in Lüge zu leben und mit Luise als Aaron Stern seine Tage in der Schweiz zu verbringen. Doch Thomas wusste natürlich, dass das nicht ging. Tätigkeiten im Feindesland mussten immer zeitlich begrenzt bleiben, denn irgendwann würde man ihn enttarnen – und sei es nur wegen eines dummen Zufalls. Nein, auch das war keine Option.

Thomas seufzte erneut. Er zog kräftig an seiner Zigarette. Also? Was tun? Ihm blieb wohl nichts weiter übrig, als die Dinge erst einmal weiterlaufen zu lassen und zu sehen, was sich ergab. Vielleicht würde die Abwehr ihn bald abziehen. Vielleicht würde Luise doch noch einige nützliche Informationen offenbaren. Nur die Zukunft konnte es zeigen.

Also warten und … na ja … um Luise kümmern … Thomas schnipste seinen Kippenstummel zum Fenster hinaus. *Was man nicht alles für sein Land tut!*

Mikojanowka, Sowjetunion, 04.06.1943

Engelmann hatte Glück gehabt, seine Hand war nicht gebrochen. Zwar pochte und schmerzte das angeschwollene Handgelenk noch immer, doch er konnte die Hand noch benutzen, konnte weiter in seiner Funktion als Panzerkommandant und Kompaniechef wirken. Dennoch musste er das Buch, das er bei sich trug, nach Sekunden schon in die gesunde Hand verlagern, dafür schmerzte die Prellung zu sehr.

Die Sonne des späten Nachmittags verwöhnte die Ebenen Russlands mit gleißendem Licht und angenehmer Wärme, ohne das es an diesem Tag unerträglich heiß war. Der russische Angriffsflügel, der im Charkower Raum in Richtung der eingekesselten Sowjetverbände vorzustoßen versuchte und dem die Kampfgruppe Sieckenius entgegengeworfen worden war, stand seit zwei Tagen nun schon mehr oder minder still. Nach dem Erfolg südlich von Mikojanowka hatten die Deutschen sogar einige Einbrüche in die Tiefe unternehmen können. Schließlich jedoch wurden sie von den Russen bis auf den Flugplatz von Mikojanowka zurückgedrängt.

Aktuell standen die Russen an einigen Stellen sogar auf der gut ausgebauten Verbindungsstraße von Belgorod nach Charkow und blockierten diese. Deutsche Nachschubkolonnen mussten daher große Umwege in Kauf nehmen, um die Fronttruppen zu versorgen. Die Situation blieb für die Wehrmacht äußerst brenzlig: Seit gestern lag der Flugplatz bei Mikojanowka immer wieder unter Artilleriebeschuss des Feindes. Unter großen Anstrengungen der Luftwaffensoldaten wurden seitdem stetig Bombentrichter, die sich in die Rollbahnen gefressen hatten, zugeschaufelt und durch Splitter beschädigte Maschinen instand gesetzt. Unermüdlich hoben die Piloten – teilweise direkt unter Artilleriefeuer – wieder und wieder ab, sobald ihre Vögel mit frischer Munition und Betriebsstoff versorgt worden waren, um die Fronttruppen zu unterstützen. Bloß die Nachschubengpässe zwangen die Flieger hin und wieder, am Boden zu bleiben.

Die Russen allerdings lagen nun keine zwei Kilometer mehr entfernt. Jeder weitere Vorstoß des Feindes würde dazu führen, dass die Luftwaffe ihren Stützpunkt umgehend aufgab. Dann würden das Jagdgeschwader 52 sowie das Sturzkampfgeschwader 2 »Immelmann« mit ihren insgesamt über 140 Flugzeugen Dutzende Kilometer gen Westen verlegen – vielleicht nach Poltawa, wo es ebenfalls einen großen Flugplatz der Luftwaffe gab, denn die meisten anderen Flugplätze der Region, wie bei Charkow oder bei Belgorod, waren ebenfalls akut vom Gegner bedroht. In jedem Fall würden sich die Anflugwege zur Front deutlich verlängern. Der Flugplatz bei Mikojanowka war daher ein wichtiges Mosaiksteinchen im Kampf um den Charkower Raum.

Außer dem Austausch von Artilleriefeuer war es an diesem Tag ruhig geblieben; auch die Russen schienen mal Pause machen zu müssen. Engelmann hatte den Tag genutzt, um gemeinsam mit seinen Männern alle notdürftigen Reparaturen an den Büchsen durchzuführen. Wahrlich – sie würden eigentlich eine Panzerfabrik benötigen, um die angeschlagenen Panzer wieder in Schuss zu setzen, doch durch Improvisation und Erfindergeist konnten sie dafür sorgen, dass die Tanks noch einen weiteren Tag mitmachen würden: Sie hatten die Ketten neu gespannt, Munition und Betriebsstoffe nachgefüllt – soweit vorhanden – und einige kleinere Beschädigungen ausgebessert. Münster – ein Künstler im Bereich Mechanik – hatte sich den halben Tag mit dem rechten Laufwerk herumgeschlagen, doch nach zwei Mal Neuspannen der Kette, dem Flicken einiger Verbindungsstücke sowie dem Auswechseln eines Laufrades hatte er tatsächlich dafür gesorgt, dass Franzi nur noch minimal nach rechts zog. Nitz war überdies den ganzen Tag über unterwegs gewesen und hatte ein neues Funkgerät auftreiben können – zwar von einer anderen Bauart, doch es funktionierte. Auch das neue Funkgerät war mittlerweile im Panzer verbaut und mit den Mützen von Fahrer, Funker und Kommandant verbunden. Einzig das schrottreife Bugmaschinengewehr hatte nicht ausgewechselt werden können. Ersatz war dieser Tage wahrlich nicht aufzutreiben. Das Grenadier-Bataillon der Kampfgruppe, das im Bereich des Flugplatzes die Sicherung der Luftwaffe verstärkte, verfügte zum Beispiel nicht einmal über ein einziges Maschinengewehr. Jeder Landser besaß ein K98 und 15 Schuss Munition. Das war's. Keine Handgranaten, keine Funkgeräte, keine Flak, keine Pak. Improvisation und das Zusammenklauben von allem, womit gekämpft werden konnte, waren das Gebot der Stunde. Immerhin: Die Berichte aus dem Süden ließen hoffen: Bei Stalino war der Russe zwar bis an die Stadtgrenze herangerückt, doch die Deutschen hatten dem Feind gemäß der von Manstein'schen Taktik wahnwitzige Rückzuggefechte geliefert, dabei immer wieder zu Gegenstößen angesetzt. Die Rote Armee musste dort die Geländegewinne von gut 80 Kilometern an der tiefsten Stelle mit bitteren Verlusten – teilweise im Verhältnis eins zu elf – bezahlen. Das Schlagen aus der Nachhand hatte sich nach wenigen Tagen der Feindoffensive bewährt: Die sowjetische Südfront war an den deutschen Kräften im Raum verblutet, und zu keiner weiteren Bewegung mehr in der Lage.

Bei Isjum jedoch tobten zur Stunde noch heftige Kämpfe um die Donez-Übergänge. Beide Uferseiten hatten seit dem russischen Angriffsbeginn unzählige Male die Besitzer gewechselt, doch bisher war es der Roten Armee nicht gelungen, dauerhafte Brückenköpfe über den Fluss zu schlagen. In diesem Frontabschnitt war außerdem mit der 10. Panzer-Division sowie der 334. Infanterie-Division das halbe ehemalige Afrikakorps vertreten, das sich bis dato stets durch eine hervorragende Kampfkraft auszeichnete. Diese Erfolge standen allerdings auf wackeligen Beinen. Bei Isjum war der Russe noch stark, ebenso bei Orel und Charkow. Würde der Durchbruch durch die deutschen Linien bloß an einer dieser Stellen gelingen und der Feind anschließend den Dnjepr erreichen, dann wäre von Manstein gezwungen, die gesamten Heeresgruppen Süd und Mitte hinter ebenjenen Fluss zurückfallen zu lassen. Wollte man die Russen an der jetzigen Front aufhalten, dort deren Bewegungskrieg den Saft abdrehen, dann musste die Verteidigung allerorts erfolgreich sein.

Engelmann seufzte. Der Tag neigte sich dem Ende zu. An seinen Büchsen gab es nichts mehr zu tun. Alle drei Panzer waren in einem kleinen Waldstück 300 Meter östlich der Rollbahnen abgestellt, Betriebsstoff sowie Munition lagen bei 60 Prozent. Da der Leutnant der Meinung war, Ruhephasen seien ebenso wichtig wie Wartungs- und Reparaturarbeiten, hatte er seine Männer daher vor wenigen Augenblicken in den »Feierabend« entlassen. Während sich Münster umgehend in das Deckungsloch unter Franzi verkrochen hatte, um eine Mütze Schlaf zu nehmen, war Nitz zusammen mit Ludwig und Jahnke sowie einigen Besatzungsmitgliedern der anderen Kompaniepanzer zu den Luftwaffenjungs aufgebrochen, die angeblich über Wodka und Zigaretten verfügten. Zumindest hatte ein Leutnant der Luftwaffe die Panzermänner mit diesem Versprechen zu einer an diesem Abend stattfindenden Feier eingeladen. Hintergrund war wohl die Rückkehr zweier ungarischer Fliegergruppen in das VIII. Fliegerkorps.

Engelmann spürte, dass auch er an diesem Tag nicht mehr alt werden würde. Außerdem hatte er Hunger, denn die Abendverpflegung war mehr als dürftig gewesen – lediglich wenige Scheiben Brot und Marmelade hatte Kreisel mit seinem Gaul herangebracht. Engelmann entfernte sich dennoch vom Verfügungsraum seiner Kompanie, trottete über die große Freifläche, die am Ende der Rollbahnen begann, und erreichte schließlich ein langgezogenes Waldstück, wo er sich in eine Mulde zwischen zwei alte Kiefern setzte. Nach Tagen eingepfercht auf engstem Raum mit vier anderen Männern, nach Tagen der Gefechte und der Anstrengung wünschte er sich fast nichts sehnlicher, als eine halbe Stunde in Einsamkeit zu verbringen – eine halbe Stunde ohne Stimmen und ohne den Geruch anderer Menschen. In seinen Händen hielt Engelmann einen blutverschmierten Roman mit dem Titel »Befreite Welt«. Eduard Born hatte das Buch neben sich liegen gehabt, als er tödlich getroffen worden war. Er hatte es mit seinem Lebenssaft übergossen, ehe er seinen letzten Atemzug tat. Engelmann wollte versuchen, über Elly ein neues Exemplar des Buches zu organisieren, bevor der Hauptfeldwebel Borns persönliche Gegenstände an dessen Familie schickt. Der Leutnant wollte nicht, dass dessen Eltern und Geschwister ein blutiges Buch ihres Verstorbenen erhalten würden. Seit dem Tode Borns hatte Engelmann das Buch mit seinen Sachen mitgeführt, doch bisher war er verständlicherweise nicht dazu gekommen, es zu lesen. Auch konnte Engelmann sich viele Bücher vorstellen, mit denen er sich lieber befassen würde. Als studierter Germanist wurmte es ihn schon genug, dass er im Kriege kaum zum Lesen kam. Zum einen fehlte ihm die Zeit, zum anderen konnte er auch keine Bibliothek mit sich herumschleppen.

Man müsste ein kleines Gerät erfinden, auf dem man tausend Bücher speichern und abrufen kann, sinnierte Engelmann. Er stellte sich das in etwa wie bei einer Digitaluhr vor: Man benötigte bewegliche Plättchen, die durch Spulen jeden Buchstaben anzeigen konnten. Diese Plättchen müssten dann in Reihen neben- sowie untereinander angeordnet sein, um durch clevere Programmierung stets die entsprechende Buchseite anzeigen zu können. Der Leutnant stieß lautstark Luft aus seiner Lunge. Ihm blieb im Moment nur das eine blutverschmierte Buch, das er in Händen hielt – denn seine Bibel lag irgendwo zwischen seinen restlichen Sachen beim Tross. Also »Befreite Welt«, obwohl die Fantastik eigentlich nicht sein Genre war. Engelmann war eher ein Anhänger der Klassik, mochte Fontane und Goethe, aber auch Bennett oder Hugo.

Der Leutnant zog sein Taschenmesser aus der Beintasche und löste damit vorsichtig die vom Blut zusammengeklebten Seiten voneinander. Schließlich blätterte er die erste Seite auf. Trotz der Tatsache, dass alles in Rot getaucht war, konnte er die schwarzen Lettern gut erkennen. Gerade überflog er den ersten Satz, da pfiff es plötzlich in der Luft. Russische Artilleriegranaten! Einen Wimpernschlag später schossen hinten bei den Flugzeughangars Erdfontänen in die Höhe.

»Scheiße!«, stöhnte Engelmann und klappte das Buch zu. Sein Körper – jede Faser seines Leibes – sträubte sich dagegen, aufzustehen und sich zu bewegen.

Ist eh wieder nichts, außer ein bisschen Ratsch-Bumm-Geplärre! Der Leutnant raffte sich auf und machte sich im Laufschritt auf den Weg, während drüben bei der Luftwaffe die Alarmsirenen losgingen. Engelmann erkannte unzählige Menschen – von hier aus klein wie Ameisen –, die die Stukas und Jäger aus den Hangars schoben. Er hatte die Hälfte der Pläne noch nicht überwunden, da starteten die ersten Piloten die Motoren, fuhren in ihren Kisten auf die Rollbahn, gewannen dort an Geschwindigkeit und hoben bloß 100 Meter von Engelmann entfernt ab, sodass sie knapp über seinen Kopf hinwegjagten. Die Maschinen gewannen rasch an Höhe.

Ist doch etwas im Busch?, grübelte der Leutnant, während er keuchend weiterlief. Der Schlaf- und Nahrungsmangel zehrte merklich an seiner Kondition. *Schweinerei, wenn die Russen jetzt angreifen, wo bald Schlafenszeit ist!,* moserte er innerlich.

Russische Jäger tauchten im Luftraum über dem Flugplatz auf, verwickelten die deutschen Maschinen in Kämpfe. Glühende Geschosse sirrten wie brennende Fäden über den Himmel. Schon spuckte eine deutsche Messerschmitt Bf-109 feinen Rauch, ehe sie Feuer fing. Die schlanke Propellermaschine mit dem dicken Balkenkreuz hinter der Pilotenkabine verlor an Höhe, raste dem Boden entgegen und ging dort schließlich in einer gigantischen Explosion auf, die die umliegenden Bäume in Flammen hüllte. Kein Fallschirm war zu sehen. Mit einem Male ging in der Ferne ein beständiges Donnern von Geschützen und Granaten los. Der neuerliche Kampflärm kam aus südlicher Richtung und mischte sich bedrohlich unter die tönende Sirene beim Flugplatz. *Da ist definitiv etwas im Busch!* Engelmann hatte das Waldstück, in dem seine Kompanie lag, fast erreicht. Plötzlich hörte das feindliche Artilleriefeuer auf. Die letzten Salven ließen die Erde hinten bei den Hangars aus dem Boden platzen. Eine startende Bf-109 war scheinbar in einen Krater gefahren, einige Männer rüttelten an der Maschine und versuchten, sie aus dem Loch zu schieben. Aus der Ferne sah es so aus, als hätte der Boden einen Flügel der Maschine verschluckt.

Als Engelmann endlich seine Panzer erreichte, stellte er erleichtert fest, dass Nitz und die anderen bereits dort waren. Einmal mehr bewies Nitz, wie wertvoll der Feldwebel für Engelmann war: Sämtliche Besatzungen saßen schon in ihren Büchsen, und das Tarnmaterial war entfernt worden. Die Kompanie war marschbereit.

Der Leutnant sprang auf Franzis Wanne, kraxelte durch die Kommandantenluke in den Turm hinein. Erwartungsvolle Blicke schlugen ihm entgegen.

»Lagebericht«, forderte Engelmann von Nitz. Der zupfte sich am Schnurrbart und erwiderte: »Der Feind tritt entlang der Straße Belgorod – Charkow zum Angriff an.«

»Die wollen diesen Flugplatz«, bemerkte Münster, doch Engelmann schnitt ihm jäh das Wort ab: »Klappe zu, Münster. Lass Papa brav aussprechen.«

»Das Regiment hat alle Verbindungen zur Kampfgruppe verloren. Die haben die Telefonleitungen gekappt!«

»Verflixte Partisanen«, spuckte Münster aus. Er hatte seine Luke geöffnet und blickte hinaus aufs Flugfeld.

»Klappe zu, Münster. Nitz, wie lauten unsere Befehle?« Der Leutnant stülpte sich seine Panzerkappe über den Kopf und richtete das Kehlkopfmikrofon aus.

»Burgsdorff hat den Abteilungen erhöhte Bereitschaft befohlen. Er hat wohl einen Melder zu Sieckenius geschickt ...«

»... und bis dahin sollen wir die Füße still halten?«, beendete Engelmann den Satz. »Und das, während die Russen losschlagen?« Der Leutnant war bestürzt. Dann flüsterte er: »Burgsdorff, dieser verdammte Reservist ...«

»Hier sind wir zu nichts zu gebrauchen. Wir sollten vorne die HKL unterstützen«, äußerte Ludwig und erntete damit Engelmanns Zustimmung, auch wenn der dies nicht zum Ausdruck brachte.

»Wenn wir Pech haben, sind die Iwans eh gleich hier«, gab Nitz mit schmerzverzerrter Miene zurück. Man sah ihm seine anhaltenden Rückenschmerzen an.

Engelmann streckte den Oberkörper aus der Kuppel und blickte ins Vorfeld. Noch immer starteten auf den Rollbahnen die Flieger des Korps. Plötzlich sausten russische Hurricane-Jäger, welche olivfarben angestrichen und mit roten Sternen versehen waren, über den Flugplatz hinweg und feuerten mit ihren Bordkanonen auf die startenden Maschinen. Springbrunnen aus Erde und Asphalt, so groß, dass sie selbst für

Engelmann sichtbar waren, spritzten auf und jagten in langen Reihen über die Rollbahnen. Die deutsche Flak hingegen blieb stumm, denn überall im Luftraum waren auch die eigenen Flieger. Ehe die Russen hochzogen und gen Himmel verschwanden, traf einer von ihnen mit seinen letzten Schüssen einen deutschen Stuka, der gerade an Geschwindigkeit zulegte, um selbst starten zu können. Die Erdfontänen brausten in zwei langen Reihen auf den deutschen Vogel zu und sprangen Funken schlagend darüber hinweg. Die Maschine geriet ins Trudeln, kippte mit der Nase vorne über, sodass sich der Propeller am Boden zerschlug. Danach machte der Stuka eine Rolle vorwärts, knallte mit dem Heckruder und der Scheibe des Cockpits auf die Rollbahn und blieb liegen. Sofort stieg eine Stichflamme auf, die schwarzen Rauch in die Luft beförderte.

Mit einem mulmigem Gefühl hatte Engelmann dem Schauspiel beigewohnt. Er tippte gegen sein Kehlkopfmikrofon, dann lehnte er sich in seine Büchse hinab und sprach: »Gefechtsmodus! Macht den Kasten an, und bringt mich auf Sendung.«

»Jepp, Sepp.« Mit diesen Worten drehte Münster den Zündschlüssel, während Nitz das Funkgerät einschaltete. Brummend erwachte der Wagen aus Stahl zum Leben.

»Anna 1 an alle. Gefechtsbereitschaft herstellen. Bereithalten zum Abmarsch in Richtung Süden.«

»Anna 2«, knackte Gunthermanns Stimme aus dem Äther.

»Anna 3«, bestätigte auch Klaus, Kommandant des dritten Panzers. Die Panzermänner der Kompanie hatten sich angewöhnt, als Bestätigung eines Funkspruchs nur noch ihre Decknamen anzugeben, da diese kurz waren und somit wertvolle Sekunden eingespart wurden.

»Hans, Gas geben und 20 raus auf die Pläne. Ich muss mir einen Überblick verschaffen.«

Münster ließ Franzi anfahren. Der Panzer machte einen Satz, verließ den Schutz der Baumkronen und fuhr auf die Freifläche hinaus. Engelmann hielt sich mit einer Hand an der Deckelklappe seiner Luke fest. Konzentriert blickte er ins Vorfeld. Gerade starteten die letzten deutschen Flugzeuge und zogen in den Himmel. Beim Bodenpersonal herrschte derweil helle Aufregung. Der Leutnant sah Dutzende Menschen, die klein wie Fruchtfliegen in der Ferne umherliefen. Es knackte im Funkgerät. Engelmanns Mütze war auf die Kompaniefrequenz eingestellt.

»Der Flugplatz liegt aus westlicher Richtung unter Beschuss von Handfeuerwaffen.« Nitz' Leipziger Dialekt verlieh jedem seiner Worte einen ganz besonderen Zauber.

»Aus westlicher ...?«, wunderte sich Münster.

»Von Westen?«, fragte Engelmann zeitgleich und geriet ins Grübeln: »Partisanen vielleicht?« Westlich des Flugplatzes tat sich ein großes Waldgebiet von vielen Hektar auf. Dort hatte die Führung bereits in der Vergangenheit Partisanenlager vermutet. Wehrmachtstruppen waren demnach in diesem Wald gegen vermutete Kräfte vorgegangen, jedoch ohne Erfolg.

»Das ist noch nicht alles.« Nitz schluckte. »Die Luftwaffe vermutet, dass hier gleich russische Luftlander heruntergehen werden.«

»Wo ist hier?«

»Irgendwo im Raum. Russische Transportflugzeuge halten direkt auf den Flugplatz zu.«

»Nie sind die so bescheuert und springen direkt in den Flugplatz hinein«, prustete Münster.

»Jetzt halt endlich mal die Schnauze, Hans!«, dröhnte der Leutnant und rang Münster damit einen verdatterten Gesichtsausdruck ab. Engelmann blickte in den Himmel. Das gelbe Schwein dort oben strahlte an diesem Nachmittag besonders grell, ließ den Leutnant die Augen zusammenkneifen. Minuten später sah er den heran brummenden Pulk sowjetischer, großer Flugzeuge in der Ferne. Es handelte sich bei den Maschinen um zweimotorige Lissunovs mit 30 Metern Flügelspannweite und dem für die Rote Armee typischen olivfarbenen Anstrich. Die Amerikaner nutzten dieselbe Maschine, nannten sie allerdings Douglas DC-3.

Sofort sammelten sich die deutschen Jäger, die noch immer im Luftkampf mit ihren sowjetischen Pendants standen, und preschten in den Pulk russischer Transportmaschinen hinein. Doch der Geleitschutz der Lissunovs war zur Stelle, drängte die Deutschen ab. Brennende Maschinen beider Seite gingen zu Boden.

Engelmann zählte unterdessen 21 russische Transporter, was ihm verschwitzte Hände verschaffte. Dort oben brauste ein ganzes Bataillon heran! Und tatsächlich: Die russischen Fallschirmjäger sprangen mitten in den deutschen Flugplatz hinein. Während Flakgranaten – die Kanoniere nahmen nun keine Rücksicht mehr auf eigene Maschinen – zwischen den Lissunovs platzten und den Himmel mit schwarzen Rauchwölkchen übersäten, öffneten sich die Cargotüren der Transporter, und winzig anmutende Männer sprangen hinaus. Sekunden später öffneten sich ihre Fallschirme. Bedächtig segelten sie dem Flugplatz entgegen.

»Alles bereit machen zur Abwehr von feindlichen Luftlandern!«, brüllte der Leutnant in den Kompaniekanal hinein. Umgehend bestätigten die anderen Panzer. »Ludwig, ans MG!«

Engelmann kniff die Augen zusammen, fokussierte die mit hohem Gras bewachsene Ebene, die zwischen seiner Kompanie und dem Flugplatz lag. Das waren hunderte von Metern ebenerdiges Terrain. Überall um ihn herum erwachten die Panzer der Abteilung, rollten aus ihren Bereitstellungsräumen. Panzer III und Panzer IV stoben aufs Schlachtfeld, doch der Feind durfte nicht unterschätzt werden. Mit einem Tank gegen hervorragend ausgebildete Luftlander anzutreten, war kein Zuckerschlecken. Hinzu kam, dass oben am Himmel noch immer der Luftkampf brannte. Auch die zweisitzigen und für Panzermänner überaus gefährlichen Il-2 Schturmowiks – von den Deutschen mit Spitznamen wie »Schwarzer Tod« oder »Schlächter« bedacht – bevölkerten den Luftraum. Die an diesem Tag vielbeschäftigten deutschen Jäger konnten daher vermutlich keinen absoluten Schutz der eigenen Panzer garantieren.

Die ersten der feindlichen Fallschirmjäger landeten genau im Gewirr des Bodenpersonals der Luftwaffe sowie zwischen den Hangars. Ein grausiger Kampf entbrannte. Aus Engelmanns Perspektive sah es so aus, als würden sich winzige Punkte aufeinander stürzen. Und es kamen mehr Fallschirmjäger – immer mehr. Sekündlich schlugen sie auf der Erde auf, befreiten sich von ihren Schirmen, zückten ihre Waffen und nahmen den Feuerkampf auf. Schüsse und Schreie hallten bis zu Engelmann herüber. Erst jetzt bemerkte der Leutnant die russischen Gleiter, die lautlos durch die Luft flitzten. Sie waren dickbauchig und an der Schnauze mit einer Art Nadel versehen. Sie kamen dem Boden rasch näher. Geräuschlos segelten sie hernieder, klatschten schließlich auf die Freifläche auf; glitten dann noch zig Meter über die Wiese, ehe sie zum Stehen kamen. Teils verschwanden die kleinen Rümpfe und die langen Flügel gänzlich im hohen Gras und zwischen den Farnpflanzen. Engelmann schätzte, dass die Gleiter schwere Waffen anlandeten.

»Burgsdorff lässt uns von der Kette! Unsere Abteilung soll über die Pläne zur Waldkante und dort Feuerstellungen einnehmen. Die anderen sichern den Flugplatz«, gab Nitz eine Meldung weiter, die gerade über Funk hereingekommen war.

Also aufs offene Feld! Dorthin, wo der Feind sich gut im Gras verstecken kann, überlegte der Leutnant und gab den Marschbefehl. Sofort setzten sich die Kästen seiner Kompanie in Bewegung. Wie urzeitliche Dinosaurier walzten die deutschen Panzer das Gras nieder, als sie sich über die Pläne quälten. Engelmann ließ sich durch Nitz kurz auf die anderen Kompaniefrequenzen schalten, wo er mit deren Chefs rasche Absprachen traf.

»Rüber nach rechts. Wir übernehmen rechte Flanke, neben uns die 10.«, raunte er schließlich in sein Kehlkopfmikrofon. Anna 2 und 3 bestätigten und brachen mit Franzi zusammen nach rechts aus, wo die drei Panzer in einer Reihe nebeneinander dem Wald auf der anderen Seite des Schlachtfeldes entgegen rollten. Bedächtig schoben sich die Panzer durch das Gras, während die Fallschirmjäger, aufgereiht wie auf einer Perlenkette, vor ihnen landeten und sofort im dichten Bodenbewuchs verschwanden.

»Feuer auf die Gleiter, sobald ihr sie aufklärt«, befahl Engelmann seinen Einheiten, dann lehnte er sich zu Ludwig hinüber und stupste ihn an.

»Schräg links, der Gleiter.« Ludwig nickte, und richtete den Turm auf das angesprochene Ziel aus, das etwa 400 Meter vor Franzi im hohen Gras lag. Bloß einer der Flügel ragte aus dem Bewuchs hervor.

»Spreng, Siggi!«

»Jawohl, Herr Leutnant.« Jahnke lud die entsprechende Granate. Schmetternd schlug der Verschluss der Kanone zu.

»Gefechtsmodus, Siggi«, mahnte Engelmann.

»Jawohl, Herr … Engel … Herr Josef.«

»Gott, die jungen Spritzer«, grinste Nitz. Darauf bedeutete Engelmann seinem Fahrer, zu stoppen. Franzi kam ächzend zum Stehen.

»Feuer, Theo!«

Ludwig schoss, doch verfehlte. Sofort wanderte die nächste Sprenggranate in die Ladevorrichtung, und Ludwig drückte erneut den elektrischen Zünder. Treffer! Ein Flammenball verschluckte den Gleiter; in der Nähe befindliche Fallschirmjäger warfen sich zu Boden. Münster nahm wieder Fahrt auf und beschleunigte. Ein harter Schlag donnerte gegen Franzis Panzerung.

Panzerbüchsen!, keuchte Engelmann in Gedanken, und verschwand in seiner Kuppel. Rasch schloss er die Deckelklappen. Bei feindlichen Fallschirmjägern in der Nähe, musste er wirklich nicht dort draußen sein. Von überall zuckten nun Blitze über die Pläne. Die Fallschirmjäger lauerten allerorts in diesem gottverdammten Gras, und konnten sich dank des dichten Bewuchses bewegen, wie es ihnen beliebte. Wieder knallte ein Panzerbüchsenprojektil gegen Engelmanns Panzer und versengte den Stahl.

»Na, hoffentlich hält die Mühle!«, stöhnte Münster.

Mit einem Mal wurde es laut im Funkkreis. »Panzer von links! 800!«, brüllte Klaus.

Häh?, war Engelmanns erster Gedanke. Er wandte sich der rechten Seite zu, klimperte verdutzt mit den Augenlidern. »Was ist denn das?«, platzte es aus dem Leutnant heraus.

»Tiger! TIGER! FEINDLICHER TIGER!« Bloß diese Meldung bestimmte den Äther. Genau vor der III. Abteilung, die es auf noch 38 Panzerwagen brachte, knackte das Gehölz, als sich ein weiß gestrichener Tigerpanzer, auf dessen Flanken exorbitante rote Sterne prangten, aus dem Wald herauskämpfte. Mit der Kraft von 700 Pferden zermahlten seine brachialen Raupen Baumstämme und Unterholz. Als das stählerne Ungetüm die Waldkante erreichte, stoppte es und schoss. Die Granate riss bei der 11. Kompanie Erde aus dem Boden, die sich wie eine Glocke über die Panzer stülpte. Sofort sah Engelmann, wie die Kampfwagen der 11. Kompanie stoppten, während die der 10. bereits kehrtmachten und Vollgas gaben. Einen Augenblick lang amüsierte Engelmann die Erkenntnis, dass ein feindlicher Tiger auf die Deutschen dieselbe psychologische Wirkung hatte wie ein deutscher Tiger oftmals auf die Russen.

»Panzergranate!«, brüllte der Leutnant, und Jahnke führte die Order auf Anhieb aus. Münster schrie aufgeregt: »Ich wusste, der wurde geklaut!«

»Na gut, jetzt darfst du es sagen«, schnatterte Engelmann.

»Was denn?«

»Was du vorhin gesagt hast.«

»Na, hoffentlich hält die Mühle?«

»Davor.«

»Nie sind die so bescheuert und springen direkt in den Flugplatz hinein?«

»Davor.«

»Aus westlicher?«

»Davor.«

»Jepp, Sepp?«

»Noch davor.«

»Verflixte Partisanen?«

»Genau. Sag mal, merkst du dir alles, was du gesagt hast?«

»Logo, Leutnant. Ich will später schließlich ein Buch über meine Erlebnisse schreiben.«

»Aha.«

»Ich wollte das „Verlorene Siege" nennen. Muss schließlich irgendwie aus der Scheiße Kapital schlagen.«

»Verlorene Siege? Bescheuerter Titel ...«

»Oder „Erinnerungen eines Soldaten". Mal schauen.«

»Viel zu schnöde, Hans. Wenn du dir 'nen vernünftigen Titel ausdenkst, biete ich mich an, dein Buch zu lektorieren.«

»Dekolletieren? Nein danke, ich schreibe das schon selbst.«

»Jetzt mal ehrlich«, warf Nitz ein, »lasst uns bitte mal irgendetwas unternehmen. Bitte.«

Die deutschen Panzer feuerten auf den Tiger, doch die Geschosse prallten von der Haut des Giganten ab wie Tennisbälle, und zerstoben heulend in alle Richtungen. Auch der Tiger schoss, aber verfehlte erneut. Die 10. und 11. Kompanie befanden sich auf dem Rückzug und gerieten genau in die russischen Fallschirmjäger hinein, die sich dank der dichten Bodenvegetation unbemerkt über die gesamte Pläne verteilt hatten. Handgranaten und Panzerbüchsen bereiteten den ersten Kampfwagen ein jähes Ende. Die Deutschen waren in die Falle gegangen. Die Panzer versuchten, sich neu zu formieren und gegen die Fußtruppen vorzugehen. MG stotterten los.

Engelmann krallte sich an seinem Sitz fest, blickte durch den schmalen Sichtblock auf die Waldkante.

»Nach links schwenken!«, befahl er Ludwig, und unterstützte den Richtschützen alsgleich über einen an der Kommandantenseite angebrachten Hebel, damit sich der Turm schneller drehte. Im Vorfeld schoss der Tiger noch einmal. Das dumpfe Schlagen seiner 88-Millimeter-Kanone raunte über die Pläne, doch er verfehlte erneut. Die Granate schlug irgendwo zwischen den flüchtenden Panzern ein. Endlich war Franzis Turm auf den Tiger ausgerichtet. Münster hatte den Panzer die ganze Zeit über mit verringerter Geschwindigkeit weiterfahren lassen, nun ließ er Franzi anhalten.

»Zwischen Wanne und Turm, Theo«, wisperte Engelmann, dann brüllte er: »Feuer!«

Ludwig schoss und traf den Feindpanzer, doch den juckte das nicht. Der Tiger schluckte die Granate, als würde er mit Steinen beworfen werden.

Über 600 gegen so ein Vieh. Was denk ich mir auch?, warf Engelmann sich selbst vor.

Der Tiger wandte sich nun sogar den Annas der 9. zu. Engelmann sah den Mündungsrauch aus dem Rohr des Tigers herausschnellen, dann hörte er die Detonation der Granate als plumpen Knall irgendwo hinter seinem Panzer. Erst danach hallte der Donner des Schusses über die Büchsen von Engelmanns Kompanie hinweg. Plötzlich aber riss etwas an Franzi. Es schepperte fürchterlich, als wären tausend Metalltöpfe rasselnd auf einen Steinboden gefallen. Der ganze Panzer schüttelte sich und ruckelte, wie ein Stier in der Arena. Dann starb Franzi. Der Motor gluckerte, ging aus, ebenso war die ganze Elektronik mit einem Schlage ausgeknipst. Es war stockdunkel in Engelmanns Tank, bloß durch die vielen, aber schmalen Sichtfenster drang ein Hauch von Licht herein. Engelmann wurde sofort an einen Opernsaal erinnert, wenn das Licht vor Vorstellungsbeginn ausgeschaltet wurde. Seine verletzte Hand zitterte, doch er hatte sich dieses Mal auf dem Sitz halten können.

»Die Iwans nehmen uns ganz schön die Hefe aus dem Teig«, stöhnte Ludwig, und Jahnke nickte kräftig. Münster betätigte mehrmals den Anlasser, doch nichts geschah. Unflätige Flüche verließen seine Lippen.

Nun nahm neben dem Tiger aber noch etwas anderes die 9. Kompanie unter Beschuss. Meterhohe Blumensträuße aus Schmutz schossen im fünf-Sekunden-Takt zwischen den Panzern der Kompanie aus der Erde, dann erhielt Anna 2 gleich mehrere Treffer. Die rechte Raupe zerfetzte völlig; Kettenteile wirbelten in alle Richtungen. Geschosse prallten schnatternd gegen die Panzerung der Büchsen. Glühend wurden sie abgeleitet und durch die Luft geschleudert. Nach anderthalb Minuten war der Spuk vorüber. Anna 2 lag einmal mehr mit geworfener Kette da, Anna 3 hatte sich eingenebelt und lag in Lauerstellung, doch vom Feind war nichts zu sehen. Der Tiger vorne bei der Waldkante schoss erneut, hatte sich nun aber auf die Kästen der 12. ausgerichtet. Drohend pfiff seine Granate an den deutschen Panzern vorüber und detonierte weit hinten. Auch die 12. Kompanie war nicht geflohen, sondern beackerte das stählerne Monstrum in Feindeshand. Deutsche Granaten schlugen wirkungslos im Tiger ein. Abrupt ballerte auch wieder dieses andere Geschütz los, dessen Position die Männer der Abteilung noch nicht aufgeklärt hatten. Seine Einschläge lagen nun ebenfalls bei der 12. Kompanie, wo unvermittelt eine Explosion aus einem der Panzer aufstäubte. Höllenheiße Metallteile fetzten umher.

Der Lärm des Kampfes drang als matte Geräuschkulisse in den Panzer Engelmann hinein, umwob die Panzermänner mit eiskalten Fingern. Vorsichtig – ganz vorsichtig – streckte sich Engelmann nach oben, zum Deckel seiner Kuppel, aus. Dort verliefen kreisrunde, ganz schmale Sichtfenster, durch die er sich einen Rundumblick verschaffen konnte, was er nun tat: Er sah den Tiger vor sich, der sein Rohr auf die Panzer der 12. ausgerichtet hatte. Es machte auf Engelmann den Eindruck, als wäre ein Laufwerk des Tigers bereits zerfetzt, doch sicher war er nicht.

Er sah weiter, wie nun auch Fallschirmjäger bei der 12. aus dem Gras auftauchten und Granaten auf die Panzer schleuderten. Einer der Dreier erkannte die Infanteristen und wendete. Schon hatte er die Russen genau vor den Mündungen seines MG. Doch er schoss nicht, sondern fuhr an und begrub die verdutzten Männer unter sich, die von der tonnenschweren Wanne in den Boden gedrückt und von den Ketten zu fleischigem Matsch zerhackt wurden. Seitdem die Versorgungslage so angespannt war, hatte die Wehrmacht die Parole »Walzen ist besser als Schießen!« an alle Panzermänner ausgegeben, und die deutschen Soldaten befolgten diese grausige Order, die aus Menschen Fleischpastete machte, mit erbittertem Nachdruck.

Mit einem Mal klärte Engelmann das feindliche Geschütz auf. Im hohen Gras fast nicht zu sehen, erkannte er doch die lange, plattgedrückte Bahn, die der Gleiter bei der Landung gezogen hatte. An dessen Ende ruhte das motorlose Flugzeug – vollkommen verdeckt vom Gestrüpp –, doch Engelmann machte etwas metallisch-glänzendes zwischen Grashalmen und Farn aus, das in der niedergehenden Sonne blitzte.

Ein Schild!, ging es ihm durch den Kopf. Wieder schoss der Tiger im Vorfeld, wieder verfehlte er weit jedes deutsche Ziel.

»Gott sei Dank sind wir genau vor dem Rohr des Tigers liegen geblieben«, witzelte Münster in einem Anfall von Galgenhumor, »scheinbar sind wir da am sichersten.« Ludwig und Jahnke grinsten, Nitz jedoch starrte seinen Kommandanten mit angespannter Miene an. Der hatte den Tiger längst vergessen, und ein für Franzis fünf-Zentimeter-Kanone viel lohnenswerteres Ziel gefunden.

Doch, was brachte das schon? Ohne Elektronik konnten sie nicht schießen.

»Theo!«, zischte Engelmann. »Neun Uhr, 250. Feindliche Pak.« Ludwig zog sich nach oben und blickte nach draußen, dann nickte er.

»Was sollen wir machen, Sepp?«, fragte er niedergeschlagen. »Franzi ist tot.«

Die 12. kassierte massig Prügel. Fallschirmjäger, die Pak beim Gleiter sowie der Tiger, dessen Richtschütze scheinbar kein Zielwasser getrunken hatte, setzten der Kompanie massiv zu. Sechs Panzer waren bereits ausgefallen. Engelmann erkannte in dieser Sekunde, dass die gesamte Schlacht auf Messers Schneide stand. Hinten beim Flugplatz herrschte ein unglaublicher Tumult. Deutsche Grenadiere stürmten von zwei Seiten auf die Rollbahnen und in die Hangars. Sie waren kurz davor, die russischen Fallschirmjäger aus dem Luftwaffenstützpunkt zu werfen. Mitten im Getümmel rasselten die

Panzer des PzRgt 2, die den Russen zusätzlich Beine machten. Halbkettenfahrzeuge schoben sich unterdessen mit belfernden Maschinengewehren auf den Wald zu, wo sie stoppten und die aufgesessenen Panzergrenadiere abluden. Diese stürmten unter Feuer ins Unterholz, machten den Partisanen die Hölle heiß. Auch bei den Kompanien, die in einen Hinterhalt der Fallschirmjäger geraten waren, verbesserte sich die Lage. Die Chefs hatten rasch reagiert und eine Art Wagenburg mit ihren Panzern errichtet – einen eisernen Verteidigungsring. Auf diese Weise nahmen sie die feindliche Infanterie unter Kreuzfeuer und ließen ihr keine Chance. Die Russen wurden hinweggefegt wie Gräser unter den Streichen einer Sense. In der Luft ging der Kampf ebenso unvermindert fort, doch entfernten sich Jäger und Bomber beider Seiten zunehmend. Bei Engelmann aber, an der Ostflanke des Schlachtfeldes, drohte sich der Russe festzubeißen. Sogleich wurde dem Leutnant gewahr, was dies für Konsequenzen barg: Der Flugplatz lag wieder in deutscher Hand; alle feindlichen Fallschirmjäger waren ins hohe Gras der Pläne zurückgeworfen worden. Augenblicklich gingen auf den Rollbahnen russische Artilleriegranaten nieder. Gezielt zerschlugen die Geschosse die Flugzeughallen und prasselten auf die Panzer des Regiments ein. Scheinbar hatten die Fallschirmjäger Artilleriebeobachter mit sich genommen, die nun Ziele an die rückwärtige Truppe durchgaben.

Engelmann biss sich auf die Unterlippe, dann fasste er einen Entschluss.

»Bleibt hier und verhaltet euch ruhig.« Große Augen blickten ihn an, doch Engelmann hatte keine Zeit für weitere Erklärungen. Er öffnete die Deckel seiner Luke und kletterte mit einem »Gebt mir Deckung« nach draußen, wo er sofort vom Turm sprang und im hohen Gras verschwand. Wenige Meter hinter ihm lag Anna 2 reglos da. Engelmann sprintete los, und passierte einige Löcher, die die Geschosse der Pak hier gebuddelt hatten. Immerhin, die Trichter waren klein, demnach konnte es sich nicht um eine dicke Kanone handeln. Er zückte seine Pistole, gleichwohl er wusste: Sollten gut ausgebildete Fallschirmjäger in der Nähe sein, würden sie ihn einfach niedermachen.

Engelmann rannte weiter. Erst als er Anna 2 erreicht hatte, erkannte er, dass der Panzer nicht bloß die Kette geworfen hatte. Es roch nach Feuer, während feine Qualmschwaden aus allen Ritzen drangen. Gunthermann und seine Leute mussten elendig verbrannt sein.

Ein dumpfer Knall hallte über die Pläne. Wieder hatte der Tiger geschossen, wieder hatte er nicht getroffen. Doch irgendwann würde der Richtschütze lernen – oder zumindest mal Glück haben. Engelmann musste sich sputen. Auch die Pak jagte noch immer Geschosse auf die deutschen Panzer der 12. Beständig fegte ihr Knallen über die Pläne. Dazu trompeteten in der Ferne Handfeuerwaffen.

Engelmann schlich am zerstörten Panzer vorüber. Etwa 15 Meter dahinter lag Anna 3, bei welcher sich der Nebel langsam lichtete. Scheinbar hatte Klaus erkannt, dass Engelmann auf dem Weg zu ihm war, denn er ließ seinen Panzer ruhig liegen. Plötzlich stieg dem Leutnant beißender Gestank von brennendem Öl in die Nase – und dann noch etwas anderes. Ein süßlicher, beinahe angenehmer Duft war das. Einen Moment lang gab sich Engelmann dem Geruch hin, sog das Aroma in sich ein. Der süße Nebel bezirzte seine Sinne – es war der Geruch von verbranntem Fleisch. Diese Erkenntnis prügelte eruptiv mit der Gewalt von tausend Fäusten auf ihn ein. Schwindel befiel ihn, während seine Beine zu Pudding wurden. Er wankte, drohte zu stürzen. Das, was er sah, verlor an Farbe, und sein Blickfeld verengte sich. Er sah bloß noch unendliche Grashalme vor sich. Erst das tiefe Raunen der Acht-

Achter-Kanone des Tigers holte Engelmann in die Realität zurück, als hätte ihm jemand einen Eimer Wasser über den Kopf gegossen. Er schüttelte sich, dann war er wieder voll da. Der Geruch war aus seiner Nase verschwunden.

Mündungsblitze zuckten über die Waldkante auf Engelmanns Höhe. Erst merkte er nicht, wem die Schüsse galten, dann schlug ein Projektil klirrend gegen den brutzelnden Panzer Anna 2. Doch Ludwig war auf Zack. Er schwenkte Franzis Turm zum Waldstück hinüber und eröffnete das Feuer. MG-Garben strichen die Waldkante ab, und jedes Feindfeuer erstarb. Nebeltöpfe flogen aus der geöffneten Kommandantenluke. Binnen Sekunden war der Panzer unter einer weißen Haube verschwunden. Engelmann sprintete zu Anna 3 herüber, erklomm die Wanne. Augenblicklich öffnete Klaus die Deckelklappen der Kuppel und blickte hinaus. Das anhaltende Getöse von Flugzeugen beherrschte die gesamte Geräuschkulisse, während auch die russische Pak und der Tiger noch feuerten. Scheinbar aber hatte das russische Geschütz sein hoch frequentiertes Störfeuer aufgegeben und versuchte es nun mit gezielten Schüssen, die mächtige Funken über den Stahl der deutschen Panzer spritzen ließen und vor allem bei Treffern in die Raupen Schaden anrichteten. Auch die Pak-Stellung hatte keinen unendlichen Munitionsvorrat. Alles Feindfeuer konzentrierte sich derweil auf die 12., deren Panzer wacker dem Beschuss standhielten. Sogar ein Eiserner Gustav, ein weiterer Spitzname für die Schturmowik, war vorhin über die Formation deutscher Büchsen hinweggefegt und hatte diese mit Raketen beschossen. Doch auch der russische Vogel hatte kein Glück gehabt.

»Herr Leutnant?« Klaus schaute Engelmann mit todernstem Blick an.

»Neun Uhr, circa 300, feindliche Pak bei dem Gleiter. Sofort bekämpfen!«

Klaus streckte seinen Körper aufs Äußerste, doch er konnte nichts erkennen. »Seh ich nicht«, trötete er.

»Sie müssen vorfahren! An meinem vorbei, dann erkennen Sie's.«

»Na, dann, festhalten, Herr Leutnant.« Engelmann klammerte sich an dem Schutzschild fest, das um den Panzerturm gespannt war, während Klaus den Befehl zum Anfahren gab. Auf dem Fuß folgend ruckte der Panzer an, und fuhr in halber Geschwindigkeit vor.

»Spreng!«, brüllte Klaus in sein Kehlkopfmikrofon. Nach wenigen Sekunden wurde die Pak-Stellung beim Gleiter sichtbar, zumindest konnte sie erahnt werden. Engelmanns Zielansprache half. Klaus' Richtschütze drehte den Turm entsprechend, dann feuerte er. Der Schuss rüttelte am Panzer und warf Engelmann fast zurück, sodass er sich an die Turmschürze krallte. Dabei zog ein brennender Schmerz durch seine verletzte Hand.

Er biss die Zähne aufeinander und konzentrierte sich darauf, das Gleichgewicht zu halten. Im Vorfeld platzte der Gleiter auseinander, danach schwieg das russische Geschütz. Das durch die Druckwelle plattgewalzte Gras offenbarte starre Körper.

Engelmann klopfte anerkennend gegen den Stahl des Turms. Klaus grinste.

»Klaus, Sie sind der ganze vermaledeite Stolz der 9., jetzt wo meine Franzi auch ausgefallen ist.«

»Hab ich mir schon gedacht. Bin nur froh, dass Sie noch an einem Stück sind.«

»Kommen Sie wieder aus meinem Hintern raus!« Beide feixten. »Fahren Sie rüber zum Chef 12., und schauen Sie, ob der Hauptmann Stollwerk ihre Hilfe braucht. Sieht so aus, als wäre die Schlacht so gut wie geschlagen.«

»Fehlt bloß noch der Tiger.«

Engelmann deutete mit einer Nickbewegung seines Kopfes in den Himmel, der wieder von deutschen Flugzeugen beherrscht wurde. Die wenigen verbliebenen Russenmaschinen waren in arge Bedrängnis geraten.

Klaus salutierte nickend, dann verschwand er in seiner Kuppel. Engelmann hatte mit zwei Sätzen wieder Boden unter den Füßen und machte sich auf, zurück zu seinem Panzer. Aus dem Augenwinkel sah er, wie der Tiger plötzlich sein Rohr genau zu seiner Position herüber schwenkte.

Danke, Herr, dass der endlich auf uns zielt. Dann sind wir wenigstens sicher!, kam dem Leutnant in den Sinn, was ihm tatsächlich ein verkniffenes Grinsen abrang. Dann aber stieg neuerlicher Mündungsqualm aus der Kanone des Tigers auf. Instinktiv warf sich Engelmann zu Boden, derweil zerbarst Anna 3 hinter ihm in tausend Teile, die sirrend umher schossen. Von Klaus' Panzer war nicht mehr als eine aufgerissene und nun brennende Wanne übrig.

Mit abgeschnürter Kehle brachte Engelmann einen Ruf des Entsetzens hervor, während er sich halb aufraffte und durch die Spitzen der Gräser das stählerne Ungetüm vorne bei der Waldkante erblickte. Der Tiger wies mittlerweile diverse Treffer auf, doch er war einfach nicht kleinzukriegen.

Nördlich von Orel, Sowjetunion, 04.06.1943

Ein Tag Pause war der Schwadron gegönnt, während die motorisierten Kräfte der Wehrmacht die Russen noch einige Kilometer weiter in Richtung Norden zurückgedrängt hatten. Auf der Höhe des Kuhdorfes Borilowo standen sich die Fronten nun gegenüber. Auch Bernings Einheit würde in den Abendstunden an die Front verlegen, um östlich von Kamenka den Weg nach Orel abzuriegeln.

Derzeit befanden sich die Männer des 2. Zuges in einer einsamen Kolchose nördlich von Orel. Neben den Soldaten harrten dort sogar noch einige Zivilisten aus, die der Krieg wie so oft am allerhärtesten getroffen hatte. Viele waren obdachlos, hatten nichts zu Essen und waren verletzt. Säuglingsgebrüll erfüllte die Luft über der Kollektivfarm.

»Der gemeinsame Kampf mit dem Panzerjäger SF – Selbstfahrlafette – muss Ihnen allen in der Theorie vertraut sein, jedoch fiel mir in der Vergangenheit nur allzu oft auf, dass Sie beträchtliche Wissenslücken in diesem Bereich haben.« Pappendorf blickte in die erschöpften Mienen seiner Männer, die sich in der Scheune des Bauernhauses zum Zugführerunterricht versammelt hatten.

Die Soldaten standen angetreten in Reih und Glied – ein Hinsetzen auf den Boden erlaubte Pappendorf nicht.

Sie standen alle im Rühren da, was bedeutete, dass die Füße schulterbreit auseinander lagen, der linke Fuß leicht vorgestellt, und die Arme gerade herabhingen. Vorne rechts befand sich Berning. Er hatte Schmerzen im Steißbein und in den Füßen. Er mochte nicht mehr stehen, denn im Stehen hatten er und die Männer schon den gesamten Vormittag verbracht, als sie die Waffen reinigten.

Normalerweise geschah dies im Sitzen – selbst unter Pappendorf –, doch der Unterfeldwebel hatte den Männern das Reden verboten. Einer hatte es irgendwann dennoch getan, also musste der Zug fünf Stunden lang im Stehen die Waffen reinigen, anschließend im Stehen verpflegen und nun auch im Stehen diesen Unterricht ertragen. Derweil faulenzten die anderen Züge herum, denn dort waren sowohl die Soldaten als auch die Zugführer froh, nach den harten Kämpfen eine kurze Atempause genießen zu dürfen. Bloß Pappendorf kannte keine Atempausen. Er kannte bloß Kampf, Ausbildung und Drill.

»Was glauben Sie also«, fuhr Pappendorf fort und lief vor seinen Männern mit hinter dem Rücken verschränkten Armen auf und ab. Die silberfarbene Schützenschnur mit dem vergoldeten Schild an der Schulter, das bei dem Unterfeldwebel für die 10. Wiederholung des Abzeichens stand, baumelte neben anderen Auszeichnungen an seiner Uniform.

Pappendorf blieb schließlich stehen, wippte langsam vor und zurück und überblickte somit seinen gesamten Zug. Alle Soldaten sahen aus wie geschniegelt. Was gereinigt und genäht werden konnte, hatte Pappendorf gestern Abend umgehend reinigen und nähen lassen, als die Schwadron nach 45-stündigen Gefechten inklusive der kräftezehrenden Verfolgung der zurückweichenden russischen Kräfte endlich in diese Kolchose verschoben worden war. Die anderen Züge hatten sich bloß auf die faule Haut gelegt und sahen noch heute aus wie Bergarbeiter. Pappendorf jedoch hielt Ordnung in seiner Einheit. »Was glauben Sie also«, setzten der Unterfeldwebel noch einmal an, »warum ich für heute Nachmittag genau diesen Unterricht angesetzt habe?«

»Weil Sie uns hassen«, warf Lenz vorlaut ein. Der junge Obergrenadier war in den Augen Pappendorfs ein guter Soldat – und gute Soldaten durften sich bei ihm manchmal tatsächlich etwas erlauben. Der Unterfeldwebel rümpfte auf diese Aussage die Nase, während einige der Männer müde lachten. Berning lachte nicht. Berning brodelte.

Weil du ein Hurensohn bist!, rasten seine Gedanken, *weil du der größte, menschenhassende Schleifer aller Zeiten bist!* Hass regierte die Gedanken des Unteroffiziers. Bernings Beine brannten. Seine Erschöpfung schien zu versuchen, ihn zu Boden zu drücken. Langsam beugte er sich vor und hoffte, so seinen schlaffen Körper noch etwas länger im Rührt-euch halten zu können. Fast fielen ihm die Augen zu, während nichts als Zorn in seinem Geist war.

»Mitnichten weil ich Sie hasse«, Pappendorf sprach langsam, und betonte jede einzelne Silbe. »Ich weiß, ich bin hart. Doch dieser Kampf macht das zur Notwendigkeit. Wenn Sie mich dafür hassen, dann, ob Sie es glauben oder nicht, kann ich das nachvollziehen. Doch eines Tages werden Sie mir danken. Vielleicht erst Jahre nach diesem Ostkrieg, doch eines Tages werden Sie mir danken.«

Zumeist wenig verständnisvolle Blicke schwappten Pappendorf entgegen, der unvermindert fortfuhr: »Also, warum dieser Unterricht? Wer kann mir das sagen?«

»Weil unsere Kampfgruppe über zwei Sturmgeschütz-Abteilungen verfügt und es daher passieren kann, dass wir gemeinsam mit denen kämpfen müssen«, kam es aus dem Obergrenadier Lenz wie aus der Pistole geschossen hervor.

»Exakt! Marder II, Panzerjäger I und Ferdinand sind stählerne Kameraden, die Ihnen in den nächsten Tagen auf dem Schlachtfeld begegnen können, zumal eine der Abteilungen direkt bei Kamenka in Bereitschaft liegt.« Pappendorf nickte zufrieden. »Wie der großartige Feldmarschall Rommel stets zu sagen pflegt, gibt es für den Soldaten nichts Besseres als eine gute Ausbildung. Dieser Parole folgend werde ich Sie in den nächsten zweieinhalb Stunden ...«

Oh nein, dachte Berning. Er wäre am liebsten einfach umgefallen.

»... in die theoretischen Grundlagen im verbundenen Kampf mit der SF einweisen, und Ihre Lernwilligkeit draußen am Sandkasten überprüfen, wo Sie unterschiedliche Lagen durchzuspielen haben. Ich erwarte von allen höchste Konzentration, denn kaum etwas ist gefährlicher, als in unmittelbarer Nähe einer Raupe zu kämpfen, ohne zu wissen, wie man sich zu verhalten hat. Und glauben Sie mir, Kameraden, die Wehrmacht kann es sich nicht leisten, Männer zu verlieren, weil diese unter die Kette gekommen sind oder die Rohre einer SF verstopft haben. Denken Sie stets an den Grundsatz: Bereits ein schmaler Ast kann bei einer Sprenggranate einen Frühzerspringer auslösen.

Sollten Sie solch eine Dummheit überleben – und ich kann Ihnen bloß raten, dies nicht zu überleben –, wird Ihnen der Panzerkommandant die Hölle heiß machen ...«

Pappendorf drehte seinen Kopf nach links, dann nach rechts, und presste die Lippen zu einem schmalen Strich zusammen.

»... und anschließend mache ich Ihnen die Hölle heiß, dass Sie sich wünschen, die Spreng hätte ihnen den Schädel weggeblasen.«

Pappendorf ließ diese Worte einen Moment lang auf die Männer wirken, während Bernings Lider schwerer und schwerer wurden. Eine ermattende Müdigkeit stand im Raum und drückte von oben gegen die Soldaten, doch niemand wagte es, einzubrechen.

Das der immer gleich so schwachsinnige Drohungen aussprechen muss, kochte Berning in Gedanken und versuchte so, seine Müdigkeit zu verscheuchen, *niemand von uns hat vor, im Gefecht den eigenen Panzern Schrott in die Rohre zu stopfen!*

»Ich werde Sie ferner darin unterweisen, wie die SF den Kampf in der Bewegung führt, wie sie Hinterhangstellungen anlegt, wie sie den Feuerüberfall bewerkstelligt, wie sie ... BERNING!«

Berning schreckte hoch. Die Bilder in seinem Kopf verflüchtigten sich, und das Bild eines bebenden Pappendorf materialisierte sich vor seinen Augen.

»Was gammeln Sie da in meiner Formation herum wie eine krumme Slawen-Oma? Nehmen Sie gefälligst Haltung an!« Pappendorf spuckte seine Worte aus. Feuchte Sprenkel torpedierten die Männer in der vordersten Reihe.

»Jawohl, Herr Unterfeldwebel!«, stöhnte Berning und drückte seinen Rücken durch, doch Pappendorf schien noch immer nicht zufrieden.

Mit drohendem Blick und lauten Schritten näherte er sich dem Unteroffizier, bis deren beiden Nasenspitzen bloß noch einen Zentimeter auseinander lagen.

»Unteroffizier, nehmen Sie endlich Haltung an!«

Berning wusste nicht, was Pappendorf wollte. Er stand doch im Rühren.

»Wird's bald, Berning? Gleich vergesse ich mich ...«

»Herr ... Herr Unterfeldwebel, ich stehe doch ...«

»Nein, Kamerad Schnürschuh! Tun sie nicht!«, brüllte Pappendorf und befeuchtete Bernings Gesicht. Der drückte reflexartig seine Augen zu, als würde sein Zugführer jeden Moment auf ihn einprügeln.

»H.Dv. 130/2a, erster Abschnitt, Seite acht. Der linke Fuß wird im Rühren leicht vorgelegt!«

»Jawohl, Herr Unterfeldwebel.« Berning trat umgehend mit dem linken Fuß einen winzigen Schritt nach vorn. Solche Kleinigkeiten genügten bei Pappendorf manchmal schon, sich eine Extrawache einzuhandeln. Einem ließ der Unterfeldwebel sogar mal verschärften Arrest aufbrummen, weil der dreimal mit »unsachgemäßer« Uniform aufgefallen war. Pappendorf war ein gefährlicher Bursche.

»Ich erwarte von meinen Unteroffizieren, dass sie die Vorschriften kennen!«, zischte der Unterfeldwebel. Berning – äußerlich peinlich berührt – brannte in seinem Geist einen wahren Feuersturm der Wut ab. *Es gibt 10.000 Vorschriften in der Wehrmacht, du Gorilla! Wie kann man verlangen, die alle zu kennen!,* wetterte er innerlich, musste aber gleichwohl zugeben, dass Pappendorf – wenn auch er sicherlich nicht alles wusste – bisher stets das einer Situation entsprechende Schriftstück zu zitieren vermochte.

»Mensch, Berning!«, zischte Pappendorf zum Abschluss des Anschisses. Einmal mehr hatte der Zugführer ihn vor allen Landsern bloßgestellt. Der Unterfeldwebel fuhr anschließend mit seinem Vortrag fort. Eine Dreiviertelstunde lang rezitierte er über das Zusammenwirken von Panzerjägern und Infanteristen, erklärte seinen Männern, wie man mit den Panzermännern kommunizierte, wie man ihnen Ziele per Leuchtspur zuwies, und wie man den herausgeschossenen Feind mit dem MG fasste.

Berning wohnte der Vorstellung mit einer Erschöpfung bei, die ihn zu Boden zu drücken drohte; aber auch mit einem Hass, der ihn zum Zittern brachte.

Irgendwann öffnete sich die große Holztüre zur Scheune, und Leutnant Balduin – der Chef der Schwadron – trat ein. Sein herausstehendes Erkennungsmerkmal war das überaus deutlich fliehende Kinn. Balduin war vom Ersatz zur Schwadron gestoßen. Trotz mangelnder Kampferfahrung hatte er sich in den Gefechten der letzten Tage als brauchbarer Unterführer präsentiert.

Pappendorf unterbrach seine Rede mitten im Wort und gellte: »Achtung!« Umgehend standen er und seine Soldaten still. Dann meldete er dem Chef ordnungsgemäß.

»Unterfeldwebel Pappendorf, vortreten!«, sprach der Leutnant mit freudigem Unterton.

»Jawohl, Herr Leutnant.« Pappendorf machte einen Schritt nach vorne und stand Balduin direkt gegenüber. Mit aufeinander gepressten Lippen und durchgedrückter Brust stand er da.

»Herr Unterfeldwebel«, begann Balduin, »seit Sie den Zug übernommen haben, haben Sie ihn tadellos geführt. Beim Ringen um Naryschkino hat der 2. Zug unter Ihrer Führung vier feindliche Tanks vernichtet. Dafür befördere ich Sie zum Feldwebel.«

Balduin lächelte breit und schüttelte Pappendorf die Hand.

»Geben Sie gleich mal Ihr Soldbuch her, dann trage ich die Beförderung ein«, forderte der Chef. Pappendorf tat, wie ihm geheißen.

Niemand der Anwesenden bemerkte in diesem Augenblick, dass in der ersten Reihe ein deutscher Unteroffizier stand, der vor Wut zu platzen drohte – dessen Finger zitterten und der in Gedanken bereits nach seinem Gewehr griff.

Mikojanowka, Sowjetunion, 04.06.1943

Es dämmerte, als drüben bei der Waldkante das letzte Stündlein des vom Feind gekaperten Tigers schlug. Während der russische Luftlandeangriff abgewehrt worden war und die Rote Armee somit ein ganzes Bataillon der wertvollen Fallschirmjäger verloren hatte, waren auch die überlebenden Partisanen wieder in den Wald geflohen. Bloß die vermeintlichen Panzermänner im Tiger hatten ihr Unglück noch nicht erkannt und beackerten die Ebene munter weiter mit Granaten. Ihr Munitionsvorrat müsste jeden Moment zu Ende gehen.

Die deutschen Panzer hatten sich hinter den Flugplatz und somit außerhalb der Reichweite des Tigers zurückgezogen, denn es war der Befehl ergangen, den vom Feind erbeuteten Panzer nicht zu zerstören, sondern möglichst intakt zurückzuerobern. Nun näherten sich der noch immer wütend auf den Flugplatz ballernden Raubkatze von zwei Seiten deutsche Panzer-Grenadiere.

Wie Ameisen, die einen riesige Käfer überwältigen, sprangen sie auf das Stahlungetüm. Der Drehturm des Panzers begann, wütend nach den Soldaten zu schlagen und sich zu schütteln wie ein nasser Hund. Ein MG des Tigers bellte, doch die Infanteristen waren clever genug, sich außerhalb der Wirkungsbereiche der Bordbewaffnung zu bewegen. Mündungen von Maschinenpistolen wurden in sämtliche Öffnungen gesteckt, Abzüge wurden gedrückt. Klirrendend schlugen die Salven durch das Innere des Panzers. Der Tiger rührte sich nicht mehr. Die Rote Armee hatte diese Schlacht verloren – doch sie hatte mithilfe eines kühnen Luftlandeunternehmens sowie mit Unterstützung irregulärer Kräfte den deutschen gepanzerten Kräften im Raum empfindliche Verluste zugefügt, ohne dafür auch nur einen einzigen Panzer einzusetzen. 29 Kampfwagen des Regiments lagen zerstört oder reparaturbedürftig auf der Pläne, weitere sieben auf den Rollbahnen des Flugplatzes. Aus einem Regiment war letztlich eine Abteilung geworden – und die 9. Kompanie hatte aufgehört zu existieren.

Engelmann und seine Männer allerdings existierten noch. Von Burgsdorff, der Kommandeur des PzRgt 2, hatte derweil die Abteilungskommandeure sowie alle Kompaniechefs zu einer Stelle westlich des Luftwaffenstützpunktes bei zwei durch Bäume überdachten Bodenwellen zusammengerufen. Die Büchsen des Regiments sammelten gleichzeitig in dem lichten Wald, der sich hinter jenen Bodenwellen auftat. Große, aber dünne Birken ragten dort in die Höhe und boten den deutschen Panzern durch ihr üppiges Blätterdach wenigstens ein Mindestmaß an Schutz. Weiße Rinde, furchig wie die Haut eines 100-jährigen, klebte an den Stämmen. Die dünnen Bäumchen waren im Notfall kein Hindernis für einen Panzer. Außerdem standen die Birken weit genug auseinander, sodass das gesamte Regiment problemlos den Wald durchqueren konnte.

Engelmann und seine Besatzung krallten sich auf dem Rücken eines Panzer IV der 10. Kompanie fest und ließen sich somit vom Gefechtsfeld weg und hin zum Sammelplatz des

Regiments befördern. Die Panzermänner des Regiments ließen ihre Toten vorerst zurück, denn von Burgsdorff hatte zur Eile gerufen. Sie oder andere deutsche Kräfte würden sich später um die Gefallenen kümmern.

Rasselnd kam der Panzer IV vor der vorderen Bodenwelle zum Stehen. Engelmann und seine Männer sprangen ab, während der Leutnant dem Panzerkommandanten einen Gruß des Danks zukommen ließ. Sofort machte Engelmann sich auf und suchte die anderen Offiziere zwischen den Bodenwellen, seine Mannschaft verharrte an Ort und Stelle. Was sollten sie auch sonst unternehmen? Sie hatten schließlich keine Büchse mehr. Der Leutnant erkannte endlich einen der anderen Chefs, der soeben hinter der Kuppe der Bodenwelle verschwand, und folgte ihm. In seinem Rücken vernahm Engelmann unterdessen das Klirren von aufeinanderschlagendem Metall und das Aufbrausen von Motoren, das vom Flugplatz herüber hallte. Er zollte den Kameraden von der Luftwaffe im Geiste Respekt dafür, dass sie so lange so knapp hinter der Front ausgehalten hatten. Nun aber bereiteten sie hektisch ihre Verlegung vor, denn sollte der Feind blitzartig doch noch bis hierhin durchbrechen, würden ihm die Flugzeuge von zwei Geschwadern in die Hände fallen. Das wäre eine Katastrophe.

Letztlich fand Leutnant Engelmann seinen Kommandeur in einer Traube hoher Offiziere stehen. Von Burgsdorff war ein dürrer Mann von Ende 50. Er trug einen Hitler-Gedenkbart über der Oberlippe, zeichnete sich ansonsten durch seine extrem hohe Stirn aus. Eine kreisrunde Nickelbrille thronte auf seiner Nase. In Engelmanns Augen war von Burgsdorff ein Stümper – ein Jurist, dessen soldatische Ausbildung und dessen Kampferfahrungen aus dem letzten Krieg stammten –, kein Vergleich zu Sieckenius, der kürzlich die Karriereleiter nach oben gefallen war.

Als die letzten Offiziere eintrafen, begann von Burgsdorff umgehend mit seiner Einweisung. Zuerst wies er darauf hin, dass sie keine Zeit zu verlieren hatten. Das Regiment musste umgehend eingreifen. Engelmann rümpfte die Nase, während er den Worten von Burgsdorffs lauschte. Die Lage war schwierig: feindliche Durchbrüche an mehreren Stellen. Belgorod stand auf der Kippe und somit die ganze Südverbindung zu den Truppen bei Kursk. Feindliche Luftlander blockierten die Eisenbahnlinie Belgorod – Stalino. Weiter westlich war ein russischer Panzerkeil über die deutschen Linien hinweggefegt, hatte erst vor Nikolskoye aufgehalten werden können – bloß noch 20 Kilometer vom Stadtkern von Belgorod entfernt. Beiderseits des Donez wurde gekämpft. Engelmann schüttelte den Kopf. Die Kampfgruppe Sieckenius, die überall im Frontbereich als Feuerwehr und Notfallreserve in die Löcher gestopft wurde, verfügte nicht über genügend schnelle Kräfte, um allerorts aushelfen zu können. Gleichzeitig stellte er mit Entsetzen fest, dass die Russen ihre Hausaufgaben gemacht hatten. Fallschirmjägerunternehmen des Feindes waren gezielt gegen Bahnlinien, Verbindungsstraßen, Flugplätze, Gefechtsstände und Fernmeldeeinrichtungen der Deutschen eingesetzt worden, ehe die Fronttruppen zum erneuten Schlag ausholten. So traf der Russe die Deutschen vielerorts verwirrt und geschwächt und konnte deshalb all die kleinen Durchbrüche erzielen. Es war das alte Lied: Die Wehrmacht, die 1939/1940 mit völlig neuartigem Denken und nie gekanntem Einsatz der Waffengattungen die mächtigsten Armeen der Erde in ihre Schranken verwiesen hatte, brachte ihren Feinden mit jeder Schlacht, mit jedem Gefecht und jedem Schachzug die Lehrstücke moderner Kriegsführung bei. Weder die Westmächte noch die Russen waren so versteinert, sich nicht anpassen und weiterentwickeln zu können. 1940 noch hatte man gegen englische Verbände gekämpft, die Panzer ausschließlich als Unterstützungswaffe der Infanterie einsetzten. Nun würden die Deutschen nicht mehr das Glück haben, auf derlei Idiotien beim Feind zu treffen. So verhielt es sich letztlich auch mit den Russen. Gerade, wenn Engelmann nach unzähligen Gefechten wieder zu der Meinung gelangt war, der Russe griffe doch bloß alles an Mensch und Material ab, dessen er habhaft werden konnte, und warf es in die Schlacht, überraschten ihn die Sowjets mit solchen Glanzstücken der Kriegsführung wie den Luftlandeunternehmen als Vorbereitung für einen Angriff. Nun jedoch galt es, eine angemessene Reaktion darauf zu finden – und Sieckenius glaubte, diese in einem Vorstoß auf Nikolskoye gefunden zu haben. Dort stand der Feind am dichtesten an Belgorod dran und dort drohte der russische Durchbruch, denn zur Stunde verteidigten bloß noch zwei dezimierte Kompanien mit Maschinengewehren und zwei erbeuteten russischen Pak die gesamte Stadt. Wie durch ein Wunder hatten die Verteidiger durch cleveren Waffeneinsatz den Russen scheinbar weismachen können, dort liege ein ganzes Regiment oder noch mehr. Doch ewig ließ sich der Iwan nicht an der Nase herumführen. Also musste das Panzer-Regiment 2 hin.

Von Burgsdorff beendete seine Unterweisung mit der nüchternen Feststellung, es gebe die 9. Kompanie nun nicht mehr, die Gliederung des Regimentes würde dennoch beibehalten werden.

Immerhin ein guter Einfall von dir, kommentierte Engelmann in Gedanken, während die Chefs mit bleigrauen Mienen auseinander stoben. *Wäre ja zu schön, wenn jetzt auch noch alle neue Nummern und Namen auf die Kette bekommen müssten. Aber ich hätte es dem Reservisten zugetraut!*

Die nächste Überlegung des Leutnants verdeutlichte ihm, dass er tatsächlich vorerst raus war aus dem Spiel. Dann plötzlich überkam ihn ein Schauer, als eine ganz andere Idee seinen Geist durchdrang: Er hatte schon einmal vier seiner Panzermänner sowie den Ersatz abgeben müssen; das war, als die Kampfgruppe aufgestellt worden war, und der Befehl erging, jeder, der nicht in einem Panzer untergebracht werden konnte, wurde temporär in die Infanterie eingegliedert. Die armen Teufel aus Engelmanns Einheit irrten demnach nun irgendwo im Verfügungsraum der Kampfgruppe mit den Stoppelhopsern herum.

Zuerst war der Leutnant davon ausgegangen, er würde vor Ort bleiben und das Geschehen als Anhängsel der nachziehenden Trosse verfolgen – ein wahrlich scheußliches Schicksal für einen Soldaten und Offizier wie Engelmann, der seine Männer nicht im Kampf sehen wollte, während er selbst auf der Zuschauertribüne saß. Nun aber kam ihm in den Sinn, dass seiner Besatzung und ihm ein noch schlimmeres Schicksal blühen könnte; nämlich das eines improvisierten Infanteristen.

»Josef?« Die dunkle Stimme des Chefs der 12. riss Engelmann aus seinen Gedanken. Der Leutnant schüttelte sich kurz, dann blickte er sich um und sah einen großen Hauptmann auf sich zustapfen. Engelmann gab seinem Kameraden die Hand. Sie tauschten ernste Blicke aus.

»Tut mir leid wegen deiner Männer«, flüsterte Hauptmann Arno Stollwerk, ein Mann mit graublauen Augen und zerklüfteten Wangen, der aus dem Umland von Danzig stammte. Die Sigrunen der aufgelösten Waffen-SS blitzten an seinem Kragen auf. Stollwerk hatte nie einen Hehl daraus gemacht, wo er herkam – und da er ein guter Soldat und Offizier war, ließen die Vorgesetzten ihm diese unvorschriftsmäßige Uniformveränderung durchgehen.

»Ja.« Engelmann konnte bloß nicken.

»Hast du denn noch deine Besatzung?«

»Ja, wir hatten Glück. Keine Schramme.« Engelmann lächelte schwach.

»Na, wie es der Zufall so will, habe ich eine Büchse für dich – ein Dreier. Ebenfalls keine Schramme.«

Engelmann gingen die Augen weit auf.

»Einfach mir hinterher. Meine Landser haben den Kasten mitgenommen zum Aufstellungsraum.«

Engelmann nickte und vermochte seine Freude nicht zu unterdrücken. Er strahlte regelrecht.

»Solltest dir aber ein paar Minuten Zeit nehmen und innen mal sauber machen«, ergänzte der Hauptmann schließlich mit scharfer Stimme. »Die Bolschewisten haben in dem Panzer eine bittere Schweinerei angerichtet, das kann ich dir flüstern.«

*

Mittlerweile hatte die Nacht Einzug gehalten, warf ihren dunklen Umhang über das Land. Das Regiment war in Kolonne über die befestigte Hauptstraße zuerst nach Belgorod eingefahren, von wo aus es nun die Straße nach Nikolskoye nahm. Auf dem Weg nach Belgorod waren sie an einer Stelle auf russische Kräfte gestoßen, die die Straße blockierten. Eine Vorhut des Feindes, die scheinbar durch die deutschen Linien hindurch geschlüpft war und somit direkt vor den Toren Belgorods auf der Lauer lag. Doch das Regiment wurde in Nikolskoye dringlicher benötigt, weshalb Gas geben und Durchbrechen die Devise gewesen war.

Nun befanden sich die Büchsen des Regiments auf der Straße gen Süden, während sich einige Kilometer vor ihnen – in vollkommene Dunkelheit gehüllt – Nikolskoye auftat, eine kleine Ortschaft mit nur wenigen hundert Einwohnern. Strategisch wichtig war Nikolskoye, weil es dort einen Übergang über die Toplinka gab, einen schmalen Nebenarm des Donez, denn westlich der Quelle dieses Nebenarms war das Gelände großflächig versumpft und darum überhaupt nicht befahrbar. Natürlich konnte die Toplinka auch ohne eine Brücke überwunden werden, doch das würde aufgrund der vielerorts steilen Böschungen insbesondere mit Fahrzeugen und Panzern Zeit kosten. Auch um Nikolskoye herum war der Boden sumpfig und schwierig zu passieren, weshalb sich in diesem Frontabschnitt alles auf die gebeutelte Ortschaft fokussierte, wo schon jetzt jedes Haus sturmreif geschossen worden war.

Die lange Kolonne von Panzern und Trossfahrzeugen bewegte sich mit eingeschaltetem Tarnlicht und halber Geschwindigkeit über die Straße, sodass sie, sowohl was das Auge als auch das Ohr anging, nur schwerlich auszumachen war. Abgedeckte, auf den Boden gerichtete Lämpchen beleuchteten winzige Punkte der Straße und bewegten sich gleichmäßig in Richtung Süden. Im Gelände vor dem Regiment blitzte es, während Geschützdonner und das Knallen von Handfeuerwaffen langsam zu einem neuerlichen Konzert des Todes anschwollen. Der letzte verbliebene Offizier in Nikolskoye, ein Hauptmann namens Droste, fragte fast minütlich über den Stab der Kampfgruppe Sieckenius an, wann denn die Verstärkung einträfe. Der Russe trete schon wieder gegen seine Stellungen an und begreife wohl langsam, dass dort nur noch eine Handvoll Deutsche in der Verteidigung lägen.

»Nicht so viel Gas, Hans«, mahnte Engelmann, als sein Fahrer den Panzer schon wieder zu nah auf das Vorderfahrzeug auffahren ließ. Münster stieß einen genervten Laut aus, gehorchte aber.

Mit eisernen Mienen verharrten Engelmann und seine Besatzung in ihrem neuen Panzer III und ließen das Rumpeln des Kampfwagens und das Rattern des Motors über sich ergehen. Die Panzermänner waren übermüdet und ausgelaugt. Die Erschöpfung versuchte, ihnen die Augen zuzudrücken. Wie apathisch starrte Münster durch das schmale Sichtfenster nach draußen in die Dunkelheit, wo er den Panzer, der vor seinem fuhr, als stumpfen Umriss im Zwielicht der Tarnbeleuchtung erkannte.

Sie rollten innerhalb der Kolonne bei der 12. Kompanie mit, in die sich Engelmann Kraft eigener Kompetenz eingegliedert hatte. In seinem neuen Panzer stank es entsetzlich säuerlich nach Leichengeruch – eine Stunde lang hatten die Körper der getöteten Panzermänner in der Abendsonne gegoren. Aufgrund der fehlenden Zeit und des schwindenden Lichts hatten Engelmann und seine Männer das Blut, in welchem der Innenraum der Büchse quasi schwamm, nicht vollständig entfernen können. Sie hatten bloß mit zwei Decken einmal überall drüber gewischt, ohne dass jene Decken besonders saugfähig gewesen wären. Nach wie vor klebten die Armaturen, Hebel und Stühle im Panzer. Engelmann dankte dem Herrn, dass es mittlerweile zu dunkel war, um sehen zu können, wohinein er schon wieder gegriffen hatte. Im schwachen Licht der Innenbeleuchtung erahnte Engelmann jedoch das getrocknete Blut, das an seinen Händen klebte; und er war heilfroh, dass niemand in diesem Panzer verbrannt war. Nicht nur, weil das ein grausamer Tod sein musste, sondern auch, weil Engelmann den Geruch seit dem Ausbruchsversuch der Russen bei Kursk seltsamerweise nicht mehr abkonnte.

»Das ist eklig«, stöhnte Ludwig immer wieder und schüttelte sich beständig. Er hatte sich direkt in eine Blutlache gesetzt, die sie beim Säubern völlig übersehen hatten. Nun war seine Hose nass und pappte, während der Lebenssaft langsam trocknete. Eine nasse Hose hätte sicherlich niemanden gestört in Anbetracht der stehenden Hitze in der Büchse.

Doch das Wissen darüber, was da wirklich an den Uniformen und den Händen klebte, zerrte an der Konstitution der Männer wie dies auch Hunger oder Kälte vermochten.

Ludwig leckte sich über seine aufgesprungenen Lippen. Engelmann schaute zu ihm hinüber. In der Dunkelheit lugte aus Ludwigs dreckverkrustetem Gesicht ein fahles Augenpaar hervor, das Ermattung und Lustlosigkeit ausdrückte. Die Gesichtsausdrücke der anderen unterschieden sich nicht groß davon.

»Ich hab 'nen Schweinedurst«, flüsterte Ludwig. »Und ich könnte kotzen, wenn ich dran denk, worin wir hier hocken.«

»Durst? Ohne Ende!«, spuckte Münster und rieb sich durchs Gesicht. »Aber ich werde kotzen, wenn ich noch einen Schluck von diesem salzigen Tee trinke, den wir seit Tagen kriegen.« Ludwig nickte heftig, und auch Jahnke signalisierte Zustimmung.

Engelmann fühlte ebenso, doch als militärischer Unterführer durfte er nicht in das Gemecker seiner Männer einstimmen. Stattdessen meinte er: »Bleibt noch ein bisschen auf Draht. Nur noch dieses Dorf, dann werden die uns zur Ruhe kommen lassen ... müssen die.«

»Hoffentlich, Sepp.« Ludwigs Stimme war dünn.

»Was würde ich für Wasser geben!«, fauchte Münster, »Einfach stinknormales Wasser! Ich mein', es muss ja nicht mal Bier sein. Mir würde Wasser wirklich schon reichen!«

Dann hingen alle ihren eigenen Gedanken nach. Engelmann dachte an Zuhause, während der eine oder andere im Geiste sicherlich gerade in einem See plantschte. Schließlich, als sich der faule Leichengeruch und der Gestank von gesiedetem Öl in Engelmanns Nase festgesetzt hatten wie eine Zecke und den Leutnant das Gefühl überkam, eine Schlinge aus scharfem Mief schnürte ihm die Kehle zu, da stieß er mit einem Mal seinen Körper nach oben und drückte beidseitig die Deckel auf. Er streckte seinen Oberleib aus dem Panzer, spürte die Erleichterung, als die frische Nachtluft in seine Lunge strömte.

Nach Minuten der Stille ergriff Münster erneut das Wort: »Und was richtiges zu Beißen. Das wäre fein.« Er erntete Zustimmung bei den anderen. »Ich mein', wirklich etwas Richtiges. Das *Karo einfach* und diese schäbige Fleischpastete können die langsam selbst fressen!«

»Wartet mal ab. Wenn erst mal die größten Kämpfe abgeflaut sind, wird man uns auch wieder besser versorgen können.« Engelmanns Antwort kam halbherzig und wenig überzeugend. Er glaubte selbst fast nicht daran. Auch ihm war bewusst, dass das Soldatenleben ein entbehrungsreiches Dasein war, doch mit zunehmender Fortdauer des Krieges wurde alles immer schwieriger. Warme Mahlzeiten waren mittlerweile eine Seltenheit, trockenes Brot und schäbige Beilagen die Regel. Die Nationalsozialisten hatten doch stets von den Deutschen als der Herrenrasse gefaselt. Nun, wenn Engelmann so darüber nachdachte, musste er feststellen, dass derzeit circa zwölf Millionen deutsche Männer alles andere als einer Herrenrasse würdig leben mussten. Doch solche Gedankengänge wischte er rasch hinfort. Die Situation war, wie sie war. Er konnte nichts daran ändern. Er konnte nur das Beste daraus machen.

»Nee!«, war Münsters Antwort auf Engelmanns Versuch, die Hoffnung am Leben zu halten. »Seit drei Jahren mache ich diese Scheiße jetzt mit. Und seit drei Jahren heißt es *Wartet mal, es wird bald besser.* Ich bin jetzt 26. Wie lange soll ich denn noch warten? Ich verbringe ja meine besten Jahre mit dem Warten auf bessere Zeiten! Ich hab langsam wirklich einen dicken Hals, wenn ich das alles hier sehe!« Zorn hatte sich in Münster eingenistet und sprudelte plötzlich mit jeder Silbe, die der Unterfeldwebel von sich gab, hinaus. Während seine Hände weiterhin auf den Lenkhebeln ruhten, schüttelte er nun kräftig den Kopf und verzog sein Gesicht. »Die können mich bald alle mal am Arsch ...«, brummte er noch. Danach blieben die Panzermänner wieder stumm und gaben sich dem Rappeln des Panzermotors hin, während die ganze Büchse in der Bewegung der Raupen vibrierte. Engelmann legte seine Stirn in Falten. Kleinigkeiten wie die schlechte Versorgung, der Mangel an Treibstoff, Munition und eigentlich allem anderen bedeuteten für den deutschen Landser täglich neue Entbehrungen und Belastungen, die den Krieg gewiss nicht leichter erträglich machten. Auch auf Engelmanns Seele lastete die schwierige Gesamtlage zunehmend, doch nun hatte er zum ersten Mal erlebt, wie schnell die Stimmung kippen konnte – wie gefährlich es war, dem deutschen Soldaten mit tausend winzigen Nadelstichen jede Lebensgrundlage zu nehmen. Ändern konnte er aber auch daran nichts. Da war er selbst als Leutnant ein zu kleines Licht in dieser riesigen Armee. So fuhren sie stumm die Straße entlang. Sie rumpelten gemächlich den von menschlichen Dingen erschaffenen Blitzen und dem von menschlichen Apparaturen heraufbeschworenen Donner entgegen. Auch im Äther blieb es ruhig. Funkstille war befohlen, damit kein russischer Horchposten aufschnappen konnte, was sich da auf Nikolskoye zubewegte.

Nach etwa drei Minuten brach Münster erneut das Schweigen: »Durch Franzi fährt irgendein Vibrieren, das mir gar nicht gefällt.«

Engelmann horchte auf: »Was Schlimmes?«

»Kann ich nicht sagen, Sepp. Ich spüre bloß, wie die Hebel zittern. Vielleicht ist die Lenkung im Arsch? Aber noch läuft Franzi.«

Engelmann nickte bloß, während Jahnke murmelte: »Franzi ist doch tot, Mensch.«

»Dann mach einen Vorschlag für einen neuen Namen. Du darfst dann auch gleich raus und den ans Rohr pinseln.« Münster grinste diabolisch, doch Jahnke grübelte umgehend.

»Wie wäre es mit Elfriede?«, warf er in die Runde. Neuerliche Wut erfasste Münster. »Nein! Halt die Fresse! Mir egal, wie die Mühle heißt!«, geiferte er. »Wir nennen sie Franzi II. Basta.« Nach einigen Sekunden blickte Münster verschmitzt auf, blinzelte den Leutnant an: »Es sei denn, Herr Leutnant haben etwas dagegen?«

»Ist in Ordnung.« Damit war Franzi II gesetzt.

Nikolskoye, Sowjetunion, 04.06.1943

»Die Iwans kommen wieder«, stöhnte der Obergrenadier Emil Walther resignierend, als er einen russischen Ruf aus der Ferne über die Pläne hallen hörte. Er blickte über den von Projektilen zerfressenen Fenstersims hinaus ins Vorfeld, das in vollkommene Dunkelheit gehüllt war.

»Jetzt hauen die uns endgültig zusammen!«, flüsterte sein Kamerad, Obergrenadier Remigius Tillmann, dessen bleiches Gesicht sich trotz der Dunkelheit unter dem Stahlhelm abzeichnete.

»Schnauze, ihr zwei Jammerlappen!«, schlug Unteroffizier Brinkmann verbal dazwischen. »Mit euch zwei Heulsusen ist ja kein Blumentopf zu gewinnen!« Sein starker Dialekt verriet, dass er aus dem tiefsten Bayern stammte.

»Aber ...«, begann Walther, wurde aber sofort von Brinkmann abgewürgt: »Nichts aber! Gleich kommen unsere Panzer. Die machen den Iwans schon Beine. Bis dahin müssen wir erst einmal durchhalten.«

In diesem Augenblick jagten die russischen Ratsch-Bumm wieder eine Salve in das Stadtzentrum von Nikolskoye. Die

Gebäude schüttelten sich unter den Einschlägen, doch sie bescherten der durch die Kämpfe der letzten Tage bereits stark geschundenen Panzerjäger-Abteilung 355 keine weiteren Verluste. Immer wieder kleckerte das Artilleriefeuer des Feindes ungezielt in die Ortschaft hinein, ohne dass die Russen wirklich aufgeklärt hatten, wo die deutschen Stellungen lagen. Nach wie vor glaubten die deutschen Verteidiger von Nikolskoye, den Feind zu narren über ihre wahre Stärke.

Walther, Tillmann und Brinkmann hockten in einer zusammengeschossenen Laube am südlichen Ortsausgang und horchten in die Nacht hinein, doch es waren keine weiteren Geräusche zu vernehmen. Bloß das Zirpen der Insekten und das Knacken des Geästs im Wind durchbrachen die Ruhe der Szenerie.

Plötzlich zeichneten sich im Vorfeld lauter düstere Gestalten ab, die mit langen Sprüngen über die Pläne hetzten.

»Da!«, knurrte Brinkmann. »Die Russen kommen. Auf eure Positionen, Männer!«

Unter jedem der vier Fenster, die in Richtung Südost und somit in Richtung Feindesland wiesen, lagen geladene Maschinengewehre und Karabiner. Darüber hinaus ging es über einen improvisierten Durchbruch in der Wand direkt in einen Laufgraben hinein, der etwa 80 Meter lang war und am Ortsrand entlangführte. Tillmann hechtete unter eines der Fenster und krallte sich alsgleich ein Maschinengewehr, während Walther im Graben verschwand. Auch dort warteten mehrere geladene Waffen auf ihren Einsatz. Nach den schweren Kämpfen der vergangenen Tage hatte die Abteilung dutzende Männer verloren. An Waffen und Munition mangelte es allerdings ausnahmsweise einmal nicht.

»Zeigen wir den Russen, dass hier ein ganzes Bataillon liegt!«, fauchte Brinkmann und grinste verkniffen. »Feuerüberfall auf Beleuchtung.« Der Unteroffizier griff nach der

Leuchtpistole und lugte über den Fenstersims. Mehrere Personen mit Gewehren in der Hand rannten hakenschlagend über die Wiese.

Brinkmann feuerte die Leuchtpistole ab. Mit einem lauten Wumms verließ das Geschoss den Lauf der Waffe und jagte dem Firmament entgegen, wo es sich in einen hellleuchtenden Stern verwandelte, der das Vorgelände der Laube wie unter Scheinwerferlicht erstrahlen ließ. Umgehend setzte das Getöse der MG von Walther und Tillmann ein. Feine, glühende Linien zischten ins Vorgelände, wo die Leuchtspurgeschosse als helle Tupfen in die Wiese schlugen. Vorne klappte einer der Russen zusammen und heulte auf. Seine Kameraden sprangen schießend rückwärts.

Brinkmann, Tillmann und Walther wechselten fast sekündlich die Waffen und gaben somit Feuerstöße mit MG 34, MG 42, einer russischen PPSH sowie Einzelfeuer mit den Karabinern ab. Walther hechtete dazu den ganzen Laufgraben auf und ab, um Feuer aus verschiedenen Stellungen zu simulieren.

Nach Sekunden bloß erlosch die Leuchtkugel und der Mantel der Dunkelheit umhüllte einmal mehr das Land. Der getroffene Russe hielt sich den Bauch und kreischte mit greller Stimme, während seine Beine heftig strampelten, als wolle er damit einen Angreifer abwehren. Russische Worte gellten durch die Nacht, doch der Rest des Spähtrupps war nicht mehr zu sehen.

Brinkmann grinste zufrieden, während Walther zurück in die Laube stürzte. Schnaubend ließ er sich neben der Wand zu Boden sacken. Brinkmann lugte erneut über den Fenstersims und sah die heftig ringende Person, deren für die Rote Armee typischer Schüsselhelm im Mondschein blitzte. Es war grausam, aber oft war es besser, den Feind bloß zu verwunden, statt zu töten. Das hatte nichts mit Menschlichkeit zu tun, sondern war der Tatsache geschuldet, dass ein toter Soldat eben tot war, während ein brüllender Verwundeter seine Kameraden zu demoralisieren vermochte und bei der Bergung gleich eine halbe Gruppe band. Außerdem ließ in der Regel kein Soldat seinen getroffenen Kameraden einfach liegen, daher brauchten Brinkmann und seine Männer nun nur noch abzuwarten.

Die drei deutschen Soldaten hatten sich K98-Karabiner gegriffen, um gezielte Schüsse abgeben zu können. Gebannt blickten sie ins Vorfeld, wo der Russe zappelte wie ein Gaul mit gebrochenen Beinen. Mit sägender Stimme brüllte er um Hilfe. Man musste kein Russisch können, um die verzweifelten Rufe zu verstehen.

»Ich will saubere Bauchschüsse sehen, Männer«, flüsterte Brinkmann. Seine gelben Zähne blitzten in der Dunkelheit auf. »Immer auf Leber oder Nieren. Dann sind die Iwans definitiv hin – aber eben nicht sofort.« Walther und Tillmann nickten mit grimmigen Mienen.

Plötzlich schnatterte mit rauen Stößen ein russisches Maxim-Maschinengewehr los. Die Geschosse streuten ungezielt in die Ortschaft hinein. Die Deutschen duckten sich unter ihre Fenstersimse hinweg, spähten dann aber umgehend wieder ins Vorfeld. Noch immer drang das scharfe Gekreische des verwundeten Russen, an dessen Lebensfaden schon die Schere angesetzt war, durch das feindliche Deckungsfeuer hindurch an die Ohren der Deutschen.

»Ja mei! Da, sag ich's!«, freute sich der Unteroffizier. »Auf den Iwan ist Verlass! Gleich schicken die einen armen Teufel vor.«

»Die Russen lassen niemals einen zurück«, bemerkte Tillmann ohne jeden Unterton.

Der russische Vorstoß zum Bergen des Verwundeten setzte in exakt dem Augenblick ein, als das Maxim verstummte.

Zwei Rotarmisten rasten in langen Sätzen über die Pläne und erreichten blitzschnell den Verwundeten. Der stöhnte auf und hielt sich den Bauch, während seine Beine zuckten. Brinkmann bedeutete seinen Soldaten per Handzeichen, auf den richtigen Augenblick zu warten. Angespannt hielt er seine Hand in die Höhe und verengte seinen Blick, während vorne einer der Russen die MP ablegte und sich den Schreienden auf die Schultern hievte. Der andere hockte daneben, blickte sich nervös nach allen Seiten um. Die Feinde waren bloß als Schatten in der Dunkelheit zu sehen, schimmerten im Mondschein aber hell genug, sodass keine weitere Leuchtkugel nötig war.

Als sich der Träger gerade den Verwundeten auf die Schultern gelegt hatte und dieser jaulend zusammenzuckte, ließ Brinkmann seine Hand hinabsausen. Jeweils ein Schuss brach aus den Gewehren der beiden Landser. Walther erwischte den Träger in den Oberschenkel. Der Russe heulte auf, brach unter der Last des Verwundeten zusammen, welcher jaulend seinen Kameraden unter sich begrub. Tillmanns Geschoss fraß sich in die Brust des hockenden Rotarmisten, zerschmetterte dessen Solarplexus und durchschnitt die Nervenbahnen, die sich um die Wirbelsäule wanden. Sofort klappte der Mann in sich zusammen, als würde er implodieren. Schreiend lag er da und wusste noch nicht, dass er nie wieder seine Glieder würde bewegen können.

»Sakrament«, staunte Brinkmann, »ein wahrer Blattschuss!«

Im Vorgelände lagen nun drei kreischende Russen, während just in diesem Augenblick das Maxim wieder zu stottern begann.

Die Projektile brausten weit gestreut nach Nikolskoye hinein. Nach Sekunden schon stoppte der Feind das Störfeuer, dann gehörte die Geräuschkulisse wieder ganz dem Kreischen der sich quälenden Russen sowie deren Hilferufen. In völliger Verzweiflung wanden sich die Männer am Boden. Unmengen an Blut schoss ihnen aus geplatzten Arterien, floss ihnen in die Leiber und in die Uniformen. Vermutlich wussten sie, dass sie verbluten würden, wollten ihr Schicksal dennoch nicht wahrhaben und bäumten sich in einer Kakophonie des Wehklagens dagegen auf.

»Vollidioten!«, spuckte Brinkmann förmlich aus. »Fallen immer wieder auf denselben Schmarren herein.«

»Kommt davon, wenn man sich mit dem Deutschen Reich anlegt«, scherzte Walther, während vorne die getroffenen Russen mit dem Tode rangen.

»Hatten die Russen nicht irgendwie ... keine Wahl?«, bemerkte Tillmann. Sein Blick vermochte sich nicht vom Geschehen im Vorfeld zu lösen. Das Geschrei der Russen war markerschütternd.

»Ha, keine Wahl? Selbst schuld, wenn man in Russland geboren ist, sag ich da nur!«, tönte Brinkmann. Seine Worte wurden von den grauenerregenden Rufen der Russen fast völlig verschluckt.

Der Rotarmist mit dem Oberschenkeltreffer, ein stämmiger Mann, kämpfte sich unter dem Verwundeten mit dem Bauchschuss hervor. Stöhnend vor Anstrengung, geschwächt durch den bereits hohen Blutverlust und zitternd vor Schmerz stemmte er sich in die Höhe und schaffte es schließlich, auf allen Vieren dazuhocken. Er hob den Kopf hoch, so als wolle er gegen sein Todesurteil ankämpfen, als wolle er aus voller Lunge brüllen: »Noch lebe ich! Noch hat mich der Sensenmann nicht geholt!«

»Bügel ihn um, Emil«, kommentierte Brinkmann das Schauspiel des kämpfenden Russen. Sofort brachte Walther seinen K98 über dem Fenstersims in Anschlag, blickte über Kimme und Korn auf sein Ziel. Er zog den Abzug. Mit lautem

Rumms knallte das Projektil aus dem Lauf, während das Gewehr unsanft gegen die Schulter des Obergrenadiers fuhr. Surrend zischte die Spurpatrone wie ein glühender Bindfaden durch die Nacht und jagte dem Russen knapp am Schädel vorbei. Der blickte sich phlegmatisch um, schien aber wegen des hohen Blutverlustes nicht mehr ganz zu begreifen, was um ihn herum geschah.

»Du blinder Ochse!«, wütete Brinkmann im Flüsterton, und fordere Walther gestenreich auf, nachzulegen. Der repetierte sofort seine Waffe, nahm erneut den Russen aufs Korn. Der zweite Schuss saß und schleuderte dem Rotarmisten mit lautem Klirren den Helm vom Kopf. Der Oberkörper zuckte, bäumte sich noch einmal auf, dann fiel der Getroffene hinten über. Blut, das im Mondlicht bizarr schimmerte, überquoll dessen Antlitz wie eine tausendbeinige Krake.

Wieder knallte das Maxim los, und dieses Mal lagen die Einschläge direkt bei der Laube. Geschosse klatschten gegen die Außenwand.

Die drei Deutschen gingen in Deckung, ehe der letzte russische Feuerstoß über die Pläne nachhallte.

»Passt auf, gleich tauchen die nächsten auf, das kann ich euch verraten. Das wird jetzt die ganze Nacht so gehen«, brauste Brinkmann auf, und nickte triumphierend. Er sollte recht behalten:

Es tauchten die nächsten auf, doch der dabei verursachte Lärm ließ die deutschen Soldaten erstarren und bleich werden. Panzerketten, die sich quietschend über die Wiese quälten, waren mit einem Mal zu hören.

Brinkmann duckte sich unter dem Fenstersims weg und umfasste seine Waffe fester, dann verzog er das Gesicht zu einem großen Fragezeichen, während er grübelte. Auch Walther und Tillmann verschwanden von den Fenstern und warfen sich in Deckung.

»Dawai! Dawai!«, tönten russische Rufe über das Vorgelände.

Das glänzende Metall eines T-34 tauchte hinter den verwundeten Russen aus der Dunkelheit auf, umfuhr die angeschossenen Kameraden und rollte direkt auf die Laube zu. Das in die Wanne eingelassene Infanterie-Maschinengewehr DP begann zu sprechen, strich die Fassade der Laube ab. Mit 600 Schuss pro Minute flogen den Deutschen die Projektile um die Ohren. Sie rissen die Fensterrahmen auseinander. Gruben sich in die Wände, wo sie die Holzverkleidung zerbersten ließen. Die Deutschen warfen sich schützend die Hände über den Kopf, ertrugen den Beschuss und hofften, verschont zu bleiben.

»Remme, gib mal den Anklopfer!«, brüllte Brinkmann in einer Feuerpause des Panzers. Unaufhaltsam arbeiteten sich die Raupen des T-34 auf die deutsche Stellung zu.

»Der zerdrückt uns wie Käfer!«, brüllte Walther, noch ehe Brinkmann erkannte, dass sich hinter dem Kampfwagen die Silhouetten russischer Infanteristen abzeichneten. Umgehend nahmen sich einige der Sowjets der Verwundeten an.

Tillmann war derweil zum Fenster neben dem Durchbruch zum Laufgraben gesprintet, wo neben einigen Pistolen, Handgranaten und Munition eine Faustpatrone lag, ein schmaler Stab von einem Meter Länge mit einem Sprengkopf an der Spitze. Tillmann hetzte damit zu Brinkmann hinüber, welcher dem Obergrenadier umgehend die Panzerabwehrwaffe aus der Hand riss.

»An die MG und Deckungsfeuer geben!«, zischte der Unteroffizier. Sofort ergriffen die beiden Landser jeweils ein Maschinengewehr, und betätigten die Abzüge. Mündungsfeuer blitzte auf, erhellte die deutsche Stellung. Leuchtspurgeschosse rasten durch die Nacht, prallten vom Panzer ab, oder verloren sich in der Ferne. Der T-34 blieb rasselnd stehen. Bloß 50 Meter lagen zwischen ihm und der Laube. Langsam richtete er sein Rohr auf die Deutschen aus, während Feuer aus russischen Handwaffen aus dem Hintergrund gegen das Gemäuer schlug.

Brinkmann sprang auf. Er richtete grob die Faustpatrone auf den Panzer aus – über ein Visier zum exakten Zielen verfügte diese Waffe nicht. Brinkmann drückte den Abzug. Schmauch und höllenheißer Dampf jagten aus dem Hinterteil der Panzerabwehrwaffe, erhitzten binnen eines Wimpernschlages den ganzen Raum. Der Gefechtskopf hingegen sauste auf den Panzer zu, traf den Stahlkoloss rechts neben der Hauptwaffe am Turm. Doch das Geschoss rutschte von der schrägen Panzerung des T-34 ab, wirbelte in den Boden und entfachte dort eine fluoreszierende Explosion. Flammenzungen leckten nach dem Russenpanzer, konnten ihm aber nichts anhaben. Stattdessen eröffnete er nun das Feuer, jagte mit lautem Getöse eine Sprenggranate in die Laube. Die drei Deutschen warfen sich flach auf den Boden, während das Gebäude um sie herum auseinandergerissen wurde. Gesteinsbrocken und Holzsplitter fetzten durch die Luft, begruben die Soldaten unter sich. Staub und der Gestank von Kordit fraßen sich in ihre Lungen, und würgten kratzenden Hustenreiz nach oben. Keuchend und nach Atmen ringend wühlten sich die Männer aus dem Schutt. Ihre Hände und Gesichter waren blutig und staubbedeckt, ihre Uniformen aufgerissen und verschmutzt.

»Rückzug zur Biber-Linie!«, kreischte Brinkmann und zog seine Pistole aus dem Holster. Walther griff noch nach einem K98, Tillmann jedoch fand keine Waffe und stürmte unter dem heftiger werdenden Feuer der Russen einfach los. Die beiden Obergrenadiere folgten Brinkmann, der in den Laufgraben preschte, diesen überwand und auf den nächsten Graben zuhielt, der sich 150 Meter dahinter um die Ortschaft zog. Von dort aus wollte er auf die Hauptstraße, der er bloß 100 Meter zu folgen brauchte, ehe sie die Biber-Linie erreichen würden. Dort warteten zwei Geschützsoldaten hinter einer russischen Ratsch-Bumm auf ihren Einsatz. In einem Fenster in der ersten Etage befand sich außerdem ein MG-Nest. Leider hatte die Abteilung für die Ratsch-Bumm nur noch sechs Granaten, während für das Geschütz auf der anderen Seite der Ortschaft – ebenfalls eine Beutewaffe – noch über vierzig Granaten zur Verfügung standen. Da beide Kanonen allerdings verschiedenen Kalibers waren, war ein Munitionsausgleich nicht zu machen.

Hauptmann Droste hatte sein spärliches Personal über die gesamte Ortschaft aufteilen müssen, da die Russen allerorts nach Schwachstellen in der Verteidigung suchten. Der deutsche Offizier hatte das ganze Dorf auf der Karte in vier Verteidigungslinien – genannt Iltis auf Brinkmanns Höhe, Biber, Hummer sowie Tiger – aufgeteilt. Tiger lag direkt am Übergang über die Toplinka, weshalb diese Linie mit allen Mitteln verteidigt werden musste. Droste hoffte, den Russen bereits durch diese Art der gestaffelten Abwehr soweit abzunutzen, dass der Feind beim Erreichen von Tiger schon völlig ausgeblutet war.

Brinkmanns Blick verengte sich, während er durch die Dunkelheit stürzte. Er hörte seine Soldaten hinter sich schnauben. Russische Kugeln erfüllten die Luft, doch die Nacht schützte die deutschen Soldaten. Die Raupen des T-34 sprangen wieder an, dann wendete der Tank langsam und rumpelte auf die Straße zu. Russische Rufe wurden laut, die feindliche Infanterie schloss auf. Brinkmann konnte den Feind in seinem Rücken quasi spüren.

Im Schimmer des Mondscheins hatte er keine Chance, den zweiten Laufgraben vom Boden zu unterscheiden, und purzelte schließlich hinein. Ein stechender Schmerz zog durch sein rechtes Fußgelenk, doch er biss die Zähne aufeinander und stöhnte laut auf. In diesem Augenblick pfiffen russische Granaten über seinen Kopf hinweg und gingen im Herzen von Nikolskoye unter lautem Getöse nieder. Walther sprang neben ihm in die Graben und duckte sich zusammen.

»Wo ist Remme?«, keuchte der Unteroffizier.

»Keine Ahnung«, schnaubte Walther.

Brinkmann blickte mit schlagendem Puls ins Vorgelände, als sich dort plötzlich die Kontur eines für die Wehrmacht so typischen Stahlhelms aus der Nacht schälte.

Tillmanns Gesichtshaut schimmerte wie ein heller Klecks durch die Dunkelheit. Der Obergrenadier hetzte auf den Graben zu, direkt in Richtung der Kameraden. Plötzlich fetzte ihm ein Geschoss durch den Unterleib. Tillmann plumpste zu Boden, schlug mit dem Helm auf die Erde auf und grub seine Finger in den Dreck.

»Verfluchter Mist ...«, stöhnte Brinkmann. Er wollte losspringen und seinen Kameraden in den schützenden Laufgraben ziehen, doch etwas hielt ihn zurück. Noch immer knatterten überall die russischen Mosin Nagat und PPSH.

Ein deutscher Infanterist mit seinem K98, der fünf Schuss fasste und nach jeder Patrone repetiert werden musste, hatte der geballten Feuerkraft der sowjetischen Fußsoldaten mit ihren Halb- und Vollautomatiks in der Regel nichts entgegenzusetzen.

So nahmen Brinkmann und Walther bloß Deckung im Graben, pressten sich gegen die Erdwand, während in diesem Augenblick Tillmann zu brüllen begann. Walther presste die Zähne aufeinander, Brinkmann biss sich in die rechte Hand. In ihm kämpfte der Wunsch, seinem Kameraden zu helfen, mit der Angst vor den russischen Kugeln.

»Ahhhhhhhhhh!«, hallte der nervenzerreißende Schrei des Obergrenadiers über das Schlachtfeld. Er mischte sich unter das Gebrüll der Waffen. Remme weinte; er hustete und blubberte.

Brinkmann ertrug es kaum, seinen Soldaten so zu hören. Er schmeckte schließlich den Eisengeschmack von Blut, dann spürte er den Schmerz in seiner Hand. Sein Gebiss ließ von ihr ab.

Vorsichtig lugte der Unteroffizier über die Kante des Grabens. Das russische Feuer war fast vollständig abgeklungen, bloß aus der Ferne kam noch Gefechtslärm herüber. Der Iwan forderte zur Stunde allerorts Drostes Iltis-Linie heraus.

Tillmann lag da, nur zwanzig Meter vor dem rettenden Laufgraben. Er brüllte und japste nach Luft, während er sich den Unterleib hielt und sich wand wie ein Todeskandidat am Galgen. Und Tillmann war ein Todeskandidat, denn Bauchschüsse gingen selten gut aus.

»Gebt ihm doch endlich den Gnadenschuss, ihr Schweine!«, flehte Brinkmann, doch die russischen Waffen, die sich irgendwo in der Dunkelheit versteckt hielten, blieben stumm. Auch vom Panzer war nichts mehr zu hören. Und er selber könnte nie auf einen Kameraden ... auf einen Freund schießen.

Brinkmann ließ sich in den Graben zurücksacken und drückte seinen Helm in die Erdwand hinter sich. Kühle Klumpen aus feuchtem Sand und Mutterboden kullerten ihm in den verschwitzten Kragen, verschafften ihm für einen Moment ein angenehmes Gefühl im Rücken. Doch Remmes Schreie rissen an seinem Geist.

»Ha-Jo!«, weinte der Obergrenadier plötzlich. »Ha-Jo! Emil! Bitte ... bitte.« Er flehte hustend und gurgelnd um Hilfe. Er schrie nach seinen Kameraden, dann nach seiner Mutter und seinem Vater. Er schrie, wie nur jemand schreien konnte, bei dem sich ein Metallstück durch die Eingeweide gewühlt hatte.

»Wir lassen Remme nicht zurück«, war Brinkmanns Entschluss. Walther nickte entschieden und fasste sein Gewehr nach.

»Dann auf!« Die beiden Soldaten sprangen aus dem Graben, stürmten auf den kreischenden Tillmann zu. Brinkmann spürte, wie sich sein Pulsschlag die Kehle hinaufarbeitete, wie das Pochen lauter und lauter in seinen Ohren schlug und schließlich lauter war als alle Geräusche der Umgebung. Sein Blick schmälerte sich zu einem Tunnel. Plötzlich tat sich Tillmann vor ihm als dunkelgraue Fläche auf, die strampelnd auf dem schwarzen Boden lag. Umgehend steckte der Unteroffizier sich seine Pistole ins Holster, hockte sich neben dem Verwundeten ab. Auch Walther blieb stehen, hob sein Gewehr und prüfte das Vorgelände. Er konnte scheinbar keine Feindbewegungen ausmachen, doch bei der Finsternis hätten die Russen 30 Meter entfernt liegen können, Walther hätte sie nicht gesehen.

»Ha-Jo!«, stöhnte Tillmann im Anblick seines Unteroffiziers. Freude und Angst lagen gleichzeitig in seiner Stimme. Tränen hatten sein Gesicht geflutet. Der Unteroffizier ergriff die Hände des Obergrenadiers, die eiskalt waren.

»Remme, Junge«, flüsterte er.

»Ha-Jo«, weinte Tillmann.

»Wir bringen dich zurück, dann kommst du zu einem Arzt.«

Tillmann nickte bloß und zuckte, doch der Unteroffizier griff bereits den Leib des Getroffenen und hievte ihn sich ächzend über die Schultern.

»Verdammte Sauerei«, murmelte Walther.

Plötzlich krachten Schüsse ihm Vorfeld. Walther wurde sofort getroffen und sackte unter einem Ausruf des Schmerzes in sich zusammen. Brinkmann spürte, wie auch Tillmanns Leib von Projektilen durchschlagen wurde. Mit einem Mal verstummte und erschlaffte der Mensch auf seinen Schultern. Einen Wimpernschlag später fühlte er einen beißenden Schmerz in der Lende, der ihm jede Kraft raubte. Brinkmann brach unter Tillmanns Leichnam zusammen. Er fühlte, wie es ihm am Unterleib ganz warm wurde. Er versuchte, seine Beine zu heben, doch sie rührten sich nicht. Er war gefangen unter dem Körper seines toten Kameraden. Brinkmann vernahm noch das leise Wehklagen Walthers, ehe russische Rufe alles übertönten. Dann näherten sich Männer aus der Dunkelheit, während auch der Motor des T-34 wieder zum Leben erwachte. Heulend jaulte er auf, ehe er seine quietschenden Raupen in Marsch setzte.

*

Die Masse des Regiments umging das Dorf linksumfassend, wo mitgefahrene Pioniere der Kampfgruppe nun beginnen würden, einen panzerfesten Übergang über den Fluss zu schlagen. So würde man im Schutze der Nacht das Gewässer überqueren und konnte den Russen anschließend in die Flanke fallen. Die 12. Kompanie allerdings hatte den Auftrag erhalten, in die Ortschaft direkt einzufahren und diese zu sichern. Von Burgsdorff war bereits mit Hauptmann Droste zusammengekommen, anschließend wurde über den Äther ein aktuelles Lagebild bekanntgegeben: Der Feind stand an der Hauptstraße am Ortsrand und hatte sich dort festgebissen, an vielen anderen Stellen hatte der Iwan bei Einbruch der Dunkelheit einzelne Gebäude besetzt und die Deutschen ins Innere von Nikolskoye zurückgedrängt. Vor wenigen Augenblicken erst hatte ein deutsches Geschütz auf der Hauptstraße einen russischen Angriff abgeschlagen und dabei einen T-34 vernichtet. Nun aber standen für die Kanone bloß noch zwei Granaten zur Verfügung. Einen weiteren Angriff würde sie nicht abwehren können. Von Burgsdorff entschied daraufhin, die 12. Kompanie an der Hauptstraße einzusetzen und diese bis zum Ortsausgang zu gewinnen. Von dort aus konnten die Tanks außerdem als Feuerwehr rasch jeden Punkt der Ortschaft erreichen.

In einer langen Reihe rollten die deutschen Tanks durch die Dunkelheit und überquerten die schmale Brücke, die in Nikolskoye über die Toplinka führte. Die Gebäude rechts und links der Straße verschwanden in der Düsternis. Engelmann gefiel es ganz und gar nicht, in tiefster Nacht durch bebautes Gebiet fahren zu müssen. Ein clever agierender Panzervernichtungstrupp konnte den deutschen Büchsen hier schnell gefährlich werden. »Rechts der B 12-19 befindet sich ein großer B 24-12. Dort sammelt die Kompanie und hält sich abrufbereit«, knackte Hauptmann Stollwerks Stimme aus den Lautsprechern von Engelmanns Panzermütze. Der Leutnant hatte sich über Nitz auf die Kompaniefrequenz schalten lassen. Stollwerk verschleierte wichtige Begriffe mit Hilfe der Funkkladde, die regelmäßig geändert wurde.

Engelmann kletterte unter Luke und blickte Nitz, der mitgehört hatte, mit erwartungsvollen Augen an. Ein weicher Zug um den Mund des Feldwebels verriet dem Leutnant, dass er die Verschleierung bereits übersetzt hatte.

»B 12-19 bezeichnete eine Kirche, B 24-12 den Friedhof«, erklärte Nitz.

»Danke, Ebbe.«

»Bär folgt mir die B 02-01 hinunter bis auf Höhe eigener Stellungen, genannt Biber. Ich erkunde Lage, bis dahin Funkstille.«

»Hauptstraße«, kommentierte Nitz, ohne in die Kladde zu schauen. Engelmann nickte mit zusammengebissenen Zähnen. Es arbeitete in ihm. Vor Franzi II passierten die ersten Panzer die Kirche und bogen dahinter nach rechts ab. Plötzlich pfiffen russische Artilleriegranaten über die 12. Kompanie hinweg. Sie gingen auf der anderen Seite der Toplinka am Rande von Nikolskoye nieder und hallten als dumpfe Detonationen lange nach. Engelmann richtete sein Kehlkopfmikrofon und begann zu sprechen: »Wels, hier Anna. Erbitte Erlaubnis, dir an Stelle von Bär zu folgen.«

Münster blickte auf und stöhnte genervt.

»Du bist auch erst zufrieden, wenn die Iwans jeden einzelnen Kasten zerschossen haben, in dem je unsere Ärsche gesessen haben.«

»Klappe, Hans!«, zischte Engelmann. Auch Nitz warf Münster einen bitterbösen Blick zu, während Ludwig und Jahnke schwiegen. Kopfschüttelnd wandte sich Münster seinen Hebeln zu.

»Erlaubnis erteilt«, erklang unterdessen Hauptmann Stollwerks Stimme über den Äther. »Ich nehme zusammen mit Anna B 02-01 und erreiche Biber.«

Nach und nach bestätigten die anderen Kommandanten den Spruch, dass es rauschte und knackte in den Lautsprechern. Engelmann drückte seinen Rücken gegen den ungemütlichen Kommandantensitz. Er rieb sich die Augen – als würde das seine Müdigkeit vertreiben. Schließlich blickte er auf, zog sich die Panzermütze vom Kopf und richtete seine Aufmerksamkeit auf Münster.

»Hör mal, Getriebeklaus«, sprach er seinen Fahrer an.

»Lass mich einfach in Ruhe!«, fauchte der und kuppelte, während Franzi II an Fahrt verlor. Auf der Straße stauten sich kurzzeitig die Tanks der Kompanie, während sich einer nach dem anderen auf den Friedhof schob. Die Raupen planierten den Gottesacker mit unbarmherziger Gewalt.

»Wenn du dir dein EK I holen willst, dann such dir einen anderen Fahrer. Ich bin noch jung, ich will hier nicht krepieren.«

Engelmann verzog das Gesicht. Für solche Sprüche könnte er dem Unterfeldwebel das Leben richtig schwer machen, doch der Leutnant vertraute darauf, dass ein intelligentes Gespräch jede Spannung besser aus der Welt zu schaffen vermochte, als drakonische Strafen.

»Jetzt hör doch mal zu«, forderte er Münster auf. »Wenn du glaubst, ich bin auf Orden aus, kennst du deinen Kommandanten wirklich schlecht, das kann ich dir sagen. Ich will nur lieber selbst die Zügel in die Hand nehmen, statt zum Befehlsempfänger degradiert zu werden. Deshalb will ich mit nach vorne, will mir ein eigenes Lagebild verschaffen, will selbst Entscheidungen treffen.«

»Jeder hier ist ein Befehlsempfänger, Sepp! Gott, sogar Manstein ist bloß ein Befehlsempfänger«, moserte Münster.

»Herr im Himmel! Jetzt sei doch mal froh, dass du den Leutnant als Kommandanten hast!«, schaltete sich Nitz plötzlich in den Konflikt ein. »Wir alle sollten froh sein. Wir könnten es deutlich schlimmer treffen!«

»Danke.« Engelmann nickte seinem Funker zu, dann verzog er das Gesicht: »... falls das ein Kompliment sein sollte.« Nitz grinste. Münster hingegen murmelte noch irgendetwas, allerdings verstand ihn niemand. Vielleicht war das auch besser so.

Franzi II sowie der Panzer IV von Stollwerk, dessen Turm und Wanne durch dutzende Treffer aussahen wie eine Mondlandschaft, schoben sich sachte die Hauptstraße hinunter. Vor ihnen flammte vereinzeltes Gewehrfeuer auf, ansonsten war es verhältnismäßig ruhig. Russische Artillerie hielt weiterhin in die Nordausläufer der Ortschaft hinein, doch dort lagen kaum deutsche Kräfte. Von Burgsdorff war bereits wieder aus Nikolskoye abgezogen, um dem Flankenmanöver des Regiments beizuwohnen. Die 12. Kompanie sollte dazu so lange wie möglich die Angriffskräfte der Russen binden, doch niemand im Dorf wusste genau, wann mit dem Angriff des Regiments gerechnet werden konnte. Von Burgsdorff hatte versäumt, sich ausreichend mit den Pionieren abzusprechen, und konnte daher nicht mit Bestimmtheit sagen, wie lange die Schaffung eines panzerfesten Übergangs dauern würde. Nun aber war Funkstille zwischen der 12. und dem Regiment befohlen, also mussten sich die Deutschen im Dorf wohl überraschen lassen.

Knarzend kam Stollwerks Büchse auf Höhe einer Ratsch-Bumm mit deutscher Besatzung zum Stehen. Engelmann, der über Luke fuhr und die Umgebung im Schimmer des Tarnlichtes als stumpfe Flächen in unterschiedlichen Grautönen wahrnahm, erkannte doch deutlich das große, sowjetische Geschütz mit dem überlangen Rohr, das von der Wehrmacht unter der Bezeichnung 7,6-Zentimeter-Feldkanone 269(r) geführt wurde.

Stollwerk kletterte aus seiner Kuppel, sprang über die Panzerwanne auf die befestigte Straße. Sofort huschte er zum Geschütz hinüber, das scheinbar von nur zwei Landsern bedient wurde. Auch Engelmann stieg aus seinem Panzer und sprintete in Richtung Geschütz, wo er und die anderen durch das große Metallschild der Ratsch-Bumm geschützt waren. Im Zwielicht des Mondes und der Tarnlichter meinte Engelmann die Geschützbesatzung als einen Feldwebel und einen Gefreiten auszumachen.

»Geben Sie mir ein Lagebild«, forderte Stollwerk. Der, den Engelmann meinte, als Feldwebel identifiziert zu haben, plapperte umgehend los, wobei ihn ein ausgeprägter, oberschlesischer Akzent auszeichnete: »Die Straße runter am Ortseingang – etwa auf Höhe der Iltis-Linie – liegt ein bewegungsunfähiger T-34. Da wimmelt es von Russen.«

»Bewegungsunfähig?«, fragte Stollwerk nach. »Haben Sie dem einen vor den Latz geballert?«

»Nein. Wir vermuten Getriebeschaden. Der Kasten ist ohne Beschuss ausgefallen«, erklärte der Geschützführer. Die beiden Offiziere nickten, dann wagte Stollwerk einen kurzen Blick über den Schild. Außer Dunkelheit und den Umrissen der Gebäude sowie eines zerschossenen Russenpanzers, der mit seinem verzogenem Rohr wie der Tod mit seiner knochigen Pranke in Richtung der deutschen Stellungen wies, war dort nichts auszumachen.

»Entfernung?«, verlangte der Hauptmann zu wissen.

»Etwa 350.«

Die beiden Offiziere bekamen große Augen. »Heureka!«, stieß Stollwerk aus, »350 nur?«

»Jawohl.« Der Feldwebel zeigte keine großen Gefühlsregungen, und auch seine Stimme blieb von den Ereignissen unberührt. »Wird lustig werden, wenn die Sonne aufgeht«, bemerkte er trocken.

»Wissen die Russen, dass hier eine Pak liegt?«, erfragte Engelmann.

»Denke schon. Die wissen bloß nicht genau, wo.«

Mit mulmigem Gefühl ließ der Leutnant seinen Blick über die Szenerie schweifen. Besonders versteckt war die Ratsch-Bumm nicht; ganz im Gegenteil: Sie lag mitten auf der Straße auf der Lauer, notdürftig ausstaffiert mit Sandsäcken.

»Die Russen trauen sich nicht mehr mit Panzern heran, Herr Hauptmann«, erklärte der Feldwebel weiter. »Die haben es jetzt zweimal mit Infanterie versucht, doch wir haben hier in den Gebäuden einen ganzen Zug und mehrere MG liegen.«

»Aha«, machte Stollwerk und verschränkte die Arme.

»Wie viele Feindkräfte liegen im Vorfeld?«, schaltete Engelmann sich einmal mehr ein.

»Wir haben am Abend einen Spähtrupp raus geschickt, der ungefähr 25 mittlere Kampfpanzer sowie vier Kompanien Infanterie aufgeklärt hat.«

Engelmann schüttelte ungläubig den Kopf. *25 Panzer? Vier Kompanien? Und auf unserer Seite bloß eine Kanone und ein Zug?* Jetzt wurde dem Leutnant bewusst, warum der Geschützführer das Vorgelände noch nicht ausgeleuchtet hatte, um den steckengebliebenen Panzer zu vernichten. Man versuchte die Russen im Unklaren darüber zu lassen, wie viele Kräfte auf deutscher Seite wirklich in der Verteidigung lagen. Engelmann nickte entsprechend seines Gedankengangs. Nun aber waren deutsche Panzer hier. Nun konnte ausgeleuchtet werden!

Engelmann und Stollwerk blickten sich an, und der Hauptmann schien zu erahnen, dass sein Offizierskamerad etwas im Schilde führte.

»Idee, Josef?«

»Idee, Arno!«

*

Panzerfahrer Wassili Timofej blickte durch die geöffnete Luke seines T-34 in die Dunkelheit. Der Mladschi Serschant – der Unteroffizier – schob sich seine schwarze Panzerkappe zurecht und streckte sich ein wenig.

Der Fahrersitz des T-34 war unglaublich ungemütlich. Der russische Panzerfahrer mit den königsblauen Augen und der von Grübchen umspielten Mundpartie sog seine Unterlippe ein und legte den Kopf in Schräglage. Er konnte zwar nicht sehen, was geschah, doch er konnte trotz des Artilleriefeuers, welches auf den Norden der Ortschaft niederging, seine Genossen arbeiten hören. Iljtsch, der Pechvogel, hatte schon wieder einen defekten Panzer abbekommen, mit dem er kurz vorm Dorfeingang einen Getriebeschaden erlitten hatte.

Timofej hörte deutlich seine Genossen, die an dem defekten Panzer herumwerkelten. Werkzeuge wurden gegeneinander geschlagen, metallisches Klirren kämpfte sich durch den Lärm des Geschützdonners. Natürlich war das hier ein gefährliches Unterfangen, denn niemand wusste, wo die Faschisten nun wirklich waren, nachdem man den Vorposten – besetzt nur mit drei Mann – ausgehoben hatte. Deren Leichname lagen noch immer dort, wo der Sergeant von der Schützen-Kompanie ihnen den Gnadenschuss verpasst hatte. So, als würden die Deutschen auf der Wiese schlafen, zeichneten sich ihre ruhenden Körper als dunkle Umrisse vom Boden ab. Die eigenen Artilleriegeschütze hämmerten währenddessen unnachgiebig in die Ortschaft hinein. Wenn alles gut lief, würden sie den Feind ordentlich weichklopfen.

Timofej ließ ungeduldig seine Finger über die Hebel für die Lenkbremsen tanzen. Er hoffte, es würde bald vorwärts gehen. Der deutsche Vorposten hatte bereits bewiesen, dass die Faschisten hier in Nikolskoye nicht so stark waren wie gedacht. Außerdem lagen hinter Timofejs Tank 70 weitere Kampfwagen und Sturmgeschütze, doch der Brigadekommandeur hatte den Angriff abbrechen lassen, nachdem Iljitsch seinen Getriebeschaden erlitten hatte.

Timofej konnte bei solcher Order bloß den Kopf schütteln. Es war zwar richtig, dass Iljitsch einen von nur drei der verbesserten T-34 steuerte, die die Brigade bisher bekommen hatte. Der sogenannte T-34/85 war mit einer effektiveren Kanone ausgestattet, bot Platz für ein weiteres Besatzungsmitglied und hatte serienmäßig Funk an Bord. Äußerlich fiel der Panzer vor allem durch seinen größeren Turm auf. Doch Timofej meinte, bei der Einnahme von Nikolskoye auf diesen einen, wenn auch verbesserten Tank, verzichten zu können. Der Brigadekommandeur allerdings hatte wahnsinnige Angst vor deutschen Tigerpanzern, was seit Jahresbeginn mehr und mehr seine Entscheidungen beeinflusste. Timofej schüttelte abermals den Kopf. Sollten die Tiger doch kommen! Timofej hatte keine Angst. Auch ein normaler T-34 konnte dem Stahlungeheuer der Faschisten gefährlich werden. Man brauchte nur mutig sein und nah heranfahren.

Plötzlich stieg vor Iljitschs Panzer eine Leuchtkugel auf, die am Himmel zu einem grellen Stern wurde und langsam über die russischen Truppen hinweg schwebte. Der Stahl von Iljitschs Tank schimmerte im Licht, das Timofej und seine Genossen taghell erleuchtete.

Die Männer, die am defekten Getriebe herumschraubten, stellten umgehend ihre Arbeit ein und kniffen die Augen zusammen. Timofej blinzelte ins Vorfeld, dann erschrak er.

Zwar wurden die russischen Kräfte vor Nikolskoye vollends ausgeleuchtet, doch der Schein der Leuchtkugel bewirkte auch, dass zumindest die groben Konturen des Faschisten-Geschützes sichtbar wurden. Und es stand mitten auf der Straße! Bloß 400 Meter entfernt!

Timofej und seine Genossen hatten keine Zeit zu reagieren. Zu gut hatten die Deutschen die Beleuchtung mit der Besatzung des Geschützes abgestimmt. Die Kanone schoss – und zerriss eine Kette des Panzers von Iljitsch. Doch die Pak der Faschisten setzte gleich nach, schoss binnen weniger Augenblicke ein zweites Mal. Mit lautem Knall zerbarst der Benzinspeicher des T-34/85. Flammenzungen schlugen aus den offenen Luken, während die Wanne aufriss und die am Panzer arbeitenden Männer herumgewirbelt wurden. Im selben Augenblick erlosch die Leuchtkugel am Himmel. Totale Düsternis kehrte wieder ein und verbarg die Szenerie vor dem Auge. Bloß das Lodern des Feuers, das sich in Iljitschs Panzer entzündet hatte, erhellte einen kleinen Bereich.

Timofej hatte noch gar nicht begriffen, was geschehen war. Er sah bloß die Umrisse der sich windenden und vor Schmerzen schreienden Genossen, die überall um den zerschossenen Panzer verstreut lagen.

Dann sprachen die Kanonen der T-34. Mehrere Sprenggranaten wurden dorthin in die Dunkelheit geschossen, wo sich das Geschütz befand. Timofej konnte die Einschläge nicht sehen, sondern nur hören, wie der Sprengstoff die Straße und das Gemäuer der umliegenden Gebäude aufriss. Gesteinsbrocken wirbelten umher. Für einen Moment wurde die Geräuschkulisse von dem Schlagen von größeren Schuttbatzen beherrscht, die auf die Erde auftrafen, sowie vom feinen Rieseln der kleinen und kleinsten Gesteinspartikel, die durch die Sprengungen in die Luft geschleudert worden waren. Timofejs Panzer hatte sich an dem kurzen, aber heftigen Feuersturm nicht beteiligt. Sein Kommandant war nicht im Wagen, und ohne den lief gar nichts.

Auch die anderen Panzer hatten das Feuer nach Sekunden wieder eingestellt.

Timofej horchte ins Vorfeld, doch außer den Artillerieeinschlägen in der Ferne konnte er nichts ausmachen – keine hektischen Rufe in fremder Sprache, keine Schreie, nichts. Plötzlich aber klang doch ein deutscher Ruf durch die Nacht: »Brennt!«, brüllte eine Stimme. Timofej wusste nicht, was das bedeuten sollte und machte sich auch weiter nichts daraus. Im nächsten Moment aber flog vorne bei den Faschisten etwas in die Luft. Ein Flammenball stieg genau dort auf, wo das Geschütz positioniert war, und erhellte für Sekundenbruchteile die Umgebung. Timofej meinte sogar, die Kontur eines Stahlhelms in einem der Fenster in der ersten Etage erkannt zu haben.

So schnell aber, wie die Eruption von Feuer erschienen war, so rasch war sie auch wieder vergangen. Zurück blieb nur ein bedächtig fackelnder Brand, der die Gebäude im Umfeld sowie die Straße in einen schaurigen gelbroten Schimmer tauchte. Wie drohende Grabsteine zeichneten sich Schatten auf den Gebäudewänden ab.

Plötzlich erkannte Timofej den verdellten Schild der Kanone im Kolorit der Flammen. Keine Frage, das Panzerabwehrgeschütz der Faschisten war im Eimer. Wahrscheinlich war eine sowjetische Artilleriegranate zu kurz geflogen – oder der Panzerbeschuss hatte doch zeitversetzt die Munition in Mitleidenschaft gezogen. So oder so, das Geschütz war hin, der Weg damit frei. Jetzt musste es einfach weitergehen!

Wie bestellt kehrte endlich der Kommandant zurück, und schwang sich über die einzige Turmluke des T-34 – diese verdammte und ewig klemmende Pirozhok – in den Panzer. Sofort setzte er sich hinter die Hauptwaffe, denn im alten T-34 diente der Kommandant gleichzeitig auch als Richtschütze.

»Daweite! Teperj mi ßachwatim eitch faschistich!«, rief er seiner Besatzung zu. *Es geht los! Wir holen uns die Faschisten!*

Schon sprangen überall auf der Ebene die Motoren der russischen Panzer an. Der Kommandant erklärte Timofej in knappen Sätzen, dass er sich auf die Hauptstraße zubewegen solle. Über diese würden die Panzer in das Dorf einfahren, während die Infanterie links und rechts davon in die Peripherie eindringen würde. An die Spitze der Panzer sollte sich Genosse Dimitris T-34/85 setzen. Danach würde Timofej kommen. Mit einem starken Gefühl der Entschlossenheit in der Brust, das Timofej die Zuversicht gab, Nikolskoye in dieser Nacht zurückzuerobern, griff er nach der Halterung seiner Fahrerluke und zog sie zu. Nun gab es bloß noch einen schmalen Sehschlitz, der ihm einen Blick in die Dunkelheit dort draußen verschaffte. Er konnte im schwachen, weißen Licht des Mondes so gerade eben die Umrisse vom Panzer seines Kumpels Dimitri erkennen, der in diesem Augenblick mit brummenden Kolben und quietschenden Ketten an Timofejs Tank vorbeizog und sich auf die Straße quälte. Timofej erkannte den neuen Panzer sofort an dessen mächtigem, abgerundeten Turm. Auch er ließ nun endlich den Motor an, kuppelte und gab Gas. Mit einem Ruck setzte sich sein Panzer in Bewegung.

Timofej blieb direkt hinter Dimitri, beide schoben sich an dem lodernden Panzer Iljitschs vorüber. Ein Sanitäter hatte sich dort der verwundeten Genossen angenommen. Timofej erkannte weiße Mullbinden, die in der Finsternis leuchteten. Doch Iljitsch war mit Sicherheit tot, denn er hatte sich die ganze Zeit über in seinem Tank aufgehalten.

»Iljucha, ja ßa tjeba otamschu!«, flüsterte Timofej, gleichsam umklammerte er mit aller Macht seine Hebel. *Ich werde dich rächen!* Iljitsch war ein feiner Mann gewesen – ein weiterer feiner Mann, der den Barbaren zum Opfer gefallen war. Timofej machte sich eine Notiz im Geiste. Das wäre damit der dritte gefallene Genosse, bei dem er sich vornahm, nach dem Kriege dessen Familie zu besuchen und ihnen von den Heldentaten ihres Sohnes, ihres Ehemanns, ihres Vaters zu berichten. Wahrlich, das war ein schwacher Trost für die Hinterbliebenen; doch der Gedanke, dass ihr Angehöriger mit daran beteiligt gewesen war, dass kein Russe Deutsch lernen musste, konnte doch Trost spenden.

Sein Panzer erreichte schließlich die befestigte Straße. Timofej spürte die Veränderung in den Vibrationen, die seinen Tank beständig schüttelten. Ihm blieb auch die Anspannung, die in diesem Augenblick auf der Besatzung lastete, nicht verborgen, und er war froh, dass er nicht im Panzer des Zugführers saß. Der musste nämlich nicht nur die Kanone seines Tanks bedienen und seine Besatzung führen, sondern gleichzeitig auch noch die anderen Panzer im Blick behalten und ihnen Befehle erteilen – eine fast unmögliche Aufgabe.

Vor Timofej – und noch vor dem Tank des Genossen Dimitri – taten sich als düstere Gebilde die ersten Häuser der Ortschaft auf. Die russische Infanterie war weder zu sehen noch zu hören, doch Timofej wusste, dass auch sie in diesem Augenblick Nikolskoye penetrierte. Die Geräuschkulisse wurde von dem Brummen und Quietschen der Panzer beherrscht, während die russische Artillerie noch immer in die Nordausläufer der Ortschaft hinein feuerte. Timofej erspähte keinen einzigen Faschisten. Langsam rollte sein Panzer die Straße entlang – passierte Gebäude, häufig Ruinen. Er ahnte nicht, dass er arglos an einigen deutschen Panzerrohren vorbeigefahren war, die bloß wenige Meter von der Straße entfernt auf der Lauer lagen.

Die russische Panzereinheit war bereits ein ganzes Stück die Straße hinaufgefahren. Zwölf Tanks waren in das Dorf eingedrungen. Plötzlich flammte aus den Gebäuden Feuer aus Handwaffen auf, doch die Projektile galten den Genossen zu Fuß, nicht den Panzern. Auch die russische Infanterie eröffnete das Feuer. Nahkämpfe entbrannten. Häuser wurden gestürmt und geräumt. Faschisten unternahmen Gegenstöße. Urplötzlich stieg eine Leuchtkugel zum Himmel auf. Mit einem Mal waren die russischen Panzer taghell erleuchtet – doch nicht nur das. Auch die deutschen Panzer, die überall zwischen den gebeutelten Bauwerken in Stellung lagen, und deren Rohre – bloß Meter von der Hauptstraße entfernt – genau in die Flanken der russischen Tanks wiesen, wurden durch die Beleuchtung sichtbar. Timofej und seine Kameraden hatten keine Chance. Mit einem einzigen Feuerüberfall schossen die Deutschen wie aus einer Kanone. Elf Russenpanzer gingen sofort in Flammen auf und zerbarsten in tausend Teile, doch davon bekam Timofej nichts mehr mit.

*

»Drück auf die Tube und raus hier!«, plärrte Engelmann ins Kehlkopfmikrofon, während Münster sich in die Hebel warf.

Franzi II ruckte an. Ihre Ketten fraßen sich in den Boden. Der Panzer beschleunigte und stieß zwischen zwei Gebäuden hervor auf die Hauptstraße, wo brennende Russenpanzer wie an der Perlenkette aufgereiht bis zum Ortsausgang lagen. Überall nun rollten die Büchsen der 12. Kompanie aus ihren Lauerstellungen, schoben die russischen Wracks beiseite. Geschosse aus Handfeuerwaffen schlugen funkensprühend gegen die deutschen Panzer, während am Rande der Ortschaft der Nahkampf der Infanteristen entbrannt war. Engelmann duckte sich, soweit es ging, in seine Kuppel hinein, um kein Angriffsziel zu bieten, wollte gleichzeitig dennoch Augen und Ohren über Luke zu haben, denn die Dunkelheit bot den Deutschen einen klaren Vorteil:

Ein russischer T-34-Kommandant war nicht in der Lage, über Luke zu fahren; und konnte seine Umgebung daher ausschließlich über einen winzigen Sehschlitz wahrnehmen. Dies war schon bei Tag ein Problem; bei Nacht aber verwandelte sich dadurch jede Fahrt im T-34 in einen Blindflug.

Münster jagte Franzi II die Straße hinab in Richtung der freien Pläne vor Nikolskoye. Nun galt es, so schnell wie möglich von den Gebäuden wegzukommen, wo jeder Panzer ein leichtes Ziel für feindliche Fußsoldaten war.

Über den Äther kamen wilde Befehle herein. Stollwerk koordinierte seine Panzer, führte sie geschickt aus dem Dorf heraus. Weitere T-34 kamen unterdessen die Straße heraufgefahren. Die beiden Panzerfronten rasten ineinander und beschossen sich aus nächster Distanz, doch wegen der deutlich besseren Orientierungsmöglichkeiten der deutschen Kommandanten säumten nach jedem Schusswechsel vor allem sowjetische Panzerwracks das Schlachtfeld.

»Das müssen jetzt aber bald alle gewesen sein«, stöhnte Engelmann und rieb sich die erschöpften Augen. Allein er zählte schon an die zwanzig abgeschossene Feindpanzer.

Unterdessen stoben nun überall die Büchsen der 12. Kompanie aus der Ortschaft und schoben sich über die freie Pläne. Eine Welle Feindpanzer nach der anderen trat ihnen entgegen und wurde von den Deutschen zusammengeschossen.

Gerade brach ein T-34 direkt vor Franzi II aus der Dunkelheit und schob sich als große dunkle Fläche in nur fünf Metern an dem Panzer III vorbei.

Der Russe sieht uns einfach nicht!, freute sich Engelmann innerlich, ehe er den Feuerbefehl gab und zum Eigenschutz in die Kuppel hinabtauchte.

Ludwig richtete die Kanone auf das Ziel aus und betätigte die Hauptwaffe. Die Granate saß, und schleuderte den Turm des Feindpanzers aus dem Drehkranz. Engelmann konnte wahrlich froh sein, dass sie im Schutze der Dunkelheit agierten. Bei Tageslicht und entsprechender Entfernung hätte sein Panzer III keine Chance gegen die T-34 gehabt. Nun aber rieben sich die Russen vollständig an der kleinen deutschen Kampfwagenkompanie auf.

»25 Panzer? Die haben doch einen Vogel!«, beschwerte sich Engelmann, denn der Strom an Feindpanzern riss nicht ab.

Schließlich gab Stollwerk keuchend den Haltebefehl über Funk. Die Büchsen der 12. Kompanie kamen zum Stehen. Stollwerk wies seine Männer an, nicht auseinander zu laufen, sondern eine geschlossene Angriffsreihe zu bilden. Auch Engelmann reihte sich ein, während einige hundert Meter links von ihm schon wieder ein T-34 zum Teufel gejagt wurde.

Erneut raste eine Leuchtkugel in den Himmel – dieses Mal von der russischen Seite ausgehend. Mit einem Mal standen die Panzer der 12. Kompanie im Scheinwerferlicht der Schlacht. Engelmann riss die Hände vor das Gesicht. Die Helligkeit schmerzte ihm in den Augen. Dann aber blinzelte er und stierte unter seinen Armen hindurch ins Vorfeld. Er erschrak so heftig, dass er einen Moment lang Angst hatte, sein Herz würde stehenbleiben. In etwa 500 Metern Entfernung erkannte er die Umrisse Dutzender T-34 – schwer auszumachen zwischen all den Wracks vergangener Panzerschlachten. Umgehend begannen die Russen zu schießen. Auch die Deutschen Büchsen eröffneten das Feuer. Doch die Panzer III und Panzer IV mit kurzem Rohr brauchten sich auf die Entfernung keine allzu großen Hoffnungen zu machen. Granaten krepierten tosend auf beiden Seiten der Stahlfront. Bei der 12. erwischte es den Panzer Bär. Dessen Munitionslager ging in die Luft, dann der Treibstofftank. Für die Besatzung kam jede Hilfe zu spät. Ein Panzer IV erhielt einen Treffer ins rechte Laufwerk. Die massiven Räder platzten ab und die Kette riffelte auf.

So schnell, wie die Helligkeit über die deutschen Panzer hereingebrochen war, so schnell kehrte auch die Finsternis zurück. Stollwerk gab den Befehl, mit Höchstgeschwindigkeit vorzupreschen. Nun konnte sie nur noch ein Nahkampf retten. Während die Panzer gerade anfuhren, stieg bereits die nächste Leuchtkugel der Russen auf. Sie erstrahlte am Himmel wie ein gigantischer Stern und hüllte das Land einmal mehr in grelles Licht. Erneut wurden die drohenden Silhouetten der Feindpanzer sichtbar. Engelmann meinte, auf Anhieb über 40 Stück auszumachen. Sie schossen auf die heranrasenden Deutschen. Die ersten Tanks zerplatzten unter dem Feuer der Panzergranaten – doch es waren keine deutschen Panzer, die da zu Klump geschossen wurden. Es waren die Russenpanzer, die plötzlich einer nach dem anderen auseinanderflogen. Gerade, als das Licht der Leuchtkugel am Himmel erstarb, erkannte Engelmann, was Sache war: Die Büchsen des Regiments, die sich anderswo ihren Weg über die Toplinka gebahnt hatten, fielen der Feindformation in den Rücken. Die Russen vor Nikolskoye hatten keine Chance.

Nördlich von Bern, Schweiz, 09.06.1943

Weit und breit war keine Menschenseele zu sehen. Taylor blickte sich verstohlen nach allen Seiten um. Er befand sich mitten im Wald, Kilometer entfernt von jeder Zivilisation. Den halben Tag lang war er geradelt, um diesen Punkt zu erreichen. Keine Straße führte durch diesen Wald, auch Wanderwege gab es hier nicht. Die Bäume standen himmelhoch und dicht beieinander. Das engmaschige Blätterdach verhinderte, dass der leichte Regen, der sich derzeit über die Zentralschweiz ergoss, bis zum Waldboden durchdrang. Das Firmament war mit grauen Wolken verhangen, die an diesem Tage undurchdringlich wie eine Wand waren. Obwohl gerade erst der Nachmittag angebrochen war, hatte ein unangenehmes Zwielicht den Wald fest im Griff. Leise raschelten die Blätter in der leichten Brise, die durch das Gehölz zog. Die Bäume bogen sich im Wind, knackten, und ließen einzelne Blätter zu Boden segeln.

Taylor zog seinen Mantel um den Hals herum ein bisschen enger zusammen, während die eisigen Finger des Windes nach seinen Gliedern griffen. Er erschauerte und sprang von einem Bein auf das andere. Taylor trug einen geflochtenen Korb bei sich, der zur Hälfte mit braunköpfigen Steinpilzen gefüllt war. Die hatte er auf dem Markt erstanden, denn letztlich hatte er keinen Schimmer von Pilzen – wollte aber auch nicht auffallen, indem er lauter giftige Pilze sammelte. Doch manchmal fragte sich Taylor auch, wofür er all diese Tarnungsmaßnahmen jedes Mal auf sich nahm. Hier draußen war er im Umkreis von Kilometern die einzige Menschenseele – fast.

Langsam näherte sich aus östlicher Richtung eine Gestalt. Taylor erkannte am Gang und an der Statur, dass es sich um einen Mann handelte. Er trug einen ins Gesicht gezogenen

Hut und führte ebenfalls einen Korb bei sich. Schnurstracks stapfte er durchs Unterholz und näherte sich Taylor.

Als der Mann auf 70 Meter herangekommen war, erkannte Taylor endlich, dass es sich um sein Rendezvous handelte. Beide nickten zur Begrüßung, dann gesellte sich der Mann zu Thomas Taylor und wies auf seinen Korb, der ebenfalls mit hellbraunen Pilzen gefüllt war.

Taylors Gegenüber war ein Mann Ende 30, mit tiefen Furchen im Gesicht und einem breiten, wulstigen Mund. Der Mann richtete sich seinen Schal und lächelte sanft, dann sagte er: »Dann lass uns mal schauen, ob wir genügend Pilze für eine Pfanne zusammenbekommen.« Taylor gestikulierte seine Zustimmung, ehe sich beide gen Norden aufmachten.

Sie gingen wortlos nebeneinander her, während ihre Blicke den Boden absuchten. Nach Minuten des Schweigens ergriff der Agent aus Stuttgart das Wort: »Einer der beiden Luzerner Schutzmänner ist seinen Verletzungen erlegen. Der andere wird wohl durchkommen.«

Taylor nickte. »Kollateralschäden ...«

»Natürlich. Allerdings sollte Ihnen bewusst sein, was Ihnen droht, wenn die Schweizer Behörden Sie zu fassen bekommen.«

»Ja, sie werden hocherfreut sein ... aber ich denke, wir haben uns nicht wegen des Zustands der beiden Bullen getroffen?«

Taylors Gegenüber brauchte einen Moment, dann kam er auf den eigentlichen Punkt zu sprechen: »Die Landung in Italien ist eine Finte.«

Taylor horchte auf und signalisierte seinem Gesprächspartner, er solle fortfahren.

»Wir haben Informationen darüber, dass die Alliierten stattdessen planen, noch in diesem Sommer auf dem Balkan zu landen, genauer gesagt: in Jugoslawien.«

»Also hat Roth mir falsche Informationen untergeschoben? Ist es das, was die Abwehr glaubt?«

»Unwahrscheinlich. Fräulein Roth und ihr Vorgesetzter scheinen vielmehr schlecht informiert zu sein.«

»Und nun? Ziehen Sie mich ab?«

»Nein. Sie sollen noch eine Zeitlang bei ihr bleiben. Die Führung will sehen, was sich noch ergibt. Vor allem ihr Vater ist interessant.«

Taylor nickte mit ernster Miene. Die Sache mit Jugoslawien war eine schlechte Neuigkeit.

»Also Balkan, heh?«, fragte er, ohne eine Antwort zu erwarten. Taylors Augen verengten sich, während er seine Lippen aufeinander presste.

Vor seinem geistigen Auge manifestierte sich eine Karte Südeuropas. Aufgrund seines hervorragenden Gedächtnisses konnte er diese unheimlich genau wiedergeben, inklusive hunderter Städte, die andere Deutsche sicherlich nicht einmal kannten. Die Küstenorte Pula, Zadar und Dubrovnik zeichneten sich auf jener Karte ein, ebenso wie die großen Städte im Hinterland: Belgrad, Zagreb und andere.

»Damit fallen die unserer Ostfront gnadenlos in den Rücken«, sinnierte Taylor. Sein Gegenüber nickte ernst. »Sie würden unsere Truppen in Griechenland abschneiden und lägen direkt vor der Haustüre Bulgariens, Rumäniens und Ungarns«, überlegte er weiter.

»Die nehmen mit einem Streich drei unserer Verbündeten aus dem Spiel. Und im schlimmsten Fall rollen die das Hinterland unserer Front einmal hoch bis zur Ostsee auf und schneiden zwölf Millionen deutsche Soldaten von der Heimat ab«, beendete der Agent aus Stuttgart den Gedanken.

»Das wäre das Ende.«

»Aber das wird nicht passieren.« Taylors Gegenüber tippte sich selbstbewusst an die Stirn und grinste. »Weil die Briten nachlässig geworden sind, konnten wir wichtige Dokumente sichern. Noch haben wir Zeit, zu reagieren. Von Witzleben verschiebt bereits Truppen von Italien und Frankreich in den Balkan. Rommel hat seine Heeresgruppe schon wieder abgegeben und trifft morgen in Zagreb ein. Wir werden denen einen Empfang bereiten, der sich gewaschen hat.«

»Wir müssen«, warf Taylor ein. »wenn die Alliierten irgendwo in Europa Fuß fassen, haben wir den Krieg verloren.«

Dann haben wir den Krieg verloren, hallten die eigenen Worte in Taylors Geist nach.

Östlich von Kamenka, Sowjetunion, 10.06.1943

Die sowjetischen Offensiven in den Räumen Orel und Charkow waren vorerst abgewehrt, doch die Ruhe war trügerisch. Nun grub sich der Iwan überall dort ein, wo er geringe Geländegewinne hatte erzielen können. Während sich die deutsche Führung über solche Abwehrerfolge freuen konnte, grauste es den Russen bereits vor einem Stellungskriegszenario im Sinne der Westfront des Großen Krieges, denn nun war eingetreten, was von Manstein schon seit Beginn des Jahres predigte: Durch intelligentes Schlagen aus der Nachhand, durch durchdachte Rückzüge auf vorteilhaftes Terrain und durch das Agieren aus Verteidigungsstellungen heraus, waren die russischen Kräfte der – zugegeben – improvisierten Sommeroffensive an den deutschen Stellungen verblutet. Die Verluste, so schätzte die Wehrmacht, lagen nach zwei Wochen des Kampfes bei einem Verhältnis von eins zu acht zugunsten der Deutschen. War die Sowjetunion dem Reich zahlen- wie materialmäßig auch stark überlegen, konnte die Rote Armee solche Verluste dennoch nicht mal eben wegstecken. Von Manstein hoffte, den Feind nun für wenigstens ein dreiviertel Jahr seiner Bewegungsfähigkeit beraubt zu haben. Der womöglich drohende Stellungskrieg würde auch der Wehrmacht Zeit verschaffen, ihre Verbände aufzufrischen und endlich Reserven zu schaffen.

Bei Stalino hatte der Iwan noch den größten Geländegewinn erzielen können. Hier hatte die Rote Armee die Truppen der Wehrmacht sogar aus der Stadt geworfen und richtete sich nun von Mariupol am Asowschen Meer über Stalino bis hoch an den Donez zur Verteidigung ein. Bei Isjum wurde dieser Tage noch gekämpft, doch nachdem die Sowjets letztlich einige Brückenköpfe über den Fluss hatten bilden können, schafften sie es nicht, diese zu festigen, und mussten sich wieder hinter das Nordost-Ufer des Flusses zurückziehen. Bei Charkow war die Lage nach wie vor angespannt. Die Kampfgruppe Sieckenius sowie andere in die Schlacht geworfene Reserveverbände hatten das Schlimmste abwenden können, doch nach wie vor war die Stadt von Norden, Osten und Süden her von den Russen eingekreist. Ein schmaler Landkorridor im Westen der Stadt bildete die letzte verbliebene Brücke zu den Wehrmachtsverbänden im rückwärtigen Raum. Die russischen Angriffsspitzen zwischen Charkow und Belgorod ragten nun ihrerseits wie Pickel in die Front der Wehrmacht hinein.

Die mobile Aufklärungs-Schwadron des Sonderregiments 2, Kampfgruppe Becker, lag östlich von Kamenka in einem dichten und hügeligen Waldgebiet in Stellung. Der Russe verhielt sich auch hier schon seit Tagen ruhig. Bombentrichter, umgerissene Bäume und herumliegende glänzende Messinghülsen bewiesen im Sonnenschein, der durch das Blätterdach schimmerte, dass um diesen Wald bereits erbittert gekämpft worden war. Nun aber, in der Phase der Ruhe, hatte das Graben begonnen. Bernings Gruppe hockte in improvisierten, vorgezogenen Stellungen und sicherte für einige

Stunden den Zug, während der Rest wenige hundert Meter weiter in Richtung Westen damit beschäftigt war, Grabensysteme, Erdbunker und MG-Nester auszuheben. Sollte das Stellungssystem dann weit genug ausgebaut sein, würde die vorgezogene Sicherung entfallen. Natürlich wäre das Stellungssystem dann noch nicht fertig. Feldwebel Pappendorf handelte nach dem Motto »Eine Stellung ist niemals fertig!«, er ließ seine Landser daher bei jeder Gelegenheit schanzen. Wenn sie erst einmal Gräben ausgehoben hatten, die man gebückt durchschreiten konnte, forderte Pappendorf welche, die tief genug waren, um aufrecht darin zu gehen. Waren die Gräben dann irgendwann dafür tief genug, wollte Pappendorf sie überdacht sehen. So ging das Spiel ewig weiter. Berning war sich sicher: Würden sie hier lange genug in der Verteidigung liegenbleiben, Pappendorf würde sie Verbindungstunnel einmal durch den Erdkern bis nach Japan graben lassen.

Pappendorf!, fauchte Berning innerlich, *FELDWEBEL Pappendorf!* Pappendorf hatte vor wenigen Tagen vom Abteilungskommandeur sogar noch den Ärmelstreifen für Panzerbekämpfung im Nahkampf erhalten. Berning hätte kotzen können.

So ist das in dieser Scheiß-Armee!, überkam es ihn. *Die kleinen Landser halten den Kopf hin, und die Vorgesetzten heimsen sich das Lametta ein!*

Es war ein ruhiger und sonniger Tag. Vögel trällerten ihre Lieder durcheinander, der Wald erstrahlte in sattem Grün. Sonnenstrahlen kämpften sich durch das dichte Blätterdach und zeigten wie Schleier aus Seide zur Erde.

Berning lag in einem Krater und blickte auf seine Uhr. Noch eineinhalb Stunden, dann würden sie endlich abgelöst werden. Insekten umschwirrten sein Haupt. Surrend jagten sie wieder und wieder an seinen Ohren vorbei. Überall an seinem Haaransatz hatten ihn die Biester bereits gestochen. Es juckte fürchterlich, doch Berning war den Parasiten gnadenlos ausgeliefert, die zu allem Überfluss häufig auch noch Typhus übertrugen. Daneben plagten ihn auch die Läuse. Egal, wie oft er seine Kleidung auskochte, und egal, wie oft die Landser sich gegenseitig absuchten und die schwarzen Blutsauger zerquetschten, nach spätestens einem Tag siedelten sich neue an. Bernings Körper war übersät mit schorfigen Quaddeln. Zudem hatte er noch mit einer tiefgehenden Erschöpfung zu kämpfen, die seit Wochen schon seine Glieder lähmte und ihm wie ein riesiger Fels auf den Schultern lastete. Mehrmals waren ihm die Augen zugefallen; seine liegende Position begünstigte die Müdigkeit natürlich noch.

Rudi Bongartz, ein Kamerad, den Berning zeitweise sogar »Freund« nennen durfte, manifestierte sich vor dem geistigen Auge des Unteroffiziers. Mit blau angelaufenem Gesicht und vorwurfsvollem Blick starrte Rudi ihn an. Berning vermochte sich dem Blick nicht zu entziehen, konnte ihn gleichsam nur schwer ertragen. Die Schuld, die der Unteroffizier auf sich geladen hatte, belastete ihn schwer; das konnte er nicht bestreiten – und Pappendorf nutzte dies auch noch, um ihn zu erpressen!

Bernings Finger verkrampften, als er an seinen Zugführer denken musste. Hass flutete seine Gedanken und überschwemmte auch das Antlitz Bongartz', spülte den Gefreiten hinfort. Der unbändige Hass, der in Bernings Brust loderte, der seinen Leib erhitzte und ihn zittern ließ, verdrängte die Schuldgefühle – für den Augenblick.

Plötzlich wurden Schüsse im Vorfeld laut. Berning schreckte auf. Er blickte nach links und nach rechts, wo in anderen Bombentrichtern sowie hinter umgestürzten Bäumen verschanzt die Soldaten seiner Gruppe in Stellung lagen. Wieder heulten irgendwo im Vorfeld Handwaffen auf. Die Geräusche kamen von weit her, doch sie näherten sich. Dann schnatterte ein Maschinengewehr. Berning erkannte am dumpfen Klang und an der langsamen Schussfolge, dass das ein russisches Maxim sein musste, was in der Ferne seine tödlichen Boten auf die Reise schickte.

Minuten vergingen. Mit fest umklammertem Gewehr und konzentrierter Miene starrte Berning ins Vorgelände. Doch die Bäume lagen vollkommen ruhig da. Leise raschelten die Blätter im Wind. Abrupt hallten Schüsse auf, dann eine Explosion. Dieses Mal ganz nah! Berning drückte sich auf den Waldboden, während er seinen Unterleib so weit wie möglich den Bombentrichter hinab schob. Er wollte gerade nach seinem Glas greifen, da machte einer seiner Soldaten rechts von ihm auf sich aufmerksam: »Psst! Herr Unteroffizier!«

Berning blickte auf: »Ja?«

»Bewegung im Vorfeld.« Der Soldat – ein Obergrenadier – wies mit einer unauffälligen Handbewegung in den Wald. Bernings Blick folgte dem Fingerzeig, dann sah er gerade eben noch, wie eine Gestalt hinter einem Baum verschwand.

»Fertig machen zum Feuern!«, befahl Berning wispernd nach rechts und links. Die Kameraden dort gaben die Meldungen an ihre jeweiligen Nachbarn weiter, dann brachten sie ihre Waffen in Anschlag. Leise klackten und klapperten die Karabiner, als sie vorgebracht wurden. »Feuer auf erkannten Feind!« In der Ferne begann das Maxim erneut zu sprechen. Gewehre stimmten in das Konzert mit ein.

Mit einem Mal löste sich die Gestalt vor den Stellungen der Gruppe Berning aus ihrer Deckung. Berning hob sein Gewehr.

So nicht, mein Lieber!, beschwor er sich selbst, zielte und feuerte. Auch von rechts lösten sich Gewehrschüsse aus den Stellungen seiner Gruppe. Geistesgegenwärtig warf sich die Gestalt hinter einen Baum in Deckung. Die Projektile prasselten gegen den Stamm und zerfetzten die Rinde.

Berning richtete sein ganzes Augenmerk auf den Baumstamm. Sekunden verstrichen. Nichts geschah. Der Unteroffizier sah sich nach seinen Männern um, doch diese schüttelten bloß den Kopf. Berning konnte von seiner Position aus Hege zwar nicht sehen, doch er hörte nun das Klimpern der Munitionsgurte und das Ratschen des Spannschiebers, der vorschnellte. Heges leichtes Maschinengewehr war feuerbereit.

»MG-Feuer auf Feindposition.« Berning ließ die Order zu Hege durchgeben, dann schaute er zur anderen Seite seiner Gruppe hinüber. Der Obergefreite Weiß lag dort mit einigen anderen, denn Hege war mittlerweile aufgeweckt genug, dass er keinen anderen Gewehrführer mehr benötigte.

»Weiß, zwei Mann schnappen und vor, dort Handgranaten«, befahl Berning weiter, dann: »MG und Granaten auf mein Kommando!« Flüsternd wurden die Befehle von Stellungsloch zu Stellungsloch weitergeben. Plötzlich aber passierte etwas Unerwartetes. Von dort, wo die Gestalt in Deckung gesprungen war, drang ein Ruf zu Bernings Gruppe herüber – ein deutscher Ruf: »Ich bin Deutscher, ihr Vollidioten!«

Spannung lag wie eine Decke über Berning und seinen Männern. Alle starrten gebannt ins Vorfeld, die Fäuste an den Gewehren, die Finger über die Abzüge gelegt. Bernings Augen suchten das Gelände ab. Noch immer knallten in der Ferne verschiedene Schusswaffen. Langsam kamen auch diese Geräusche näher.

»Das ist bestimmt eine Falle«, hörte Berning einen seiner Soldaten flüstern. Der Unteroffizier umklammerte den Holzgriff seines Gewehres fester. Über Kimme und Korn starrte er auf den zerschossenen Baumstamm, hinter dem noch immer die mysteriöse Gestalt versteckt lag. Berning hielt den Atem an. Vorne beim Baum schob sich langsam – ganz langsam –

ein Stahlhelm ins Sichtfeld der Deutschen. Mit erhobenen Händen und einer MP, die an einem Tragegurt baumelte, trat die Gestalt schließlich hinter dem Stamm hervor. Ganz sachte bewegte sie sich auf die deutschen Stellungen zu. Berning ließ sein Gewehr nicht von der Person im Vorfeld; auch nicht, als er erkannte, dass jene Person eine Uniform der Wehrmacht trug. Den Schulterklappen nach zu urteilen war er Feldwebel.

Schließlich – nach Augenblicken des inneren Kampfes, ob der Mann ein Spion oder wirklich ein Kamerad war – befahl Berning seinen Männern, die Waffen zu senken und erhob sich aus seinem Loch, um sich dem Feldwebel zu offenbaren. Berning wollte einfach daran glauben, dort einen Freund vor seinen Stellungen zu haben.

Der Feldwebel näherte sich schnellen Schrittes und erreichte Berning. Sofort zog er ein Päckchen Zigaretten – JUNOs – aus seiner Feldbluse, und bot Berning eine Kippe an. Der wedelte ablehnend mit den Armen. Der Feldwebel zuckte mit den Schultern und steckte sich eine Kippe an. Scharfer Tabakodem zog Berning in die Nase, der sein Gegenüber einer kurzen Betrachtung unterzog: Schwarze, lockige und für einen deutschen Soldaten eigentlich viel zu lange Haare wucherten auf dessen Kopf wie Kraut und Rüben, ein freundliches, ovales Gesicht verbarg sich unter dem Schopf. Genüsslich stieß der Feldwebel Rauch aus, dann wandte er sich Berning zu und fragte: »Du bist hier der Chef im Ring?«

Berning stierte den Feldwebel an und wusste nicht, was er antworten sollte. Irgendwie kam ihm der Kerl komisch vor. »Unteroffizier Berning. Aufklärungs-Schwadron, Sonder...«, begann er, ordnungsgemäß zu melden, doch der Schwarzhaarige verzog sein Gesicht und winkte ab: »Schön für dich. Hör zu, Keule. Meine Männer werden in drei Minuten hier eintreffen, und die könnten Feuerschutz gebrauchen. Obacht, die sind teilweise in Halbtarnung, sprich russischen Uniformen unterwegs. Kriegen wir das hin?«

Berning starrte den Feldwebel verdutzt an und klimperte mit den Augen. *Wovon redet der?*

»Von welcher Einheit sind Sie?«, fragte er dann. Der Feldwebel rollte mit den Augen. Er erwiderte: »Sonderverband. Mehr brauchst du nicht zu wissen. Lass einfach meine Leute durch und halte die Russkis auf. Comprende?«

»Komprän... was?«

»Uns sind zwei Schützenkompanien auf den Fersen, also sieh zu, dass du die Befehle an deine Männer gibst und mach dich auf den Kampf gefasst.« Der Kampflärm kam näher und näher.

»ZWEI KOMPANIEN?« Mit geweiteten Augen sah Berning den Feldwebel an. »Wir sind bloß eine Gruppe!«, stöhnte er. Nun grinste der Feldwebel und legte Berning eine Hand auf die Schulter. »Aber ihr seid eine deutsche Gruppe. Und die, die da kommen, sind bloß Bauern, denen die Rote Armee Gewehre in die Hand gedrückt hat. Wird schon schiefgehen!«

»Werden Sie uns gar nicht helfen?«

Der Feldwebel zuckte mit den Schultern. »Ach, ich wollte, wenn ich könnte. Ich wollte wirklich. Aber wir dürfen uns nicht mit den örtlichen Landsern verzahnen. Befehl vom Kommandeur. Ist außerdem nicht unsere Aufgabe. Aber wie gesagt, wird schon schiefgehen.«

Berning stierte den Feldwebel an, als hätte ihm jemand ein Brett vor den Kopf geschlagen. Mit fragender Miene kratzte Berning sich am Kinn und wusste absolut nicht, was er nun machen sollte. Dann plötzlich brüllte Hege von rechts: »Bewegung im Vorfeld! Eigene Teile 200 vor eigener!«

»Na, dann, fröhliche Jagd!«, proklamierte der Feldwebel und begann, sich in den rückwärtigen Raum abzusetzen. Berning warf sich zurück in seinen Bombentrichter. Schon tauchten im Vorfeld die nächsten Gestalten auf, etwa zehn Mann. Hinter ihnen pfiffen Schüsse her. Die Männer trugen teilweise deutsche Uniformen, manche aber auch russische, das erkannte Berning deutlich. Brüllend erklärte der Unteroffizier seinen Männern mit kurzen Sätzen die Situation und wies alle an, äußerst vorsichtig zu sein, um nicht die eigenen Kameraden über den Haufen zu schießen. Von allen Seiten wurden ihm die Befehle bestätigt, dann erreichten die grotesken Männer die Stellungen von Bernings Gruppe. Das war ein illustrer Haufen, der just in diesem Augenblick zwischen den improvisierten Deckungslöchern der 2. Gruppe hindurch rannte. Die Männer hatten teils ungewöhnlich lange Haare und sahen auch sonst für deutsche Soldaten seltsam lax aus. Die Helmriemen waren bei manchen geöffnet und baumelten lose hinab. Einer war ganz klein und schmächtig, er trug ein russisches Gewehr mit einem Fernrohr. Ein anderer schien verwundet. Er hielt sich den rechten Arm, wo die Uniform aufgerissen und von Blut durchtränkt war. Fast sahen diese Männer so aus, wie die Soldaten der Wehrmacht sich im allgemeinen die GIs vorstellten. Einer der Fremden, der in der Mitte der Gruppe lief, trug überdies jemanden auf seinen Schultern. Berning schaute genauer hin und erschrak plötzlich. Der fremde Soldat war dunkelhäutig, allerdings nicht so, wie ein Italiener oder Spanier; die Haut des Mannes war pechschwarz! Berning hatte noch nie so jemanden in einer Uniform der Wehrmacht gesehen. Er glaubte sogar, überhaupt noch nie so jemanden gesehen zu haben. Der Dunkelhäutige jedoch war riesig, ein wahrer Hüne. Er trug den Mann auf seinen Schultern so leichtfertig, wie andere eine Aktentasche tragen würden und sprintete trotz der Last fast schneller als seine Kameraden. Dann erst wurde Berning gewahr, dass der Mensch auf den Schultern des Schwarzen ein russischer Offizier war – ein hoher russischer Offizier! Die Nachhut der illustren Truppe passierte derweil das improvisierte Stellungssystem.

»Bonjour Madmoiselles!«, brüllte einer von ihnen den verdutzt dreinblickenden Soldaten Bernings zu. Sekunden später waren die seltsamen Männer im Hinterland verschwunden.

Berning blickte ins Vorfeld. Schüsse wurden laut. Russisches Gebrüll drang durch den Wald. Mit einem Mal aber überkam den Unteroffizier ein schlimmer Gedanke, der in seinem Magen einschlug wie eine Grippe. Erschrocken streckte er seinen Kopf in die Höhe und blickte den seltsamen Kameraden nach, die fast außer Sichtweite waren.

Was, wenn das feindliche Kommandos sind? Dieser Gedanke hatte Bernings Geist erfasst und ließ ihn nicht mehr los. Hatte er gerade eine feindliche Spezialeinheit einfach so durch die Linien gelassen? Doch Berning kam nicht mehr dazu, seine Ängste zu vertiefen. Rechts brüllte einer seiner Männer: »Feind im Vorfeld, 300!« Heges MG begann zu knattern.

Berning sah Dutzende Personen in erdbraunen Uniformen auf sein Stellungssystem zulaufen. Geschickt sprangen sie von Deckung zu Deckung, während Hege einige der Iwans mit gezielten Feuerstößen hinter den Bäumen festnagelte. Auch die anderen deutschen Soldaten stimmten in das Konzert des Todes ein. Gewehrschüsse erklangen, Projektile zischten durch den Wald. Doch die Russen waren zahlreich. Unaufhaltsam arbeiteten sie sich unter dem deutschen Feuer vor. Irgendwo im Wald schnatterte ein Maxim. Feine Fontänen spritzten bei den Bombentrichtern auf, in denen sich Bernings Männer verschanzt hatten. Dann kam dem Unteroffizier eine Idee. *Schwerpunkt bilden!*, schoss es ihm durch den Kopf. *Schwerpunkt bilden und den Feind binden, bis Verstärkung eintrifft!*

Er sprang auf, stürmte in Richtung seines MG-Nestes vor, welches etwa 100 Meter weiter rechts auf einer kleinen Erhöhung lag. Das Feuergefecht wurde intensiver. Berning keuchte und schnaubte, sein Blick verengte sich. Er hatte bloß noch ein Ziel vor Augen: Heges Stellung. Er würde dann einen Melder nach hinten schicken, falls Pappendorf bei dem Kampflärm nicht ohnehin schon auf den Trichter gekommen war, den Zug zu aktivieren. *Pah! Pappendorf! Ist sicher viel zu beschäftigt damit, seine Schulterklappen zu polieren!,* dachte Berning. Der durch den Gedankengang gewonnene Hass beflügelte ihn, ließ ihn noch ein bisschen schneller hinter den Stellungen seiner Gruppe entlang sprinten. Und Berning hatte einen Plan. Er würde sich Hege schnappen, den Feind flankieren und ihn bis zur Ankunft des Zuges binden. Der Unteroffizier wusste, was zu tun war! Er rannte weiter. Plötzlich wurde er von den Beinen gerissen und landete hart im Dreck. Er schrie auf, dann erst kam der Schmerz. Stechend brannte er sich in seine Schulter und seinen Hals. Berning blinzelte mit den Augen. Sein rechter Arm war plötzlich ganz schlaff. Mit der linken Hand fasste er sich an den Hals. Blutrot schimmerte der Lebenssaft, der an seinen Fingern klebte. Bernings Sichtfeld verlor an Farbsättigung, wurde kleiner und kleiner. Augenblicke vergingen. Er sah noch, wie sich der Obergefreite Weiß über ihn beugte, etwas brüllte und Berning über den Boden zu schleifen begann. Danach wurde alles dunkel. Hatte Berning den Heimatschuss erhalten? Mit dieser Frage im Kopf verlor er das Bewusstsein.

Bryansk, Sowjetunion, 12.06.1943

Von Manstein und sein Generalstabschef, Hermann Hoth, blickten sich einen Moment lang an. Der Oberbefehlshaber

Ost versuchte, in der Miene seines Gegenübers zu lesen – und er erkannte, das Hoth dasselbe tat. Die beiden Feldmarschälle, die allein waren in dem Zugwaggon, den von Manstein als seinen mobilen Gefechtsstand nutzte, hatten eine hitzige Debatte hinter sich. Diese war zwischenzeitlich laut vonstattengegangen, ohne dass einer der beiden die Ehre seines Gesprächspartners verletzt hätte. Nun waren alle Argumente ausgetauscht; alles war gesagt worden. Und Hoth, der Schlawiner, hatte von Manstein tatsächlich ins Grübeln gebracht.

Leise tickte die Uhr, die an der holzvertäfelten Wand hing. Von Manstein blickte auf die Karte, die auf dem Tisch in der Mitte des Raumes ausgebreitet lag. Sie stellte die gesamte Ostfront dar. Hoth stand auf der anderen Seite des Tisches. Mit zusammengepressten Lippen und kleinen, mit dunklen Ringen versehenen Augen schaute auch Hoth auf die Karte. Der Generalfeldmarschall mit dem kurz geschorenen Haupthaar, der hohen Stirn und dem scharf gezeichneten Gesicht schien voller Spannung auf eine Entscheidung von Mansteins zu warten, doch der kämpfte noch immer mit sich. Er atmete nun lang und lautstark aus, tippte sich mit dem Zeigefinger gegen das Kinn. Er stellte in diesem Augenblick fest, dass er seinen alten Kameraden Busse vermisste, der ihm bisweilen besser zugearbeitet hatte als Hoth, welcher an das Leben als Generalstabschef noch nicht so gewöhnt war. Dennoch war Hoth ein genialer Stratege, der mit seiner Meinung nicht hinterm Berg hielt. Oberst Theodor Busse war Mitte November 1942 in der Nähe von Stalingrad gefallen, kurz bevor von Manstein den Oberbefehl Ost übernommen hatte.

»Wenn wir scheitern, Hermann«, sagte von Manstein mit kratziger Stimme, »haben wir unsere gesamten Reservekräfte verheizt. Dann stehen wir mit heruntergelassenen Hosen da, und der Russe ist wieder am Drücker.«

Hoth nickte langsam. Von Manstein wusste, dass sein alter Weggefährte über die Gefahren des Plans im Bilde war. Doch Hoth war jemand, der das Risiko in Kauf nahm, wenn er eine Chance witterte. Von Manstein hingegen spielte bei seinen stark begrenzten Kräften lieber auf Sicherheit.

»Eine gescheiterte Offensive – eine einzige Offensive«, fuhr von Manstein fort, »könnte uns am Ende den gesamten Krieg kosten. Schlagen aus der Vorhand birgt immer das Risiko.« Langsam blickte er auf, schaute Hoth tief in die Augen. »Eine falsche Entscheidung an dieser Stelle könnte das Reich den Kopf kosten.«

»Das schätze ich so an dir, mein alter Freund«, erwiderte Hoth, »dass du dir eine solche Entscheidung nicht leicht machst. Doch du redest immer bloß vom militärischen Patt. Ich glaube, wir können mehr erreichen. Schau dir an, was seit Jahresbeginn passiert ist. Der Russe hat bei Kursk 2.000 Panzer verloren, 700.000 Rotarmisten sind in Gefangenschaft gegangen. Danach scheiterte seine Sommeroffensive auf ganzer Breite. Mindestens 7.000 Panzer zerschossen, dazu 420.000 Mann gefallen. Unsere Verluste sind um den Faktor acht geringer. Acht, Erich! Auch Russland ist kein endloser Schlund, aus dem sekündlich neue Panzer und Männer erwachsen. Wir haben dem Sowjet einen Schlag versetzt, von dem er sich so schnell nicht erholen wird. Wichtiger aber ist: Jetzt liegen seine Kräfte am Boden. Jetzt ist der Feind verwirrt und unorganisiert. Kurz: Jetzt hat er seinen schwächsten Moment. Und wir haben die Kräfte vor Ort, die da sind: die 15. Afrikapanzer, die wir der Kampfgruppe Sieckenius beigeben; dazu Großdeutschland und das Panzerkorps Hausser. Unsere Ausgangsposition ist zudem solide genug für ein Unternehmen dieser Größenordnung, nun, da die 6. Armee den Feind bis hinter Liwny zurückgedrängt hat und kurz vor dem Donufer steht. Wir können wieder an Tula herankommen,

Erich! Wieder an Moskau herankommen. Und das mit einem sehr geringen Kräfteansatz. Selbst ein Scheitern – was nicht passieren wird – muss nicht gleich das Ende der Ostfront bedeuten.«

»Das sehe ich anders. Du verlangst von mir, ein ungeheures Risiko einzugehen«, stellte von Manstein mit angesäuerter Stimme fest. Abermals schweifte sein Blick über die Karte.

Wäre nur mal der Kanzler meinem Memorandum gefolgt, überkam es ihn, *dann hätten wir die nötigen Divisionen nun vor Ort!* Von Manstein hatte Ende letzten Jahres in einem Schreiben an den Kanzler gefordert, die Wehrmacht aus Norwegen und Dänemark abzuziehen, um die dort stationierten Verbände für den Krieg im Osten freizumachen. Der OB Ost wusste, dass dieser Vorschlag lange in von Witzlebens engem Kreis diskutiert worden war, doch schließlich hatte ihn der Kanzler abgelehnt. Ein Fehler, wie von Manstein glaubte. Schon die Polen hatten nicht begriffen, dass man nicht alles verteidigen konnte; erst recht nicht, wenn man einem überlegenen Feind gegenüberstand. Die Polen hatten für ihre militärischen Fehleinschätzungen einen hohen Preis zahlen müssen, doch von Witzlebens Argument hatte auch etwas für sich: Jedes europäische Land, das die Wehrmacht räumte, würde sich aus Hass über die Besatzungszeit umgehend zum Feinde Deutschlands mausern – und somit gleichsam zum Aufmarschgebiet für die Alliierten werden. Ob die Besetzung halb Europas von Witzleben schmeckte oder nicht, die Dinge waren, wie sie nun mal waren.

»Ich verlange von dir, diesen Krieg zu gewinnen. Schlagen aus der Nachhand, das ist stets dein Reden. Dieses Vorhaben ist ein Schlagen aus der Nachhand par excellence. Erich, ich sage dir, wir können diesen Kampf gewinnen! Aber dazu müssen wir Risiken eingehen. Lass uns diese Risiken jetzt eingehen, wo wir den Amerikaner noch nicht im Rücken haben, denn dein Stellungskrieg könnte im schlimmsten Fall noch zehn Jahre andauern. So lange werden die Westmächte aber nicht warten.«

»Mein Gott!«, stöhnte von Manstein. »Hitler, der Narr, hätte sich niemals mit den Sowjets anlegen dürfen.«

»Hitler hat uns erst von der Schmach von Versailles befreit. Er hat die Polenfrage gelöst, die uns Deutschen so auf dem Herzen brannte. Er hat die Selbstbestimmung der Völker im Sudetenland und Österreich verwirklicht, hat sie heim ins Reich geholt. Nie in meinem Leben bin ich einem genialeren Staatsmann begegnet.«

Von Manstein nickte. »Ja, auch ich war begeistert von den Erfolgen. Aber damals war nie und nimmer die Rede von Russland. Und jetzt haben wir den Schlamassel ...« Der Feldmarschall wusste ganz genau um die Vorzüge des Kanzlers von Witzleben gegenüber Hitler. Von Witzleben hatte dem OKH seine Macht zurückgegeben, Gerd von Rundstedt war als OB eingesetzt worden. Somit waren die politische und die militärische Ebene endlich wieder getrennt, so, wie es sich gehörte – und das Militär hatte seine Freiheiten in der Ausführung politischer Forderungen wiedererlangt. Dies war eine in von Mansteins Augen wichtige Kompetenz.

Der OB Ost blickte einmal mehr auf die große Karte. Er beugte sich über den Tisch und setzte sich die Lesebrille auf die Nase, ehe sein Finger den Oreler Raum suchte und fand. Noch immer kämpfte der Generalfeldmarschall mit sich selbst.

Karatschew, Sowjetunion, 15.06.1943

Ein großgewachsener Mann mit dunklem Haar und gebräunter Haut lag vor Unteroffizier Berning auf dem Boden.

Stramm und gerade wie ein Brett lag er da. Der Mund war geschlossen und die Lider verdeckten die Augen. Der Mann, der eine Uniform der Wehrmacht und die Rangabzeichen eines Gefreiten trug, machte einen ganz friedvollen Eindruck. Sein Gesicht schimmerte bläulich, und der Brustkorb bewegte sich nicht. Der Mann war tot. Rudi Bongartz war sein Name. Berning stand vor dem Leichnam und war dazu verdammt, ihn anzustarren. Er konnte sich nicht rühren, er konnte sich nicht abwenden. Sein Körper hörte nicht auf seine Befehle. Er starrte Bongartz an – nicht einmal die Augen vermochte Berning zu schließen. Er musste den Toten anstarren. Jede Nacht; jede unruhige Minute des Schlafes begleitete Berning dieser Traum – das Antlitz des toten Bongartz brannte sich in seinen Geist wie ein glühender Splitter.

*

Unteroffizier Berning hatte eine wahre Odyssee durch die verschiedenen Ebenen der deutschen Sanitätsversorgung hinter sich, ehe er im Feldlazarett der 72. Infanterie-Division gelandet war. Über ein eigenes Lazarett dieser Größe verfügte die Kampfgruppe aufgrund der hektischen Ereignisse der vergangenen Wochen nicht.

Noch immer klebte der Begleitzettel mit dem roten Streifen am Gestell von Bernings Krankenbett. Der Unteroffizier lag zusammen mit etwa 20 weiteren Verwundeten in einem großen Raum mit bogenartigen Fenstern und einer überdimensioniert hochgehängten Decke.

Die Division hatte ein Nebengebäude des Rathauses der Stadt räumen lassen, um dort das Feldlazarett einzurichten. Rote-Kreuz-Schwestern, Sanitäter sowie Ärzte in weißen Kitteln liefen immer wieder aufgeregt durch den Raum in die Nebenzimmer, die ebenso vollgestopft waren mit Verwundeten und Kranken. Stöhnende, manchmal vor Schmerz schreiende Soldaten wurden in ihren Betten durch den Raum geschoben. Neben Berning stöhnte hin und wieder ein Mann auf, der einen Bauchschuss erlitten hatte, und seit Bernings Ankunft zumeist schlief. Die Schwestern erzählten unter vorgehaltener Hand, dass der leitende Arzt, Oberfeldarzt Krüger, sich nicht erklären konnte, warum dieser Mann noch lebte. Irgendwo in einem der Nebenräume leierte leise »auf der Heide« aus den Lautsprechern eines Radios.

Berning verspürte noch immer einen stechenden Schmerz in seiner Schulter und einen weiteren in seinem rechten Oberschenkel. Das Sanitätspersonal hatte ihm den Arm, senkrecht vom Körper abstehend, in Gips gelegt, sodass er wie ein Flügel wirkte. Die Landser nannten diese Art der Vergipsung darum »Stuka«. Bewegen konnte und wollte Berning sich kaum.

Das Lazarett stank nach Schweiß, nach menschlichem Talg und Urin; doch ebenso stanken all die armen Hunde um Berning herum. Unter diesen Odem menschlicher Ausdünstungen mischte sich auf penetrante Weise der scharfe Geruch von Alkohol, der ein Beißen in Bernings trockener Nase auslöste. Hinzu kam der Gestank von Wundfäule, von Eiter und verranzten Mullbinden. Ab und an drang auch mal der kräftige Geruch von Parfum an Bernings Nase. Dann war meist eine der Schwestern mit den Rote-Kreuz-Hauben in der Nähe. Die Krankenschwestern schienen geradezu in Parfum zu baden, um den Tag in dieser Hölle für Riechorgane besser zu überstehen.

Berning hatte in den letzten Tagen fast ausschließlich geschlafen. Das starke Schmerzmittel drückte ihn geradewegs ins Bett, hinzu kam die Erschöpfung. Noch am Tage seiner Verwundung war er am Hauptverbandplatz notdürftig operiert worden, ehe man ihm den Stuka anlegte und ihn mit der

Kolonne einer Sanitätskompanie in Richtung Feldlazarett in Marsch setzte. Seitdem lag er hier in diesem Raum; und wenn er nicht schlief, dann half ihm eine Schwester, ein paar Bissen zu sich zu nehmen oder seine Notdurft zu verrichten; oder Berning sah all den anderen um ihn herum beim Sterben, beim Heilen, beim Mosern und beim Kokettieren mit den Mädels des Lazaretts zu. Er selbst fühlte sich völlig ermattet und konnte sich zu keiner Aktivität ermuntern.

Selbst der Gang ins Bad oder das tägliche Essen waren eine Höllenanstrengung, die er sich am liebsten erspart hätte. Seine Glieder zitterten beständig, ihm war mal kalt, dann wieder heiß. Seine Kehle war ganz trocken und seine Zunge vom Durst und der Hitze im Raum angeschwollen, doch jeder Schluck Wasser brannte wie Feuer in seinem Hals.

Berning fühlte sich, als bestünde er bloß noch aus einem Knochengerippe; als hätten ihn alle Muskeln verlassen. Er wusste auch nicht, was nun Sache mit ihm war. Die Schwestern konnten ihm keine Auskunft erteilen, und ein Arzt hatte sich, zumindest in seinen Wachphasen, noch nicht bei ihm blicken lassen.

Bernings bebende Finger der nicht eingegipsten Hand ergriffen den Saum der braunen Wolldecke. Seine Fingerknöchel zeichneten sich weiß unter der dünnen Haut ab. Langsam zog er die steife Decke bis zu seinem Adamsapfel herauf. Eine stählerne Kälte, die nur er spürte, griff mit ihren eisigen Fingern nach ihm. Ein starkes, krampfendes Muskelflackern erfasste ihn und ließ ihn erschauern. Als der Frostschauer vorüber war, stieß Berning einen erstickten Laut aus, und verzog schließlich den Mund zu einem verzerrten Lachen. Sein Nacken schmerzte vom tagelangen Liegen. Doch all seine Wehleiden erschienen ihm bloß wie eine dumpfe Ahnung einer Empfindung im Gegensatz zu dem pochenden und beißenden Schmerz in seiner Schulter, wo ihm ein daumenbreites Projektil Fleisch und Knochen zerrissen hatte. Dazu kratzte und juckte seine Haut unter dem Gips – Berning fürchtete, dass sich dort wieder Läuse eingenistet hatten. Der Krieg hatte ihm eine seiner grausamsten Seiten aufgezeigt, und Berning verdammte ihn und alles Militär dieser Tage mehr denn je zuvor. Vor allem Pappendorf machte er persönlich für seine Situation verantwortlich. Der Feldwebel war es schließlich gewesen, der Berning übermäßig oft in die vorgezogene Sicherung geschickt hatte – so wie Pappendorf seit Kursk fast jeden Auftrag, der Feindberührung versprach, an Berning delegiert hatte.

Hatte der Unteroffizier nicht mittlerweile ausreichend bewiesen, dass er imstande war, zu kämpfen? Zu töten? Was wollte Pappendorf noch von ihm?

Ein Mann Ende 50 in einem weißen Kittel schob sich in Bernings Sichtfeld. Die Haare des Mannes waren zerzaust, sein Gesicht schmal und verbraucht. Rote, aufgeplatzte Äderchen schimmerten neben seinen Nasenflügeln durch die Haut hindurch. Die Nase selbst war knollenartig, die Gesichtshaut mit Unebenheiten durchsetzt. Hinter dem Arzt kam eine junge Schwester mit nussbraunen Haaren zum Vorschein. Die kannte Berning bereits, Renate hieß sie.

»Also, was haben wir hier, Frau Micgy?«, fragte der Arzt und erfasste den Begleitzettel, der an Bernings Bett hing.

»Franz Berning, Unteroffizier«, antwortete die Schwester gehorsam, »eingeliefert am 12. bei uns, Doktor Krüger. Ist vom HVPl bereits operiert worden. Steckschuss entfernt, Schussfraktur des rechten Schlüsselbeins, Durchschuss im rechten Oberschenkel.«

»Mhm«, machte der Arzt und rümpfte nachdenklich die Nase. »Dann wollen wir mal.«

Der Weißkittel trat neben Bernings Bett und zog die Decke beiseite. Unsanft zog er Bernings Leibchen nach oben, rupfte anschließend an dem Verband herum. Berning stöhnte wehklagend auf.

»Jetzt reißen Sie sich mal zusammen, Unteroffizier«, zischte der Arzt, derweil zückte er eine Schere, schnitt die Mullbinden auf, und entfernte den Gips. Schließlich legte er die Eintrittswunde des Projektils frei. Bernings ganze Schulter hatte sich zu einem einzigen, dunkelblau bis lilafarbenen Hämatom verfärbt. Die Stelle, wo das Geschoss in den Körper gedrungen war, war bloß als winziger, dunkelroter Punkt sichtbar.

»Notieren Sie: Erste Betrachtung offenbart keine Anzeichen einer Infektion, Wundkanal unauffällig, sichtbare Gewebeblutungen im linken Brust- bis Schulterbereich. Leichter Läusebefall.« Der Arzt strich über die geröteten Quaddeln, die sich überall unter dem Gips gebildet hatten, dann machte er eine fordernde Geste mit seiner rechten Hand. Umgehend drückte Schwester Micgy ihm eine Röntgenaufnahme in die Faust.

»Mhm, Schussfraktur. Aufsplitterung erkennbar«, murmelte der Arzt, die Aufnahme studierend. Schwester Micgy nickte und notierte. Der Streifschuss am Hals hingegen war bloß oberflächlich, und Krüger schenkte ihm keine Beachtung. Stattdessen warf er die Decke nun ganz zurück und entfernte die Binden, die um Bernings rechten Oberschenkel gewickelt waren. Der Durchschuss dort hatte wie durch ein Wunder weder den Knochen noch die Arterie verletzt.

»Tja, Junge, ich habe schlechte Nachrichten für Sie«, sagte Krüger anschließend mit teilnahmsloser Stimme. Bernings Augen weiteten sich. »Die Verwundung wird Sie für zwei Monate außer Gefecht setzen – mindestens. Und Sie werden noch eine ganze Zeit lang das Bett hüten müssen. Seien sie froh, dass der Knochen nur angeknackst ist, sonst wären Sie vielleicht ein halbes Jahr ausgefallen.«

Ein breites Lächeln zitterte sich auf Bernings Lippen. *Heimatschuss!*

»Läusepulver auftragen und neuen Gips anlegen. Ich will ihn noch eine Woche hier behalten, Frau Micgy. Danach GU«, diktierte Krüger der Schwester, die artig nickte und abermals notierte.

»Hab ich ...«, röchelte Berning plötzlich, »... hab ich meinen Heimatschuss bekommen?«

»Heimatschuss?« Der Arzt zog misstrauisch eine Augenbraue nach oben.

»Komme ich nach ... nach Hause, meine ich?«

»Nach Hause?«

»Ich würde so gerne meine Familie wiedersehen ... und Gretel. Ich habe ein Mädchen zu Hause, wissen Sie?«

Die Miene des Arztes hatte sich binnen Millisekunden versteinert. Berning hatte keinen Schimmer, was plötzlich mit Krüger los war.

»Heimatschuss? Ach, so einer sind sie«, raunte der Arzt mit bitterböser Stimmlage. Nun war es Berning, dessen Miene versteinerte.

»Frau Micgy, den Mann sofort vorbereiten und in den Untersuchungsraum 2 bringen. Ich will mir die Verletzungen im Detail ansehen.« Die Schwester entfernte sich, eilte durch den Raum und rief eine zweite Frau in Weiß heran. Krüger beugte sich zu Berning hinunter. Alte, pulsierende Augen stierten den Unteroffizier an. »Wenn ich herausfinde, dass du dir die Wunden selbst zugefügt hast, schreibe ich einen Bericht ans Kriegsgericht. Wirst schon sehen, was die für Drückeberger übrig haben!«, spuckte Krüger, während ihm purer Hass aus dem Gesicht zu platzen drohte.

Mtsensk, Sowjetunion, 16.06.1943

Die hastig anberaumte Gegenoffensive der Wehrmacht sollte mit zwei Keilen, einmal aus dem Oreler Raum heraus und einmal aus dem Smolensker Raum heraus, beide Uferseiten der Oka gewinnen bis zur Höhe der Stadt Tula, die ebenfalls zu nehmen war. Von Manstein hatte sich zu einer begrenzten, kleinschrittigen Offensive entschieden. Zum großen Wurf war die Wehrmacht sowieso nicht mehr imstande. Doch die Abwehrerfolge der vergangenen Wochen hatten Lücken in die russischen Kräfte gerissen, die der Feind derzeit kaum zu füllen vermochte. Genau in diese Lücken wollte von Manstein hineinstoßen. Bei einem Erfolg der Offensive würde das von Deutschen besetzte Gebiet deutlich ausgedehnt werden, ohne jedoch einen erneuten Bogen zu schaffen, der mehr Kräfte zur Verteidigung binden würde als eine begradigte Frontlinie. Außerdem würde man sich bis auf 180 Kilometer an Moskau heranarbeiten, stünde somit wieder gefährlich nahe vor der gegnerischen Hauptstadt.

Im Norden trat über Smolensk das II. Panzerkorps an, im Süden die aus der KG Sieckenius, der KG Becker sowie der 15. Panzer-Division geschaffene Kampfgruppe Hoth.

Von Mansteins Stabschef hatte nach langem Ringen mit dem OB Ost schließlich doch noch einmal ein Truppenkommando erhalten, wenn auch zeitlich begrenzt. Der Kräfteansatz war natürlich deutlich kleiner als beim Unternehmen Zitadelle, obwohl der Operationsraum annähernd dieselbe Größe hatte. Zwei Gründe sprachen für den geringen Kräfteansatz: Zunächst einmal konnte die Wehrmacht kaum mehr Truppen für einen Angriff entbehren. Zum anderen aber musste man sich dieses Mal auch nicht durch ein 30 Kilometer tiefes Verteidigungsnetz des Feindes fressen, das über ein halbes Jahr lang in penibelster Arbeit angelegt worden war.

Die Stellungen der Russen vor und um Tula waren nicht mehr als hastig angelegte Deckungslöcher. Darüber hinaus waren die feindlichen Verbände im Operationsraum geschwächt und demoralisiert. Von Manstein sah daher einen schnellen Stoß mit zwei Panzerspitzen vor, der den Feind zerschlagen sollte, ehe dieser bemerkte, was geschah. Danach wäre der Marsch nach Tula tatsächlich bloß noch ein Marsch und nicht eine Abfolge von Gefechten.

Der Plan sah weiter vor, dass den Panzerspitzen motorisierte Infanterieeinheiten folgten, die die Flanken absicherten, ehe reguläre Grenadiere das gewonnene Land übernahmen und sich einzugraben begannen. Noch einmal konnte von Manstein für diese letzte deutsche Offensive des Jahres 1943 beachtliche Luftstreitkräfte zusammenziehen. Mit dem Schlag gegen Tula bot sich ihm die Möglichkeit, einmal mehr verlorene Gebiete zurückzugewinnen.

»Endlich geht es wieder nach vorne. Wurde höchste Eisenbahn«, freute sich Münster.

»Nicht, wenn du nicht endlich Gas gibst«, konterte Engelmann und fing einen irritierten Blick seines Fahrers auf.

»Ich meine ja nur. Wenn wir jetzt nur noch was zu beißen bekommen, bin ich glücklich.«

»Fahr los, Mann!«

»Jawohl.«

Mit einem Ruck setzte sich Franzi II in Bewegung, rollte aus ihrem Bereitstellungsraum – einer großen Scheune – und schob sich quietschend auf die Straße, die von Mtsensk über Chern und Plawsk direkt bis nach Tula führte. 110 Kilometer war die Stadt von den Bereitstellungsräumen der Kampfgruppe Hoth entfernt.

Dem Angriff war ein 24-stündiges Bombardement durch die deutsche Artillerie sowie die Luftwaffe vorausgegangen. Zahlreiche Kolchosen in feindlicher Hand entlang des hastig von den Russen aufgezogenen Verteidigungsgürtels waren durch die anhaltende Bombardierung quasi eingeebnet worden. Dies meldeten die Aufklärer, die bei Tagesanbruch per Rad in die feindlichen Linien eingedrungen waren. Die starken Regenfälle der Nacht und des Morgens machten das Gelände zwar schwierig, sorgten jedoch auch dafür, dass es die Aufklärer leichter hatten, unbemerkt voranzukommen. Stimmten deren Berichte, dann waren die Russen auf der Flucht.

Langsam schoben sich die Panzer der 12. Kompanie die Straße entlang. Engelmanns Franzi II bildete das schließende Element, links von ihnen preschte die 11. Kompanie über die freie Pläne. Rechts der 12. endete der Abschnitt der III. Abteilung sowie des Regiments. Dort begann der Aufmarsch der 15. Panzer-Division, die ein Gemisch aus Panzern IV, Tigern sowie leichten Schützenpanzern vorschickte, dicht gefolgt von der motorisierten Infanterie.

Engelmann blickte aus seiner Kommandantenkuppel heraus. Beidseitig der Straße tat sich eine weite Freifläche auf, die bis zum Horizont reichte. Es hatte aufgehört zu regnen, doch die hohe Luftfeuchtigkeit, die sich wie ein unsichtbares Spinnennetz über das Gelände spannte, wurde vom Fahrtwind mitgerissen und umblies Engelmanns Oberkörper auf angenehme Weise.

Schon kämpfte sich die Sonne hinter den Wolken hervor und verwandelte das Klima in die altbekannte Hitze der letzten Wochen. Die Gräser glänzten im Sonnenschein, während die am Straßenrand gesammelten Pfützen zu versiegen begannen.

Einmal mehr stießen die deutschen Panzer durch die russische Ebene vor. Perfektes Panzergelände. Einzelne Kolchosen durchbrachen das ansonsten flache Land, die darüber hinaus jeglicher Hindernisse entbehrte. Schmale Trampelpfade führten meist von der Hauptstraße zu den Kollektivfarmen. Doch Bauern waren keine zu sehen.

Engelmann erkannte bei einer großen Scheune einen alten Traktor, dessen blauer Lack vom Rost zerfressen war. Das Bauernhaus direkt daneben, ein Holzgebäude mit verwittertem Strohdach, war arg zusammengeschossen worden. Faustgroße Einschusslöcher durchstachen die Fassade, alle Fenster waren herausgesprengt. Einige hundert Meter weiter im Nordosten passierte die 12. Kompanie das einsame Wrack eines T-34, das am Wegesrand lag. Armselige Gestalten wurden dort Zeuge des Vormarsches der Deutschen und setzten sich in die entgegengesetzte Richtung ab: Die kleine Kolonne bestand ausschließlich aus alten Männern und Frauen, die Kopftücher und Körbe trugen.

*

Ohne auf Widerstand zu stoßen, erreichte das Regiment schließlich Mtsensk. Engelman erkannte alsgleich die dicken Rauchfahnen, die wie ein drohendes Schwert über dem Ort standen. Dann erst erblickte der Leutnant die ersten vom Krieg geschundenen Gebäude. Flammen loderten ungehindert im Ortskern. Die Gebäude sahen aus, als hätte sich ein gigantischer Locher an ihnen vergangen. Dächer waren in sich eingefallen, ganze Wohnhäuser dem Erdboden gleichgemacht. Straßen und Gassen waren zerpflügt von deutschen Granaten.

Auf breiter Front stießen das Regiment sowie die linke Flanke der »Afrikaner« vor. Drei Panzerspähwagen, genannt Sonderkraftfahrzeug 222, vierrädrige, schmale Panzerfahrzeuge mit einem schwenkbaren Turm und einer Zwei-Zentimeter-Kanone, brachen aus der Formation aus und ließen ihre Motoren aufheulen. Todesmutig preschten sie vor, setzten sich an die Spitze des Angriffes und fuhren über die breite Steinbrücke, die über den Fluss Zusha führte, in das Dorf ein. Kein einziger Schuss fiel. Wenig später knarzte das Funkgerät.

»Südausläufer Mtsensk feindfrei«, gab Stollwerk die Meldung der Aufklärer weiter. »12. sowie 11. durchfahren Dorf, Rest der Abteilung umgeht linksseitig. Sammeln auf der anderen Seite. Dazu: Wir behalten Formation bei, alles folgt mir!« Stollwerks Befehle ratterten mit stoischer Gelassenheit durch den Äther.

Führen kann der Mann, stellte Engelmann freudig fest.

Minuten später drangen die Panzer der 12. Kompanie in das Dorf ein. Im Vorfeld hatte ein Spähtrupp der Pioniere die Brücken über die Zusha, einen schmalen Nebenarm der Oka, auf Gangbarkeit geprüft. Sie waren zu dem Ergebnis gelangt, dass die alten Steinübergänge problemlos Panzer tragen konnten.

Hinter der Brücke im Bereich der III. Abteilung fächerten die Kompanien wieder auf, verteilten sich auf die verschiedenen Gassen, die durch den Ort führten.

Als Franzi II in die Gebäudeschluchten eintauchte, krampften sich Engelmanns Finger instinktiv um die beiden Deckelklappen, während er mit konzentrierter Miene alle Fenster, alle Durchbrüche und alle Ruinen im Blick zu behalten versuchte – ein unmögliches Unterfangen. Auch Ludwigs Fuß wanderte wie automatisch auf das Pedal, welches das achsparallele MG bediente. Bebautes Gelände machte Panzermänner stets nervös.

Doch in diesem Falle erwies sich die Furcht vor feindlichen Panzervernichtungstrupps als unbegründet. Scheinbar überstürzt hatten die Russen das Dorf verlassen, als über sie die Hölle hereingebrochen war. Metertiefe Granattrichter säumten die Straßenränder. Sie waren bis zu den Rändern gefüllt mit dunklem, dreckigen Wasser. Hie und da mussten die Panzerfahrer ihre Büchsen kurz von der Straße herunterführen, um allzu grobe Bodenbeschädigungen zu umfahren.

Weiter vorne wies die Straße nach rechts und verschwand hinter einem Eckhaus, dessen abgedecktes Giebeldach wie ein Gerippe in den Himmel ragte. Jenes Gebäude verwehrte Engelmann den Blick auf den weiteren Straßenverlauf. Stollwerk gab den Haltebefehl. Leutnant Engelmann lehnte sich in seiner Kuppel so weit er es vermochte nach vorne, doch er konnte den Grund für den Stopp nicht erkennen.

Rauch schwängerte die Luft, einzelne Feuer flackerten unbekümmert in den Ruinen.

Engelmann beobachtete schließlich, wie Stollwerk aus seiner Büchse kletterte und hinter der Biegung verschwand. Nach dreißig Sekunden kehrte der Hauptmann zurück in Engelmanns Sichtfeld, und gestikulierte wild mit den Armen. Scheinbar hatte er seiner Besatzung weitere Befehle erteilt, denn just in diesem Augenblick setzte Stollwerks Büchse zurück, während sich der Turm knirschend drehte, bis das Rohr gerade nach hinten zeigte. Stollwerk zog beide Hände vor die Brust und präsentierte seinem Fahrer die Handflächen, dann kletterte er die Wanne hinauf. Schließlich verschwand der Hauptmann im Turm, schloss den Doppeldeckel. Ein Funkspruch Stollwerks brachte Augenblicke später die Auflösung für das Problem: »Straße hinter der Biegung aufgrund von Waffenwirkung nicht gangbar. Warten Sie, wir erkunden Alternativroute.«

Mit diesen Worten ruckte Stollwerks Panzer an. Der Fahrer trat das Gaspedal bis zum Anschlag durch, der Motor heulte auf und ließ das Ungetüm nach vorne rucken, das Rohr den anderen deutschen Panzern zugewandt. Er drehte in Gegenrichtung und raste beschleunigend genau auf das Eckhaus zu. Mit einem heftigen Krachen grub sich der Tank in das Gebäude und riss dem Erdgeschoss das halbe Mauerwerk weg. Sofort gab der Rest nach. Das ganze Gebäude neigte sich nach links, dann hielt es einen Moment inne, als würde es noch einmal einen letzten Atemzug in sich einsaugen. Den Bruchteil einer Sekunde später fiel es wie ein Kartenhaus in sich zusammen. Mit lautem Getöse, das weit über das Dorf hinaus auch über die Pläne hallte, hatte sich das Gebäude binnen eines Wimpernschlages in einen großen Schuttberg verwandelt.

»Prächtig!«, freute sich Münster und klatschte anerkennend in die Hände. Ludwig grinste.

»Das ist eigentlich gar nicht erlaubt«, bemerkte Nitz mit unterdrückter Stimme.

»Und wenn schon?«, gab Münster zurück und umfasste seine Steuerhebel. Stollwerks Stimme knackte zeitgleich aus den Kopfhörern: »Alternativroute gefunden. Es geht weiter!«

Sofort ruckten auch die anderen Büchsen der Kompanie an, schwenkten leicht nach rechts und quälten sich den entstandenen Schuttberg hinauf. Panzer auf Panzer rollte über das ehemalige Gebäude und drückte die zerbrochenen Steine und Holzbalken immer tiefer in den Boden hinein. Schließlich erreichten die Raupen von Franzi II das ehemalige Eckhaus und begannen, sich in dessen Leichnam zu graben. Knarzend fraß sich der Panzer den Schuttberg hinauf. Als Engelmann endlich über den Scheitelpunkt des Schutts blicken konnte, sah er das ganze Elend, das das deutsche Bombardement angerichtet hatte: Hinter der Biegung säumten zerschossene Kutschen und Automobile die Straße. Tote Pferde, deren Fell verfilzt und blutverschmiert war, lagen mit aufgerissenen Leibern am Straßenrand. Ihre Eingeweide quollen wie fette, hellrote Würmer auf die Straße, wo sie von den Ketten von Stollwerks Tank plattgewalzt wurden. Die Wucht des Panzergewichts presste all das Blut und Gewebe in den nicht von den Raupen erfassten Teil der Organe, die aufplatzten wie ausgedrückte Pickel. Helles Blut besudelte die Schürzen der Kampfwagen, die sich unnachgiebig diese Straße des Todes hinaufarbeiteten. Das Holz zerschossener Kutschen barst unter dem Gewicht der Büchsen wie Streichhölzer. Von Splittern durchsetzte Leiber von Menschen und weiteren Tieren lagen unbeachtet in diesem Teil der Stadt verteilt. Mit aschfahlen Gesichtern sahen die Männer, die Frauen und auch die Kinder, die in grotesken Posen die Erde bedeckten, aus, als würden sie schlafen. Und sie schliefen auch, schliefen für immer.

»Geschieht denen recht«, bemerkte Münster, der die Szenerie durch seinen Sehschlitz genauestens beäugte.

Engelmann erkannte weiter vorne einen auf die Seite geworfenen Spähpanzer der Roten Armee. Zwei tote Soldaten lagen davor. Ihre Uniformen waren zu schwarzen Aschefäden geworden, ihre Haut zu brüchiger Kohle. Diese Männer waren elendig verbrannt.

Der Geruch von Feuer stieg Engelmann in die Nase. Er wurde intensiver, beißender mit jedem Meter, den Franzi II zurücklegte. Andere Duftnoten mischten sich unter den aggressiven Gestank. Engelmann spürte, wie ihn ein süßlicher, leicht nach Verwesung stinkender Odem erfasste.

Sofort ließ er sich zurück auf seinen Stuhl sacken und knallte die Deckelklappen zu. Kreidebleich kämpfte er mit seiner Atmung.

»Alles in Ordnung, Sepp?« Nitz hatte den Leutnant mit sorgenvollem Blick erfasst.

»Ja«, keuchte der, während er sich innerlich sammelte. »Sehen wir einfach zu, dass wir aus diesem Dorf herauskommen.«

Karatschew, Sowjetunion, 18.06.1943

Doktor Krüger hatte bei Berning natürlich nichts finden können, das auf eine Selbstverstümmelung hindeutete. So vegetierte Berning seit der besonders unsanften Untersuchung durch den Oberfeldarzt weiter vor sich hin, und wartete darauf, in den mehrwöchigen Genesungsurlaub entlassen zu werden. Man würde ihm erlauben, sich einige Wochen daheim auszukurieren, ehe er sich in Münster bei der Genesungskompanie seiner Division zu melden hatte. Berning würde also nach Hause kommen. Trotz der dumpfen Schmerzen, trotz der Dröhnung durch die Medikamente, trotz des Brennens im Hals, des Gestanks und der Krämpfe in Bernings Gliedern war sein Wesen aufgehellt. Mit etwas weniger Schwermut blickte er in die Zukunft. Er freute sich darauf, seinen Vater und seine liebe Mutter wiederzusehen. Und Gretel ... auf Gretel freute er sich ganz besonders. Wenn Sie noch die Alte geblieben war, würde er ihr als nun erfahrener Frontkämpfer mit Verwundung mächtig imponieren können.

Unteroffizier Berning war unsagbar dankbar, die Front verlassen zu dürfen. Nun hatte er ja bewiesen, dass er ein guter Soldat war; hatte seinen Teil zum Krieg beigetragen. Da war es bloß fair, dass er für einige Wochen nach Hause kam, um sich zu erholen – sowie insgesamt einige Monate lang dem Krieg fernbleiben zu dürfen.

Mit leisen Schritten schob sich Doktor Krüger in Bernings Blickfeld. Dieses Mal war Micgy nicht in der Nähe; Krügers knochige Finger umklammerten stattdessen die Akte des Unteroffiziers.

»Herr Unteroffizier«, begann der Arzt übertrieben freundlich, »wie geht es uns denn heute?«

Kalter Schweiß sammelte sich in Bernings Nacken. Er richtete sich auf, so gut er konnte, und stotterte, da er sich in der

Gegenwart des Doktors außerordentlich unwohl fühlte: »Es geht wohl.«

»Da sind wir aber heilfroh.« Krüger grinste, ehe er seinen Blick über die Dokumente in Bernings Akte schweifen ließ, die er langsam durchblätterte.

»Ich habe Rücksprache getroffen mit Ihrem Zugführer, Herr Unteroffizier«, erwähnte der Arzt beiläufig und blickte auf. Er starrte Berning mit winzigen Augen an. Dem Unteroffizier stockte der Atem. Krügers Grinsen nahm bizarre Züge an, dann schob er seinen Unterkiefer vor und ergänzte: »Für Ihre dem Vaterland treu geleisteten Dienste und Ihr unbedingtes Pflichtbewusstsein sollen Sie allemal belohnt werden.«

Mit einer filigranen Handbewegung zog Krüger ein Papier aus der Akte und legte es Berning auf die braune Wolldecke. Dieser las mit einem flauen Gefühl im Leib den Titel: »Villa Romana del Casale – Adolf-Hitler-Sanatorium für verdiente Soldaten«. Fragend blickte der Unteroffizier auf – fragend zwar, aber bereits von einer bösen Vorahnung beseelt, die ihm den Magen ausgrub wie Durchfall.

»Sie haben das wohl verpasst. Waren zu beschäftigt damit, verbissen gegen den Feind zu kämpfen?« Der Sarkasmus sprudelte aus Krüger heraus. »Jedenfalls hat unser Reichskanzler in Piazza Armerina ein Sanatorium für verwundete Wehrmachtssoldaten gestiftet, das im Mai eröffnet wurde: das modernste Sanatorium der Welt! Damit Sie in Ruhe Ihre Wunden lecken können, habe ich Sie dort eingeschrieben.«

»Piazza Armerina?«

»Sizilien.«

»Sizilien? Si... Sizilien???«

»Richtig. Fühlen Sie sich geehrt. Sie sind einer von ganz wenigen, die dieses Glück haben. Ich habe mich persönlich dafür eingesetzt.« Über Krügers Grinsen flackerte eine bedrohliche Note. »Ihr Flugzeug geht am Sonntag.«

Bernings Finger knäuelten so kräftig das weiße Bettlaken, dass seine Knöchel zu schmerzen begannen.

Küste vor Segi Point, Salomonen (GB), 21.06.1943

Private First Class Tom Roebuck, ein braunhaariger Mann Ende 20, dessen fliehendes Kinn und schütteres Haupthaar seine markantesten Erkennungsmerkmale waren, umklammerte die Bazooka mit beiden Händen, die er auf dem Boden des Schwimmpanzers abstützte. Zusammen mit weiteren 20 Soldaten seines Platoons stand er auf der Ladefläche des LVT-1 Alligator, der sie an den Strand von Segi Point bringen sollte.

Es war dunkel im Bauch des Transportschiffes, das das Bataillon bis auf Angriffsreichweite an die Küste heranbringen sollte. Beständig fuhren die Vibrationen, die die Schiffsmotoren verursachten, durch das Aluminiumblech des Alligators. Roebuck spürte, dass der Transporter seine Fahrt verringerte. Langsam erstarb das leise Rattern, das die Marines so lange begleitet hatte.

Roebuck schaute über die Köpfe seiner Kameraden hinweg gegen die große Metallpforte, die sich gleich öffnen würde. Schemenhaft zeichneten sich vor ihm seine Kameraden ab. Roebuck sah deutlich die ausgeprägten Konturen der kreisrunden Helme. Irgendjemand hustete. Ein anderer klimperte beständig mit einer Kette.

Zwei Marines flüsterten leise. Ein Garand-Karabiner klackte, als sein Träger mit dem Schaft versehentlich gegen die Seitenwand des Alligators stieß.

Vorne hatte der Schwimmpanzer einen kleinen Aufbau mit links und rechts je einer Waffenstation. Dort hockte jeweils ein Soldat hinter einer Browning. Nur die Oberkörper ragten aus der Luke.

Roebuck war nervös. Dies würde nicht sein erster Kampfeinsatz werden, gewiss nicht. Gerade deshalb war er nervös. Er wusste nun, was es bedeutete, unter Beschuss zu stehen und um sein Leben zu bangen. Vor allem aber war der Kampf gegen die Japaner erbarmungsloser und grausamer, als seine Vorstellungskraft ihm hatte aufzeigen können. Die verdammten Nips kämpften fanatisch, Kapitulation schienen sie nicht zu kennen. Eher stürmten sie mit gezogenen Schwertern auf Roebuck und seine Kameraden los und ließen sich von automatischen Waffen niedermähen, statt sich zu ergeben. Selbst die Verwundeten fochten oftmals weiter; versuchten, amerikanische Sanitäter mit versteckten Granaten mit in den Tod zu reißen. Jedes einzelne Gefecht, jedes Scharmützel war ein kaltblütiges Schlachten – jeder Japaner musste einzeln aus seinem Loch gezerrt und niedergekämpft werden. Die Japs waren anders als die Krauts – hatte ihnen der Gunny erzählt. Die Germans verstanden wenigstens, wann sie geschlagen waren; und langsam dämmerte es den Marines des 4th Marine Raider Battalion, dass dieser Krieg nicht so schnell zu Ende gehen würde, wie sie es sich erhofft hatten. Wenn es hart auf hart kommen sollte, mussten sie jedes gottverdammte Eiland zwischen New Georgia und den japanischen Inseln stürmen, ehe Tōjō endlich die weiße Flagge hissen würde. Der nächste Schritt aber musste die Isolation der japanischen Festung bei Rabaul sein. Waren die Japs nicht mehr in der Lage, ihre Flugzeuge und Schiffe von Rabaul aus operieren zu lassen, würde das die Alliierten ein ganzes Stück näher an die japanischen Inseln heranbringen.

Dumpf knallten hinter den dicken Schiffswänden die Batterien zweier leichter Kreuzer, die die Stellungen der Japaner einzuebnen versuchten. Der Feind hatte scheinbar im letzten

Augenblick die Wichtigkeit erkannt, die die Region um Segi Point für die Alliierten hatte, und hatte irgendein Spezialregiment an den Südostzipfel von New Georgia verlegt.

Mit leisem Quietschen öffnete sich die große Pforte. Das gleißende Licht der Pazifiksonne flutete den Laderaum. Roebuck kniff die Augen zusammen und hielt schützend die Arme vors Gesicht. Knirschend ging der Motor des Alligators an, dann rollte der Schwimmpanzer los. Mit einem gewaltigen Ruck schlug dessen Vorderteil auf die Rampe auf, die direkt ins Wasser führte.

Saviano, genannt Pizza, ein schmächtiger Italiener aus der Großstadt mit einem markanten Oberlippenbart im Gesicht, klopfte Roebuck von hinten auf die Schulter, als der Alligator ins Wasser einfuhr und den schützenden Bauch des Transporters verließ. Ein beinahe paradiesischer Anblick bot sich den Marines, wäre da nicht die gewaltige Kriegsmaschinerie der USA, die die Szenerie beherrschte. Strahlend blaues Wasser umwob die Insel, die sich in einiger Entfernung auftat und den Horizont bestimmte, soweit das Auge blicken konnte. Überall, wo das Meer das Land berührte, ging es in einen feinen Sandstrand über, der nach wenigen Metern zu einem saftig grünen Dschungel wurde. Dahinter taten sich leichte Berge auf, die von Nebelschleiern umspielt wurden.

Roebuck blickte über den Rand der offenen Ladefläche des Alligators und sah, wie nun überall die Schwimmpanzer aus den Bäuchen großer Transportschiffe ins Wasser klatschten. Weiter hinten ruhten der Kreuzer USS Helena sowie der Zerstörer USS Jenkins im Wellengang des dunkelblauen Wassers. Alle paar Momente gaben ihre Batterien eine Salve ab, die krachend im Hinterland des Strandes hernieder ging. Kleine Feuerpilze stiegen dort auf, wo die riesigen Granaten aufschlugen. Rauchsäulen standen wie Ausrufezeichen über dem Strand. Palmen fingen Feuer und stürzten um. Am Firmament schwirrten die Flieger eines Jagdgeschwaders umher. Der blaue Lack und die weißen Sterne auf dem Rumpf blitzten in der Sonne.

Ganz vorne im Alligator drehte sich der Gunny, ein großgewachsener Mann jenseits der 40, der sein ergrautes Haar auf wenige Millimeter gekürzt hatte, zu den Männern um und brüllte gegen das Brausen des Schwimmpanzers und das Donnern der Schiffskanonen an: »Zuhören! Ihr kennt unseren Auftrag! Wir stürmen den Strand, besetzen das Hinterland und schaffen einen Landekopf für die Pioniere. Zwei Dinge! Erstens: niemals ohne Kondome nach New Georgia reisen!« Der Gunny grinste spöttisch und wies mit einer Handbewegung auf die Präservative, die die Soldaten über die Mündungen ihrer Waffen gestülpt hatten. Diese würden den gröbsten Dreck und die Feuchtigkeit von den Rohren fernhalten.

»Zweitens: Die Aufklärung sagt, die Küste wird von einem Sonderregiment der Japs verteidigt. Mir ist egal, was das für Typen sind – ob kampferprobte Spezialisten oder Kids mit Waffen. Wir gehen da raus und schlachten die schlitzäugigen, gelben Affen ab! Keine Gnade! Keine Gefangenen! Kill 'em all!«

Der Gunny erntete Zustimmung. Einige reckten ihre Fäuste in die Höhe, anderen nickten stumm.

Unaufhaltsam wühlten sich die Schwimmpanzer durch das Wasser. Sie trugen ein ganzes Bataillon an den Strand heran. Im Hintergrund knallten noch immer die Kanonen der Navy, ihre Geschosse rissen den Dschungel New Georgias auf. Eine Garbe nach der anderen wurde in das dichte Grün hinein geschleudert, wo gewaltige Detonationen die Flora und Fauna verschlangen.

Roebuck räusperte sich. Er wusste, wofür er das hier tat. In seinem Kopf hallte noch der Brief seiner Frau Marie nach. Jene Nachricht hatte er vor wenigen Stunden erst seinen

Kameraden Pizza, D'Amico und Juergens, den alle aufgrund seiner Vorliebe für eine spezielle Comicbuchreihe Batman nannten, vorgelesen. Bei den vier Marines hatte es sich als Ritual eingespielt, eingegangene Briefe bis vor Beginn einer neuen Operation aufzubewahren. Kurz bevor es los ging, öffneten sie dann gemeinsam die Umschläge und lasen sich gegenseitig die Briefe vor. Roebuck war das mitunter schon ganz schön peinlich gewesen, denn seine Frau schrieb manchmal arg frivole Dinge. Doch so wusste er wenigstens, wofür er diesen Scheiß mitmachte. Er musste seine Heimat – und Marie – vor diesen gelben Bastarden beschützen, auch wenn er nun lieber bei ihr in San Diego gewesen wäre.

Schließlich erreichte die vorderste Phalanx von Schwimmpanzern den Strand. Sofort verlegten die Kampfschiffe ihr Feuer weiter ins Hinterland der Insel, doch bisher hatte sich der Feind überhaupt noch nicht blicken lassen.

»Denkt dran!«, rief der Gunny seinen Männern zu. »Wir gehen raus, und sofort rein in den Dschungel, sonst stehen wir den Tanks im Weg, die mit der zweiten Welle landen. Der Captain befindet sich im LVT rechts. An ihn halten wir uns. Load and lock!«

Die Männer spannten die Verschlüsse ihrer Waffen und betätigten die Sicherungen.

»Semper Fi, Boys!«, rief der Gunny ihnen zu.

»Semper Fi!«, wiederholten die Soldaten mit stolzer Brust und angespannten Mienen.

Mit einem Krachen, dessen Schwingungen durch den Alligator zogen, gruben sich die Ketten des Schwimmpanzers in den Sand, ehe sich das Ungetüm ächzend aus dem Wasser schob.

»Los, raus, raus, raus!«, dröhnte der Gunny und machte eine Geste, dass die Soldaten rechts und links über die Ränder der Ladefläche ausbooten sollten. Die GIs setzten sich in

Bewegung. Sie sprangen an den Seitenwänden hoch, zogen sich über die Ränder aus dem Alligator. Auch Pizza kraxelte die Wand hinauf und bedeutete Roebuck, ihm die Bazooka zu reichen. Mitsamt der Panzerabwehrwaffe ließ er sich über den Rand ins Wasser fallen, wo er sich sofort aufraffte. Roebuck kletterte hinterher, überwand mit einer geschmeidigen Bewegung den Saum der Ladefläche und sprang ebenfalls hinab ins Wasser.

Die Sonne brannte schonungslos auf Segi Point herab. Das aufgewärmte Wasser, das in Roebucks Stiefel, Ärmel und Hose drang, fühlte sich angenehm an. Doch er wusste, dass er seine nassen Füße noch verfluchen würde. Sofort griff er nach der Bazooka, die Pizza ihm reichte, und watete durchs knietiefe Wasser, seinen Kameraden folgend.

Noch immer fehlte vom Feind jede Spur. Die Männer der Company L stürmten den Strand hinauf. Sie erreichten schließlich die Kante des Dschungels, wo der Gunny den Kompaniechef, Captain Morgan, traf. Beide beredeten die Lage, ehe der Gunny neue Befehle gab: »Wir verschieben uns 50 in den Wald hinein und beziehen Verteidigungsstellungen. Dann warten auf die Tanks! Machine Gun Squad zu mir!«

Juergens, D'Amico und einige andere stürmten mit ihren schweren M2-Maschinengewehren, den dafür benötigten Dreibeinen und jeder Menge Munitionskästen zum Gunny hinüber, während der Bazooka Squad Commander Roebuck und Pizza einen von der Navy geschlagenen Bombentrichter zuwies, an dessen Rändern umgestürzte Palmen lagen. Überall nun klackerten die Waffen und klickten die Verschlüsse, als die Marines Stellungen bezogen.

Während Pizza seinen Karabiner überprüfte, unterzog Roebuck das Gelände einem prüfenden Blick. Einmal mehr befanden sie sich mitten im Dschungel. Palme an Palme standen die Bäume hier eng beieinander, und der Boden war überwuchert mit Pflanzen aller Größen. Teilweise betrug die Sicht wegen des dichten Bewuchses kaum mehr als wenige zwanzig Meter. Die Japs konnten hier überall lauern; und Roebuck glaubte noch nicht daran, dass sie sich kampflos zurückgezogen hatten. Er starrte in eine Schneise hinein, die in den Urwald führte. Diesen Weg würden die Shermans nehmen, während sich die Marines rechts und links davon durchs Gehölz schlagen durften. Die Alligators waren währenddessen an der Waldkante in Stellung gegangen. Von hier aus konnten sie mit ihren Maschinengewehren das Vorgehen der Infanterie eine ganze Zeitlang überwachen.

Minuten später landeten größere Boote die Sherman-Tanks an, die sofort den Strand hinauf rollten und kolonnenartig die Schneise nahmen. Im Schritttempo schoben sich die Stahlkameraden in den Wald hinein. Roebucks Einheit erhielt den Marschbefehl.

»Skirmish Line bilden!«, schallte es von überall durch den Dschungel. Die Schützen des Bataillons stellten sich nebeneinander auf wie aufgereiht an einer Perlenkette. Langsam rückten sie vor. Das Bazooka-Squad blieb im Windschatten der Rifle-Platoons; es sollte sich bereit halten, um feindliche Panzer oder befestigte Unterstände zu bekämpfen. Seitdem die Japaner wieder stärker auf Panzer setzten, und die Marines auf jedem verdammten Schlachtfeld auf feindliche Tanks gestoßen waren, hatte sich Morgan dazu entschlossen, seine Bazookas zusammenzufassen, um so stets an einer Stelle die geballte Feuerkraft seiner ganzen Panzerabwehrwaffen zur Verfügung zu haben. Die Aufklärung rechnete allerdings nicht mit feindlichen Tanks bei Segi Point – doch man konnte nie wissen.

Das Bataillon marschierte zusammen mit den Shermans ein ganzes Stück landeinwärts. Das Gelände war schwierig, der Boden teilweise sumpfig. Mehrmals blieb ein Sherman stecken und musste von dem Kampfwagen dahinter aus dem Morast geschoben werden. Mücken, Fliegen und andere Biester, über die die Marines gar nicht erst nachdenken wollten, umschwirrten die Köpfe der Soldaten. Der Kampf im Dschungel bewies immer wieder, dass er noch eine ganze Gangart härter war, als Gefechte sonst wo auf der Erdkugel. Hier war nicht bloß der Japaner der Feind. Hier war jedes verdammte Lebewesen feindlich gesinnt – ebenso das Klima, der Schlamm, die Trockenheit, die Nässe. Krankheiten setzten den Marines zu. Man hätte durch die Reihen gehen und fragen können, man würde niemanden finden, der während seiner Zeit im Pazifik noch nie mit Durchfall, Kopfschmerzen, Fieber, Eiterpusteln oder anderen Nettigkeiten zu kämpfen gehabt hatte. Bei der feuchten Luft entzündete sich jede Wunde außerdem rasend schnell. Wieder und wieder verteilten die Corpsmen prophylaktisch Tabletten, und die Männer hatten aufgehört zu fragen, wogegen die waren.

Die brütende Nachmittagssonne stand über dem Dschungel. Vögel sangen ihre seltsamen Lieder. Meterhoher Farn stellte sich den Marines in den Weg. Messerscharfe Gräser schlitzten ihnen die Hände auf. Schweiß quoll den Männern aus allen Poren. Ihre Haut war feucht und gerötet, alles klebte. Sie stöhnten, sie fluchten, doch sie marschierten weiter. Unter dem Dach aus gigantischen Palmblättern staute sich die Hitze. Die Marines kochten in ihrem eigenen Saft.

Plötzlich tat es links einen Donnerschlag, im nächsten Augenblick wurde der vorderste Sherman von einer Granate getroffen. Der Panzer – noch in der Fahrt befindlich – wurde von dem Geschoss jäh gestoppt und drehte sich unter der Wucht des Aufpralls halb zur Seite. Panzermänner booteten schreiend aus, während Flammen nach ihnen leckten.

Die Marines warfen sich zu Boden. Roebuck sah deutlich den Mündungsrauch der feindlichen Kanone. Dichter Qualm stieg links von seiner Position in etwa 400 Yards Entfernung auf. Roebuck erkannte zwei Erdbunker, überwuchert von Farn. In den Schießscharten blitzte Mündungsfeuer aus Handfeuerwaffen auf.

Die Marines brüllten sich Befehle zu, während japanische Zurufe zu ihnen herüberklangen. Ein feindliches Maschinengewehr schaltete sich ein. Blitzschnell spuckte die Waffe Kugeln aus; so schnell, dass das Knallen der einzelnen Schüsse ineinander überging und zu einem beständigen Rattern wurde. Kurz strich das feindliche MG die Positionen der Marines ab, dann schwieg es, während die Shermans den Rückwärtsgang einlegten, um aus dem Wirkungsbereich des Geschützes herauszukommen.

Roebuck blickte Juergens mit fragender Miene an. »Was ist das?«, wollte er wissen, als das MG mit der scheinbar außergewöhnlich hohen Kadenz erneut schnatterte und einen kurzen Feuerstoß über die Köpfe der Amerikaner hinweg jagte.

»Keine fuckin' Ahnung, Kumpel«, erwiderte Juergens und schüttelte den Kopf. »Vielleicht ein Typ 92?«

»Nein, Batman. Hör doch mal!« Wie auf Geheiß sendete das feindliche MG einen erneuten Feuerstoß aus, derweil kam auch Bewegung in die Reihen der Marines. Unterführer trafen Absprachen und gaben Anweisungen weiter.

»Das ist viel zu schnell. Das müssen 15, 20 Schuss pro Sekunde sein! Die Typ 92 und die ganzen anderen sind langsamer. Die hören sich eher wie eine Schreibmaschine an.«

Juergens nickte. »Scheißegal.«, stellte er schließlich fest. »Wir bringen die um, so oder so!«

Der Bazooka Squad Commander erreichte die Stellung des Bazooka- und des MG-Teams und warf sich dahinter auf den Boden. »Wir haben den Auftrag, die Erdbunker aufzusprengen und Deckungsfeuer zu geben! 2nd und 3rd Platoon werfen die Stellung im Angriff. Pizza, Tommy, Bazooka fertig machen. Batman, ihr Team gehört jetzt zu mir! Betsy hier aufbauen, Feuer auf meinen Befehl!«

Die Marines bestätigten die Order, dann brachte sich Pizza hinter Roebuck in Position, der sich das Bazooka-Rohr auf die rechte Schulter hievte und den Abschussmechanismus erfasste. Pizza entnahm einer Munitionstasche die erste Rakete, stopfte sie von hinten in die Bazooka hinein. Danach klopfte er Roebuck auf den Helm, das Zeichen für »geladen«. Links neben ihnen schwang sich D'Amico das Dreibein des schweren MG von den Schultern und drückte dessen Füße in den weichen Boden. Sekunden später hatte Batman das luftgekühlte Browning-Maschinengewehr auf dem Stativ arretiert und war feuerbereit.

»Bazooka Feuer!«, brüllte der Squad Commander. Auf die Entfernung war es nicht leicht, mit dem Raketenwerfer zu treffen, doch das Ziel war ein unbewegliches, und Roebuck ein geübter Schütze. Er drückte sich die Schulterstütze gegen den Körper, blickte durch die Zieleinrichtung, hielt hoch genug an und betätigte den elektrischen Zünder. Mit einem lauten Knall schoss vorne die Rakete aus dem Rohr, während auf der Rückseite ein kochend heißer Feuerstrahl austrat und die Flora versengte. Der Feststoffantrieb der Rakete zündete, und das Geschoss zog mit einer Flammenzunge im Gepäck davon. Es traf mittig oberhalb der Schießscharte den vorderen Bunker. Einen Wimpernschlag später wurde der hölzerne Unterstand von einer gigantischen Explosion verschluckt. Verzweifelte Schreie der Japaner gellten auf.

»Gleich rennen mir die Affen wieder direkt vor die Flinte«, grinste Batman, und presste sich das MG an die Schulter. Tatsächlich schien die japanische Taktik oftmals die zu sein, solange gegen amerikanische Stellungen anzurennen, bis den GIs die Munition ausging. Verluste im Verhältnis 100 zu eins waren im Pazifikkrieg keine Seltenheit. Oftmals sogar stürmten die Japaner mit gezogenen Schwertern ins Feuer der US-Truppen hinein. Doch nicht heute.

Roebuck beobachtete, wie die Männer der anderen Platoons vorrückten. Mit langen Sätzen hasteten sie von Deckung zu Deckung, kämpften sich durch das Dickicht. Schließlich erreichten ihre Spitzen die Erdbunker. Die ersten Soldaten drangen in die Feindstellungen ein. Doch keine Schüsse, keine Schreie flammten auf. Schließlich meldete das 2nd Platoon, dass das Gelände feindfrei sei.

»Was ist nur mit den fuckin' Japs los?«, flüsterte D'Amico, dann gab der Squad Commander neue Befehle: Die Bazooka-Teams sowie Juergens' MG sollten auf die Position der Platoons bei den Erdbunkern aufschließen. Fluchend nahm Batman die Browning aus der Verankerung des Dreibeins und hievte sich die Waffe auf die Schultern. Dann jagten die Marines dem Squad Commander nach und erreichten mit wenigen Sprüngen die Erdbunker. Ihre Kameraden aus den anderen Platoons waren bereits rundherum in Stellung gegangen. D'Amico, Batman, Pizza und Roebuck stolperten in den Unterstand hinein, der von der Rakete zerlegt worden war. Vier tote Japaner lagen hier mit dreckverkrusteten Gesichtern in ihrem eigenen Blut. Sie waren von herabgestürzten Holzbalken halb verschüttet. Von dem japanischen Geschütz wie vom Rest der Bunkerbesatzung fehlte jede Spur. Die Unterführer kamen zusammen, um das weitere Vorgehen zu besprechen, während die Shermans weiter hinten in der Schneise Aufstellung nahmen und die verwundeten Panzermänner versorgt wurden.

Pizza und Juergens machten sich sofort über die japanischen Leichen her, durchsuchten sie nach wertvollen Gegenständen. D'Amico setzte sich keuchend auf einen Balken und benetzte seine aufgesprungenen Lippen mit Wasser aus der

Feldflasche. Anschließend kramte er eine Dose Pfirsiche aus seinem Marschgepäck und stemmte sie mit der Klinge seines Messers auf. Umgehend schüttete er sich den herauslaufenden Saft in die Kehle. Rechts und links lief ihm das süße Zeug aus den Mundwinkeln. Roebuck jedoch untersuchte den zerstörten Unterstand.

Er hatte etwas Metallisches unter den zusammengebrochenen Holzplanken ausgemacht und schob nun stöhnend die Balken beiseite. Schließlich fasste er in die entstandene Lücke hinein und griff nach dem aufblitzenden Metall. Sofort spürte er, dass er eine große Handfeuerwaffe in den Fingern hatte.

Der Lauf war noch warm. Unter einiger Anstrengung – Roebuck schnaubte wie ein Bulle – zog er die Waffe unter dem Schutt hervor und blickte sie mit großen Augen an.

»Was ist das denn?«, stöhnte er. Die Waffe war lang und zu großen Teilen aus Metall. Schulterstütze und Teile des Griffstücks bestanden aus Holz. Unter der Mündung war ein Zweibein angebracht, während das Rohr in einem Gehäuse mit großen Kühlöffnungen gelagert war. Roebuck hatte diese Waffe noch nie gesehen, doch er erkannte sofort, dass es sich um ein Maschinengewehr handeln musste. Mit einem Mal blickten ihm Batman und Pizza über die Schultern, die neugierig ob Roebucks Fund geworden waren.

»Jemand eine Ahnung, was das für eine beschissene Knarre ist?«, wollte Roebuck wissen. Juergens verzog das Gesicht. »Also, wenn ich es nicht besser wüsste, würde ich sagen, dass ist ein MG 42.«

»MG 42?«, wiederholte Pizza ungläubig.

»Ja, von den Krauts.«

»Kann gar nicht sein. Sieh mal, da sind japanische Schriftzeichen auf der Seite eingraviert.« Pizza wies auf den Metallkörper unterhalb des Deckels.

»Ach ja, Fuckface? Dann schau mal hier!« Juergens reichte seinen Kameraden ein zerknittertes Foto.

»Wo hast du das denn her?«, wollte Roebuck wissen.

»Von dem toten Jap da drüben.« Er deutete auf eine der Leichen.

Plötzlich knallte es und ein weiterer Sherman flog auseinander. Japanisches Feuer blitzte südlich von Roebucks Position auf. Sofort küssten die Marines den Boden, während Feuergarben über sie hinweg schossen.

»Die fuckin' Japs flankieren uns!«, brüllte Juergens, während er und D'Amico mit flinken Fingern die Browning aufbauten.

Erneut hallte das Krachen des feindlichen Geschützes durch den Dschungel. Sofort platzte ein weiterer Sherman entzwei. Die verblieben Tanks begannen in der engen Schneise mit verzweifelten Wendemanövern, während sie ungezielt in Richtung Feindstellungen schossen.

Das 2nd Platoon setzte sich zeitgleich in Bewegung, stürmte in Richtung der vermuteten Position der Japaner vor. Batman gab Deckungsfeuer. Wegen des dichten Bewuchses war kaum etwas zu erkennen; die Garben verschwanden einfach im Grün und zerrissen Sträucher und Geäst. Der Squad Commander stand über Funk mit dem 2nd Platoon in Verbindung, und konnte daher das MG-Feuer entsprechend lenken. Das 3rd Platoon preschte hingegen zurück zur Schneise, um die Japaner ins Kreuzfeuer nehmen zu können.

Plötzlich erklang von überall japanisches Gebrüll. Das 2nd Platoon war direkt in einen feindlichen Hinterhalt gelaufen. Japaner kletterten aus Erdlöchern und sprangen von den Baumkronen herab. Mit gezogenen Guntō-Schwertern und Bajonetten verwickelten sie die Amerikaner in blutige Nahkämpfe. Roebuck sah bloß noch ein Gemenge aus Männern vor sich. Ineinander verzahnt drückten sie sich Klingen in die

Leiber und Gewehrschäfte in die Gesichter. Ein Knäuel aus schreienden Menschen wälzte sich über den Boden.

Mehr und mehr Japaner kamen von überall. Unten gingen weitere Shermans in die Binsen, und auch das 3rd Platoon geriet unter Beschuss. Erneut hämmerte ein feindliches MG 42 im Stakkato in die Reihen der GIs hinein. Im nächsten Augenblick befahl der Squad Commander Roebuck und seinen Kameraden, auf die Schneise zurückzufallen. Die Marines rannten, rannten um ihr Leben.

»Was ist das für eine Scheiße?«, brüllte D'Amico jaulend. Roebuck jedoch reagierte nicht. Seine Gedanken fokussierten jenes Foto, das Batman ihm vorhin gezeigt hatte. Deutlich sah er das Bild vor seinem geistigen Auge. Etwa 30 japanische Soldaten hatten sich darauf für ein so typisches, gestelltes Gruppenfoto zusammengefunden. Am Rand jedoch standen drei Männer von eindeutig westlicher Abstammung. Sie trugen die Uniformen deutscher Generäle.

Südwestlich von Piazza Armerina, Italien, 21.06.1943

Die Unterkunftsblöcke waren zweistöckige Holzgebäude, die südlich der Ausgrabungsstätte Villa Romana del Casale, etwa fünf Kilometer südwestlich von Piazza Armerina, zwischen den ehemaligen Thermen und einem weiten Olivenfeld lagen. Vier dieser in ihrem Grundriss rechteckigen Blöcke mit den schwarzen Spitzdächern standen nebeneinander. Von Witzleben hatte diesen Komplex in aller Eile hochziehen lassen, denn er wollte der Truppe neben den üblichen Erholungsheimen einen ganz besonderen Kurort zur Verfügung stellen. 300 Plätze im Adolf-Hitler-Sanatorium auf Sizilien waren natürlich ein Witz, angesichts von fast 20 Millionen Mann unter Waffen, doch es sollte eben vor allem den Symbolcharakter erfüllen, sollte zeigen, dass der Kanzler etwas für seine Soldaten tat. Die Wartelisten waren jetzt schon unendlich lang, doch Vitamin B konnte auch in diesem Fall wahre Wunder bewirken. War es Zufall, dass Berning nun hier war, während sich Doktor Krüger und der Leiter des Sanatoriums, Doktor Link, schon seit Studienzeiten bestens kannten?

Von Witzleben hatte schon im Dezember 1942 mit der Suche nach einem passenden Standort begonnen, denn er wollte so schnell wie möglich sein Sanatorium eröffnen. Ganz nebenbei erwähnte er dies in Gegenwart Mussolinis, der von der Idee sofort angetan war. Der Duce wollte den Kurort unbedingt auf italienischem Boden errichten. Von Witzleben gefiel das, denn wo konnte man sich besser erholen als im mediterranen Italien?

So ging alles seinen Gang. Noch vor Weihnachten bestimmten Mussolini und von Witzleben gemeinsam den Ort: Die Villa Romana del Casale auf Sizilien. Einige Tage vor Neujahr begannen die Arbeiten. Beide Staatschefs setzten alle Hebel in Bewegung; verfrachteten hunderte Spezialisten und Pioniere auf die Insel an der Fußspitze des italienischen Stiefels. So konnte am 01. Mai 1943 das Sanatorium eingeschränkt eröffnet und durch von Witzleben auf den Namen Adolf Hitler getauft werden. Die Führermaschine Hitlers war offiziell von feindlichen Jägern abgeschossen worden; der »Führer« war also einen ehrenvollen Soldatentod gestorben – so hatte man es dem Volk verkauft. Nach außen hin achtete von Witzlebens Regierung tunlichst darauf, dass Reich im Sinne Hitlers fortzuführen, man wollte dem ohnehin gebeutelten Volk nicht auch noch große politische Veränderungen aufs Auge drücken. So hielt Hitlers Name dieser Tage für allerlei Dinge mit Symbolkraft her. Wer sich nicht richtig für die Vorgänge im Staat interessierte und hinter die Kulissen zu blicken versuchte, bemerkte jedoch kaum etwas von den seit

November 1942 eingeleiteten schleichenden Veränderungen, die von Witzleben und seine Gefolgsleute nach und nach einstreuten – oft ohne großes Aufsehen. Die Waffen-SS gab es seit dem 01.03.1943 nicht mehr, die NSDAP hatte die Masse ihrer wichtigen Ämter und somit ihren Einfluss verloren. Zwar mischte die Partei noch immer an der Basis der Gesellschaft mit, verbreitete dort ihre Ideologie und behielt die Schirmherrschaft unter anderem über die Jugendorganisationen; auch stellte sie nach wie vor die Abgeordneten des Reichstages, der allerdings faktisch machtlos war.

Schwester Sieglinde, eine mit üppiger Brust ausgestattete, brünette Frohnatur, die noch keine 25 Jahre zählte, schob Unteroffizier Berning in seinem Rollstuhl in die kleine Stube, die ihm für die nächsten Wochen als Einzelzimmer dienen sollte. Das metallische Klirren der Arbeiten, die draußen auf den Baustellen verrichtet wurden, drang leise in das Zimmer. Berning beschlich das Gefühl, dass dieses Sanatorium allzu überstürzt eröffnet worden war.

Das Zimmer war nach den neuesten Standards eingerichtet. Das Bett sah mit den beiden aufgebauschten Kissen und der Decke in strahlendem Weiß sehr einladend aus, zudem gab es eine Kommode und einen Schreibtisch mit einer Tischleuchte. Neben dem Bett stand zusätzlich ein kleines Schränkchen, und auf der gegenüberliegenden Seite befand sich ein Spind für Bernings Uniform, die er seit seiner Entlassung aus dem Feldlazarett trug. Das Verwundetenabzeichen in schwarz zierte seine linke Brusttasche, nachdem er sich seine leichte Verwundung bei Kursk nicht hatte eintragen lassen. Durch ein kleines Fenster schien grell die Sonne in den Raum.

Behutsam schob Sieglinde den verwundeten Unteroffizier neben das Bett und hievte anschließend Tornister und Packtasche auf den Schreibtisch. Noch immer waren Bernings Arm und Schulter in Gips eingepackt, doch er hatte bei seiner Ankunft auf dem Gelände des Sanatoriums auch schon andere Landser gesehen, die einen »Stuka« trugen.

Sieglinde lächelte sanft und sagte: »Nochmals herzlich willkommen im Adolf-Hitler-Sanatorium bei der Villa Romana del Casale auf Sizilien.« Sie sagte dies, als habe sie den Satz auswendig gelernt. »Zu den Mahlzeiten finden Sie sich bitte im Speisezelt drüben beim Villenkomplex ein. Der Weg ist ausgeschildert. Bitte entschuldigen Sie, dass noch einiges in Zelten stattfindet. Noch nicht alle Gebäude sind fertiggestellt.« Sieglinde griente heiter. »Bei gutem Wetter wie heute speisen wir übrigens draußen im großen Säulenhof der Villa. Die Essenszeiten sind Morgens von sieben bis zehn Uhr, Mittags von 11:30 Uhr bis 13:30 Uhr und Abends von 17 Uhr bis 19 Uhr. Sollten Sie Hilfe benötigen – egal bei was ...«, Sieglinde beugte sich zu Berning vor, schaute ihn verschmitzt an. Ihm entging nicht, dass sich ihre Brüste straff unter ihrem Kostüm abzeichneten, »... dann läuten Sie einfach.« Sie wies auf einen elektrischen Schalter, der vom Bett aus zu erreichen war und nutzte die Gelegenheit, um noch einen Schritt näher an Berning heranzurücken. Ihr Knie berührte seine Wade. Sieglinde duftete angenehm nach Veilchen.

»Der Schalter ist direkt mit dem Schwesternabteil auf dieser Etage verbunden. Meistens bin ich hier. Also, einfach läuten, wenn der Schuh drückt, in Ordnung?« Sie richtete sich auf und strahlte ihn an, während ihre Hände eine Falte aus ihrem Rock strichen. »Bitte denken Sie daran, dass der Standort-Verantwortliche, Doktor Link, morgen früh eine Einweisung für alle Neuankömmlinge im Lehrsaal im Erdgeschoss durchführt. 09:30 Uhr ist angesetzt. Alles weitere, wie Nutzung der Bibliothek oder der anderen Freizeitangebote sowie Ihren individuellen Therapieplan, erhalten Sie morgen nach der Einweisung. Ansonsten wünsche ich Ihnen einen angenehmen Aufenthalt bei uns. Wenn Sie übrigens etwas Kühles zu Trinken haben möchten, finden Sie in ihrem Kühlschrank auf vier Grad temperiertes Wasser.« Sieglinde wies mit ihren filigranen Fingern auf das kleine Schränkchen neben der Kommode.

Berning zog eine Augenbraue in die Stirn. »Einen Kühlschrank?«, fragte er ungläubig.

»Ja, richtig.« Abermals zauberte sich ein breites Lächeln in ihr sanftes Gesicht. Es schien sie mit Stolz zu erfüllen, den Patienten einen solchen Luxus bieten zu können.

»Ein Sicherheitshinweis zu dem Kühlschrank allerdings noch«, fügte sie dann kleinlaut hinzu. »Sollten Sie einmal bemerken, dass es auf ihrer Stube übel riecht oder dass Flüssigkeit aus dem Schränkchen ausläuft, dann verlassen Sie bitte umgehend den Raum und informieren das Personal. Nun will ich Ihnen aber nicht weiter auf die Nerven fallen, Herr Unteroffizier.« Sie hatte seinen Dienstgrad ganz weich und lieblich ausgesprochen. Achtung und Respekt schwangen in ihrer Stimme mit. Berning wusste nicht, wie er damit umgehen sollte.

»Im Spind finden Sie übrigens etwas Bequemes zum anziehen für sich. Falten Sie ihre Uniform und geben Sie sie einfach bei mir ab, dann erhalten Sie morgen alles frisch gewaschen und geflickt zurück. Jetzt ist aber wirklich gut mit den Belehrungen. Ich lasse Sie erst einmal ankommen«, sie lachte verlegen und schaute ihn an, doch sie erhielt keine Reaktion von Berning.

»Ich bin übrigens Sieglinde.«

»Mhm.«

Einen Moment lang schaute sie ihn noch mit ihren großen Augen an. Eine braune Strähne fiel ihr ins Gesicht. Sie schien auf eine weitere Reaktion von Berning zu warten, doch die blieb aus. Sieglinde lächelte schließlich noch einmal – etwas verkniffen dieses Mal –, öffnete dann das Fenster und verschwand aus dem Raum. Der Lärm der Bauarbeiten drang nun ungedämpft an Bernings Ohr. Italienische und deutsche Rufe waren in einem einzigen Durcheinander zu hören. Berning seufzte. Langsam erhob er sich aus seinem Rollstuhl und humpelte mit schmerzverzerrtem Gesicht zum Fenster.

Draußen tat sich die Ausgrabungsstätte mit den Ruinen eines alten Thermenkomplexes auf. Bloß noch flache, abgetragene Steinmauern und die Andeutungen steinerner Öfen waren von dem einstigen Bad übriggeblieben.

Dahinter befand sich im Flimmerlicht der brennenden Mittagssonne die eigentliche Villa Romana del Casale, eine stellenweise exzellent erhaltene Einrichtung aus der römischen Antike. Sandsteinfarbenes Gemäuer erhob sich dort. Einige Gebäude verfügten sogar über ein steinernes Dach. Der Geruch von Staub und Diesel lag in der Luft. Berning fragte sich, wie man sich bei den anhaltenden Bauarbeiten erholen sollte. Noch einmal seufzte er tief und lehnte sich mit niedergeschlagenem Blick gegen den Fenstersims.

Was soll ich denn hier in Sizilien?, ging es ihm durch den Kopf, *was soll ich überhaupt irgendwo anders als daheim im Burgenland? Ich will doch nichts weiter als nach Hause!*

Südlich von Tula, Sowjetunion, 22.06.1943

Die Offensive verlief aus Sicht der Wehrmacht überaus zufriedenstellend.

Schon in den ersten Tagen der Attacke waren die Wehrmachtsverbände an allen Angriffsstellen durch das russische Abwehrfeuer gebrochen. Mancherorts hatte es nicht einmal feindliches Abwehrfeuer gegeben. Die Luftwaffe hatte zudem einen absoluten Glücksgriff gelandet, als Stukas am zweiten

Tag der Offensive Generaloberst Reyter, Oberbefehlshaber der Bryansker Front, sowie seinen gesamten Stab bei einem Angriff auslöschten. Die stark angeschlagenen, sowjetischen Armeen im Raum, die sich vor wenigen Wochen noch an der deutschen Verteidigung die Zähne ausgebissen hatten, hatten dem Angriff der Wehrmacht nichts mehr entgegenzusetzen. Die 27. Armee hatte praktisch aufgehört zu existieren. Die Reste der 3. sowjetischen Armee zeigten Auflösungserscheinungen und flohen kreuz und quer in alle Richtungen. Teile hatten sich hinter den Don abgesetzt, während es vor Tula zur Erschießung von 122 Rotarmisten durch die Armeeführung gekommen war. In der Folge dieser Ereignisse war die Bryansker Front dem Kollaps nahe.

Die Kampfgruppe Hoth war tief in die feindliche Front eingedrungen, doch der Russe konnte den Einbruch auch nicht mit Kräften aus dem Norden stopfen, denn dort wurde er zur selben Zeit von Haussers Panzern überrollt – und dieser hatte auch noch das Panzerkorps Großdeutschland in Reserve. Aus dem Süden war ein Entsatz durch russische Kräfte ebenfalls unmöglich. Die 6. deutsche Armee drückte dort gegen die russischen Verteidigungsstellungen am Don, um den Feind zu binden. Die Schlacht um Tula stand unmittelbar bevor. Hoths KG lag vor den Südausläufern der Stadt, Haussers Truppen hatten die Oka erreicht. Die Pioniere werkelten dort zur Zeit an Übergängen über das Wasser, nachdem die Russen während ihres Rückzugs alle Brücken gesprengt hatten. Tula selbst saß zwischen den Greifbacken der deutschen Zange fest.

Wahnsinn, sinnierte Engelmann, der sich für einen Moment der Stille und Privatsphäre vom Rest der Kompanie entfernt hatte. *Manstein, der Teufelskerl, hat wahrlich eine Lücke in der feindlichen Front aufgespürt und ist dort nach allen Regeln der militärischen Kunst hineingestoßen.*

Es war Nacht. Die Grillen zirpten ihr zufriedenes Lied, in der Ferne nieste ein Soldat.

Engelmann überkam ein Gefühl tiefer Zufriedenheit. Binnen Wochen war der Russe an den deutschen Stellungen verblutet. Und nun war die Wehrmacht Moskau wieder gefährlich nahe gekommen. Engelmann beschlich mit einem Mal das Gefühl, dass dieser Kampf doch noch ein gutes Ende nehmen könnte – ein gutes Ende für ihn, für seine Familie, für das Reich. Er spürte eine Aufbruchsstimmung in sich, die ihn von einem Bein auf das andere treten ließ. Der Leutnant beschloss daher, bei der nächsten Gelegenheit einen Brief an Elly zu verfassen. Wie gerne wollte er seine Freude mit ihr teilen! Doch Engelmann wusste auch um die Sprunghaftigkeit seiner inneren Gefühlslage. Eine Niederlage, ein nicht geglückter Angriff, und sofort würde Engelmann wieder glauben, der Krieg sei verloren. Andererseits konnte er seine Empfindungen auch nicht abschalten und wurde daher wieder und wieder von Furcht und Glück im Wechsel beseelt.

Der Offizier befand sich unter einigen hochgewachsenen Buchen am Rande des Verfügungsraumes der Kompanie. Die Panzer waren untergestellt und die Männer versuchten, eine Mütze Schlaf zu nehmen. Morgen würde es in aller Frühe weitergehen, denn man durfte den Angriffsschwung nicht versiegen lassen. Auch Engelmann spürte die erdrückende Müdigkeit, die auf seinem Haupt lastete. Doch er hatte sich nicht bloß zum Pinkeln zurückgezogen; er wollte auch ein kurzes Wort an den Herrn richten. Solange feindliche Bomber ins Reich einflogen, fühlte er sich in all seiner diesbezüglichen Ohnmacht wohler, wenn er um Schutz für seine Familie bat. In Gedanken legte er seine Fürbitten dar, als es plötzlich hinter ihm knackte. Engelmann fuhr erschrocken herum. Schemenhaft zeichnete sich Hauptmann Stollwerk in der Dunkelheit ab. Eine glühende Zigarette hing in seinem Mundwinkel, während irgendwo weit entfernt Münsters Stimme einen Kameraden fragte, wie viel er als Feldwebel wohl mehr verdienen würde.

»Na, Josef?«, zischelte Stollwerk. »Führst du noch ein rasches Gespräch mit deinem Gott, bevor du dich hinhaust?«

Engelmann nickte. Er spürte den Spott in Stollwerks Stimme, und er machte sich keine falschen Hoffnungen, was Soldaten von Stollwerks Format von Gläubigen wie ihm hielten – wenn die beiden Offiziere auch in allen anderen Belangen prächtig miteinander auskamen.

»Ich bitte um Schutz für meine Familie«, erklärte Engelmann mit dünner Stimme. Stollwerk gesellte sich zu ihm, bot dem Leutnant seine Zigarette an. Der lehnte wortlos ab. Beide starrten einen Moment lang in die Finsternis, während gedämpfter Geschützdonner die Geräuschkulisse erfüllte.

»An was glaubst du, Arno?«, nahm Engelmann den Dialog nach Minuten des Schweigens wieder auf.

»Ich glaube an die Überlegenheit unseres Volkes. Ich glaube an den Endsieg.«

Engelmann nickte stumm und blickte zu Boden.

»Und ich glaube daran, dass die Schwäche, die unsere aktuelle Regierung offenbart, noch fatal sein wird«, fuhr Stollwerk fort.

»Welche Schwäche?«

»Wusstest du, dass von Witzleben über diesen Preußenknaben geheime Friedensverhandlungen mit dem Feind aufgenommen hat?«, zischte Stollwerk mit scharfer Stimme.

»Nein.«

»Das bedeutet, unser eigener Kanzler glaubt nicht mehr an den Sieg. Was für eine Botschaft an die Männer!« Verächtlich warf der Hauptmann seine Kippe zu Boden und trampelte sie aus.

»Oder er möchte einfach dieses Leiden beenden.«

»Pah! Josef! Wusstest du, dass Witzleben Juden zum Militärdienst zugelassen hat?«

»Und wenn schon? Was ist dabei?«

»Was dabei ist, fragst du? Diese hinterhältigen, falschen Leute sollen für uns kämpfen? Ich kann nur für dich hoffen, dass du niemals einen jüdischen Schweinepriester an deine Seite gestellt bekommst. Ehe du dich versiehst, hat der Jude dir das Messer in den Rücken gerammt und läuft zum Feind über.«

Josef grunzte, und wusste nicht, was er darauf sagen sollte.

»Der Jude ist wie ein Tumor im deutschen Volkskörper«, wurde er von Stollwerk belehrt, »solange wir ihn nicht entfernen, wird er die Entwicklungsmöglichkeiten unserer Rasse beeinträchtigen. Solche vermeintlich humanistischen Entscheidungen könnten uns am Ende den Sieg kosten! Witzleben treibt Deutschland unweigerlich in den Untergang.«

»Das ist doch grober Unfug, Arno.«

Doch Stollwerk warf Engelmann einen Blick zu, der dem Leutnant Klarheit über die Gesinnung seines Kameraden verschaffte. Mit hartem Blick verurteilte der Hauptmann Engelmanns Gedanken.

»Bist du denn zufrieden mit Witzlebens Regierung?«, fragte Stollwerk.

Engelmann überlegte einen Moment lang. War er zufrieden? Kriegsgefangene, Juden, Säuberungsaktionen ... einiges war nicht mehr, wie es früher einst war. Doch was konnte er darüber schon wissen, er war bloß ein winziger Mann in einem gigantischen System. Engelmann musste an grausige Gerüchte denken, die er sonst lieber beiseiteschob; er musste an Dinge denken, die die SS Juden und anderen Menschen in diesen Lagern angetan haben sollte. Er konnte sich das kaum vorstellen. Ja, die Wehrmacht führte einen Krieg hier im Osten – hatte ihn auch schon vor von Witzslebens Kanzlerschaft geführt. Auch Engelmann war seit 1940 Zeuge von Grausamkeiten geworden, ausgeführt durch deutsche Soldaten. Doch auch wenn solche Taten gegen das Kriegsrecht verstießen, waren es wirklich Kriegsverbrechen? Oder doch nur Ausdruck der sich ewig weiterdrehenden Spirale der Gewalt, die aus Männern gewalttätige Schweine machte? Bloß weil weise Männer tausende Kilometer vom Schlachtfeld entfernt Gesetze der Menschlichkeit aufstellten, hieß das noch lange nicht, dass diese im Kampf auf Leben und Tod überhaupt Bestand haben konnten. Sicherlich, Engelmann würde in seiner Einheit jedes unsoldatische und ehrlose Vorgehen gegen den Feind unterbinden, doch viele Dinge passierten im Affekt.

»Ich kann mich nicht beklagen«, antwortete der Leutnant schließlich. Die Gedanken überschlugen sich in ihm.

Stollwerk nickte bloß noch und blickte zu Boden. Die folgenden Minuten waren vom Schweigen der beiden Männer sowie dem leisen Grollen der Geschütze in der Ferne geprägt. Schließlich tippte Stollwerk sich an die Stirn, empfahl sich und wünschte eine gute Nacht. Er verschwand in der Dunkelheit. Engelmann überlegte noch einen Moment lang, was sein Kamerad mit diesem Gespräch versucht hatte zu bezwecken, dann aber zuckte er mit den Achseln und machte sich auf den Rückweg zu seiner Besatzung.

Südwestlich von Piazza Armerina, Italien, 24.06.1943

Berning saß auf der provisorischen Holztribüne bei dem provisorisch eingerichteten Sportplatz, nachdem er in der provisorischen Kantine eine provisorisch zusammengeschusterte Mahlzeit zu sich genommen hatte. Er lehnte sich auf seine

Krücke, trug dabei die bequeme, hellblaue Sportkleidung des Sanatoriums. Zugegeben, der Kühlschrank hatte ihm für einen kurzen Augenblick imponiert, doch seitdem ging es mit seiner Stimmung steil bergab. Alles an diesem Ort war provisorisch. Die ganze Anlage war ein verdammtes Provisorium. Ständig ratterten die Baumaschinen, bis tief in die Nacht hinein werkelten die Männer an der Sportstätte, dem Saunabereich und dem Schwimmbad sowie der zukünftigen Kantine. Abends lag Berning in seinem Bett und konnte nicht schlafen, da ihn Baulärm und seine Gedanken davon abhielten. Wenn er einmal schlief, träumte er wieder und wieder von dem grausamen Verbrechen, dass er an seinem Kameraden – an seinem Freund – Rudi verübt hatte. Diese Schuld würde er ein Leben lang mit sich herumtragen. Und tagsüber? Tagsüber langweilte er sich zu Tode und drohte, in der stickigen und staubigen Hitze Siziliens einzugehen. Was erwartete man auch von ihm? Dass er mit der Laufgruppe eine große Runde um Piazza Armerina lief? Dass er sich Tag ein, Tag aus die langweiligen Vorträge des Archäologen über die Villa anhörte? Dass er mit seiner Verwundung Fußball spielen sollte, so wie es alle halbwegs gesunden Patienten taten? Oder sollte er vielleicht lesen? Zwölf Stunden am Tag? Berning bekam ja schon die Krätze, wenn er eine halbe Stunde lang in ein Buch schaute.

Er wollte einfach heim. Hier in Sizilien gab es nichts für ihn. Keine Familie, keine Gretel. Hier gab es bloß die ewige Hitze, die Langeweile, die überflüssigen Bewegungstherapieseminare und die Avantis, die Berning mit ihrer viel zu schnellen Makkaroni-Sprache nervten. Auf dem gesamten Gelände stromerten italienische Arbeiter herum – und just in diesem Augenblick spielten vor seinen Augen auf dem provisorischen Sportplatz, wo in die Erde gerammte Pfähle als provisorische Tore dienten, eine Handvoll Deutsche gegen gleich viele Italiener Fußball. Auch der italienischen Armee standen einige Plätze in diesem Sanatorium zu.

Den Brief, den Berning zwischen seinen Fingern drehte, hatte er heute früh erhalten. Er war von seiner Mutter. Berning erhielt bloß selten Post, hin und wieder aber schrieb Gretel. Der Brief seiner Mutter verstärkte das Heimweh in seinem Herzen nur noch. Überschwänglich hatte sie ihm geschrieben, wie stolz sie auf ihn war; und dass sie ihn gerne mal wieder sehen würde.

Irgendwie war es schon komisch – sonst schrieb sie nie; und wenn, dann bloß ein paar Zeilen, in denen sie den Klatsch aus dem Dorf darlegte. Doch dieser Brief von ihr triefte förmlich vor Liebesbekundungen. Die Zeilen seiner Mutter hatten beinahe einen flehenden Unterton, sich doch noch einmal für Heimaturlaub stark zu machen. Sie schien ihren Sohn – ihren Buben, wie sie immer sagte – tatsächlich sehr zu vermissen. Der ganze Mutterschmerz, ausgelöst durch den vom Krieg aus der Heimat gerissenen Sohn, wurde in ihrem Brief deutlich. Die Zeilen seiner Mutter brachten Bernings Lippen zum Beben.

Woher nahm die Wehrmacht, woher nahmen Pappendorf und Krüger das Recht, eine liebenswerte, freundliche Frau so unglücklich zu machen? Woher nur nahmen all die alten Männer in den Regierungen das Recht, die Kinder dieser Zeit hinfort zu nehmen? Trauer und Wut vermengten sich zunehmend in Bernings Brust.

Mit müdem Blick verfolgte er unterdessen das Treiben auf dem Sportplatz. Die schwitzenden Männer riefen sich gegenseitig zu, wenn sie in Ballbesitz kommen wollten, oder schossen ungelenk in Richtung des gegnerischen Tors. Einige humpelten; den meisten sah man deutlich an, dass sie sich nicht auf dem Höhepunkt ihrer Leistungskurve befanden. Etwas abseits, am anderen Ende der Tribüne, hockten deutsche

Landser zusammen. Einer spielte recht mittelmäßig auf seiner Mundharmonika das Lied »Lili Marleen«, während die anderen, Zigaretten und Pfeife paffend, Scheißhausparolen austauschten.

Berning bemerkte gar nicht, dass sich Sieglinde, vom Kantinenzelt kommend, der Tribüne näherte. Erst, als sie sich neben ihn setzte, wurde er ihrer gewahr. Dennoch machte er keine Anstalten, sich ihr zuzuwenden. Jede Bewegung war ihm zuwider.

»Hallo, Herr Unteroffizier«, begrüßte sie ihn mit sonorer Stimme.

»Grüßgott«, antwortete der lustlos.

»Hat Ihnen das Essen gemundet?«

»So mittel.«

Sie rutschte ein Stück näher an ihn heran, war sichtlich verlegen. Schließlich biss sie sich auf die Unterlippe und meinte: »Sie wissen doch, wenn Sie was brauchen, dann kommen Sie immer zu mir. Jederzeit. In Ordnung?«

»Weiß ich.« Berning erstickte jedes Gespräch im Keim. Lange Augenblicke vergingen, in denen Sieglinde sichtbar mit sich kämpfte, ob sie einen erneuten Vorstoß wagen sollte oder nicht. Schließlich wagte sie es, doch ihre nun leicht brüchige Stimme verriet bereits, dass sie nicht mehr viele Zurückweisungen ertragen konnte: »Darf ich Sie etwas fragen?«

»Mhm.«

»Wo genau kommen Sie her? Ich finde nämlich ihren Dialekt sehr schön anzuhören.«

»Deutsches Reich.«

»Aha.«

Minuten vergingen. Vor Bernings Augen dribbelten die Fußballer den Ball vor und zurück. Sie brüllten und stöhnten vor Anstrengung oder Schmerz – und bei den deutschen Spielern verschlechterte sich die Stimmung sekündlich. Kein

Wunder: Sie lagen weit abgeschlagen zurück. Plötzlich fiel Berning auf, dass Sieglinde leise weinte.

Oh nein, dachte er. Gleichsam verfluchte er die Frauen. *Oh Gott, nein.* Gegen den inneren Wunsch, einfach aufzustehen und auf sein Zimmer zu gehen, zwang er sich, sie nach dem Grund für ihre trübe Laune zu fragen. Sieglinde blickte mit geröteten Augen auf: »Ich hab einfach Angst vor der Zukunft«, gab sie nach einem Moment der Irritation zu.

»Warum?«, fragte Berning wie aus der Pistole geschossen. *Nein! Warum kann ich nicht einfach die Klappe halten?,* verwünschte er sein vorschnelles Mundwerk alsgleich.

»Überall vor der Küste der Insel sollen sich amerikanische Schiffe herumdrücken. Man munkelt doch schon, dass sie kommen werden. Warum sonst haben die Amis die ganzen kleinen italienischen Inseln besetzt? Aber der Kanzler meint, die wollen zum Balkan; und sammelt alle Truppen dort. Sogar Rommel ist da, und erst vor zwei Wochen haben sie die Einheit, in der ein Freund von einer unserer Schwestern dient, von der Insel abgezogen und nach Jugoslawien verlegt.«

»Mhm.«

»Was soll denn nur aus uns werden, wenn die Amis kommen?«

Berning zuckte mit den Achseln. *Die Wehrmacht wird das Ding schon schaukeln,* überlegte er. Er würde sich daran jedenfalls nicht beteiligen, nicht mit seiner Verletzung. Das stand für ihn fest.

Schließlich pfiff ein älterer Mann im Rollstuhl, dem der rechte Fuß fehlte, das Spiel ab. Umgehend brachen Tumulte unter den Spielern aus. Die Italiener hatten die Deutschen 11 zu 2 abgezogen. Die beiden Mannschaften verkeilten sich pöbelnd ineinander. Hände wurden geschüttelt, es wurde gelacht und provoziert. Männer schubsten andere, brüllten sich an; oder lagen sich in den Armen. Noch war die Stimmung zwar emotional aufgeladen, schwappte aber nicht in Aggressionen über. Das konnte sich schnell ändern. Schließlich gingen die Deutschen und die Italiener feiernd und grölend auseinander, tuschelten untereinander wie kleine Mädchen und machten sich gegenseitig Vorwürfe betreffend einzelner Situationen der zurückliegenden Partie. Andere beglückwünschten sich zu guten Spielzügen.

»Hey da, Tonti!«, rief einer der deutschen Spieler plötzlich dem italienischen Offizier nach, der ziemlich gut Deutsch sprach.

»Was ist?«, erwiderte der mit starkem, italienisch geprägten Akzent.

»Weißt du, wie viele Gänge ein italienischer Panzer hat?«

Tonti starrte den Deutschen, der herausfordernd die Arme hob, mit bitterbösem Blick an, ehe der Fragende die Lösung offenbarte: »Fünf Rückwärtsgänge! Und ein Vorwärtsgang für Paraden!«

Der deutsche Pulk verfiel in schallendes Gelächter, während die Italiener verärgert grummelten.

»Du!«, blaffte Tonti plötzlich und zeigte auf den Witze-Erzähler. »Halt deine Mund!«

»Was hast du gesagt?«, schaltete sich ein anderer der deutschen Spieler ein, stürmte mit hochrotem Kopf auf Tonti zu. Drohend zeigte er mit dem Zeigefinger auf den Italiener. »Du verbietest einem Deutschen gefälligst nicht das Sprechen, Spaghetti-Fresser!«

»Wie hast du mich genannt, eh?«

Weitere Italiener schalteten sich in den wilden Wortwechsel ein und warfen den Deutschen allerlei Italienisch an den Kopf. Die beiden Mannschaften näherten sich einander mit verbal untermauerten Drohgebärden.

»Spaghetti-Fresser hab ich dich genannt, Spaghetti-Fresser!«, höhnte der mit der roten Birne. Doch Tonti ließ sich derlei Beleidigungen nicht gefallen. Er schlug so schnell zu, dass sein Kontrahent mit aufgeplatzter Lippe am Boden lag, ehe er begriff, was geschehen war. Bloß Millisekunden später gingen die beiden Mannschaften brüllend aufeinander los. Eine wilde Keilerei entwickelte sich vor Bernings Augen.

Leise fluchend stand Sieglinde auf, und stapfte den sich prügelnden Männern entgegen, während nun von allen Seiten Menschen heraneilten, um die Streithähne auseinanderzubringen.

Tula, Sowjetunion, 25.06.1943

Nach zwei Tagen harter und erbitterter Kämpfe um die Stadt waren die im Zentrum verschanzten Rotarmisten von Norden, Westen und Süden eingekreist. Im Osten gab es noch einen Landkorridor in den rückwärtigen Bereich der Sowjets, doch der lag unter andauerndem Feuer deutscher Geschütze.

In blutigem Gemetzel waren die Soldaten der Wehrmacht Straße um Straße, Haus um Haus, Raum um Raum vorgerückt. Im Ringen Mann gegen Mann hatten die verfeindeten Soldaten einander aus nächster Nähe getötet, hatten sich gegenseitig hingerichtet, mit Kugeln, mit Gewehrkolben, mit Händen und Zähnen. Doch der Sturm der Deutschen war dieser Tage unaufhaltsam. Immer weiter wurden die Rotarmisten ins Stadtzentrum gedrückt, wurden dort zusammengepfercht wie Vieh, gefangen unter einer Feuerglocke aus tausend deutschen Rohren. Häuser gab es in Tula keine mehr. Ruinen war der passende Begriff. Aufeinandergestapelte Steine, herausgesprengte Mauern und weggefetzte Dächer waren alles, was der Krieg übriggelassen hatte.

In dieser steinernen, bleiernen und mittlerweile staubverklebten und blutverschmierten Hölle blies die Wehrmacht an diesem Nachmittag zum Sturm auf die letzten Verteidigungsstellungen der Russen. Auf sowjetischer Seite hatte sich ein wildes Gemisch aus Panzern, Geschützen, Infanterie, Kavallerie, ja sogar aus Piloten, Ärzten, Partisanen und Verwundeten alles gekrallt, was zum Auslöschen von Leben zu gebrauchen war. Mit verbissener Entschlossenheit erwarteten sie den deutschen Angriff.

Engelmann und seine Männer hatten die allerschlimmsten Gräuel dieses Ringens um Tula gar nicht mitbekommen. Abgeschirmt hinter zentimeterdicker Panzerhaut ballerten sie aus einiger Entfernung auf Gebäude. Dennoch lagen auch bei den Panzermännern die Nerven blank. Tag und Nacht hatte der Kampf gewütet; kein Rasten, kein Schlafen, kein Essen war den Kämpfern gegönnt worden. Mit dreckverkrusteten Gesichtern, aufgesprungenen Lippen und angeschwollenen Schleimhäuten ignorierten die Männer des Panzers Franzi II alle Entbehrungen dieser Schlacht, und konzentrierten sich – so gut es ging – auf den einen letzten Kampf, der noch vor ihnen lag. Die Müdigkeit und Erschöpfung standen ihnen ins Gesicht geschrieben, schienen ihre Gesichter bis zum Boden hinunterziehen zu wollen. Mit milchigen Augen und bleichen, ausdruckslosen – ja beinahe toten – Mienen blickten die Panzermänner durch ihre Sehschlitze auf die Trümmer, die einst Tula waren.

Die Sonne stand gleißend über der Stadt und erhitzte die grauen Gemäuer auf ein unerträgliches Maß. Die Panzer der 12. Kompanie preschten vor über eine breite Straße auf die letzte Bastion der Tula-Verteidiger: die Mariä-Entschlafens-Kathedrale auf dem Gelände des Tulaer Kremls, einer Feste aus dem 16. Jahrhundert. Seit Beginn der Schlacht um die Stadt war die deutsche Artillerie beider Angriffsspitzen damit beschäftigt, den Kreml sturmreif zu schießen. Während Haussers Männer den östlich des Kremls gelegenen Wohnbezirk stürmten, aus dem nach mehrtägigem Trommelfeuer noch immer russische Waffen erklangen, hatte das PzRgt 2 den Auftrag erhalten, den Vorstoß der Infanterie auf den Kreml zu unterstützen.

Engelmanns Büchse quälte sich durch eine breite Straße und folgte direkt dem Tank von Stollwerk, der einmal mehr die Führung übernommen hatte. Hinter Engelmann schoben sich die Reste der 12. Kompanie durch die engen Straßenzüge. Die anderen Kompanien näherten sich den Feindstellungen von den Parallelstraßen aus, denn man wollte den Angriff auf breiter Front durchführen.

Engelmann blickte durch seinen Sehschlitz, die Deckel seiner Kuppel hatte er geschlossen. Rechts und links taten sich die Ruinen von Reihenhäusern auf, geradeaus endete die Ansammlung der Gebäude jedoch. Dort begann ein riesiger Platz, auf dem die Kathedrale stand, die Mauern des Kremls existierten nicht mehr.

Der große, aus rotem Backstein errichtete Fünfkuppelbau, der seit Einzug des Bolschewismus in der Sowjetunion als Archiv genutzt wurde, war durchlöchert wie ein grober Schwamm.

Die schwarz verkleideten Türme ragten wie abgerissene Zweige in den Himmel. Doch egal wie viele Granaten noch in das Bauwerk hineinsausten, egal, wie oft sich das alte Gemäuer unter den heftigen Detonationen der Einschläge schüttelte, es blieb stehen. Die Landschaft rings um die Kathedrale, die einmal ein Stadtpark gewesen war, hatte sich in ein Niemandsland Marke Großer Krieg verwandelt.

Bombenkrater, manche breit genug, einen LKW zu verschlucken, durchlöcherten den Boden. Wo einst alte Bäume standen, ragten nur noch zerborstene Stümpfe aus der Erde. Eine um sich greifende Staubwolke beherrschte das Gefechtsfeld und verschlechterte die Sicht. Der allgegenwärtige Staub brannte den Soldaten in den Augen und legte sich auf ihre Lungenflügel, wo er ein grässliches Husten hervorrief.

Mit einem Mal verstummte die deutsche Artillerie. Die letzten Granaten fuhren im Vorfeld noch in die Erde, rissen sie auseinander. Dann ging das Trommeln der Geschütze perfekt abgestimmt in das Vorrücken der Angriffskräfte über. Stollwerks Panzer stürzte als erster aus der Häuserschlucht auf den offenen Platz, der einer Mondlandschaft glich. Franzi II wendete sich leicht nach rechts und schloss auf Stollwerks Höhe auf. Gemeinsam preschten die Büchsen vor, während sich die anderen Panzer der 12. Kompanie rechts und links ihres Chefs dem Ansturm anschlossen. Sie bildeten eine stählerne Front.

Überall nun wimmelten die Infanteristen herum. Die Unterführer scheuchten die Männer aus den schützenden Gebäuden heraus auf den offenen Platz, wo sie zugweise hinter den Panzern in Deckung gingen und sich in ihrem Windschatten hielten. Weit rechts drangen brüllend die Tiger der Afrikaner auf den Platz. Die Ungeheuer aus Stahl schoben sich bedächtig über die zerrüttete Erde, und auch hinter ihren Büchsen wuselten umgehend die Infanteristen umher wie die Schmeißfliegen.

»Nicht so schnell, Hans«, mahnte Engelmann, »die Jungs hinter uns müssen noch mitkommen können.«

»Wieso? Schaffen die Stoppelhopser keine 20 pro Stunde?« Münster grinste verbissen und schien gar nicht zu merken, dass sein Kommandant mit den Augen rollte. Langsam ging Engelmann das ständige Gehabe seines Fahrers mächtig auf den Senkel. Er beließ es dennoch für den Moment dabei.

Engelmann presste stattdessen seine Augen gegen den winzigen Sehschlitz. Er erkannte deutlich das russische Feuer, dass ihnen aus allen Löchern und Öffnungen der Kathedrale und der daneben stehenden kleineren Erscheinungskathedrale entgegen prasselte. Leuchtspurgeschosse schnitten durch den staubigen Nebel, prallten gegen die Panzer und wurden fortgeschleudert wie glühende Zigarettenstummel. Ludwigs Koaxial-MG feuerte dazwischen. Mit kurzen Garben strich er die untersten, viereckigen Fenster des Gotteshauses ab. Auch aus den anderen Büchsen und von den umliegenden Gebäuden her schossen sich die Deutschen auf die russischen Stellungen ein. Es war ein unglaublicher Feuersturm, der wie ein Hagelgewitter auf die Kämpfer der Roten Armee einschlug.

In diesem Augenblick wurde der wasserblaue Himmel von einer allumfassenden, stählernen Macht überschattet. Mächtige Flügel und mit tausenden Kilo Bombenlast gefüllte Rümpfe versperrten die Sicht auf die Sonne. Einmal noch wollten die Vögel der Luftflotte 6 den Wohnbezirk im Osten beackern, und die bereits in den Boden gehämmerten russischen Stellungen noch einmal umpflügen; die im Schutt und Dreck stehenden Verteidiger noch einmal begraben und verschütten. Der deutsche Angriff würde auf dem Fuße folgen.

Ein unglaubliches Krachen kam aus einem der großen, aufgeplatzten Fenster der Kathedrale. Eine Sprenggranate krepierte zwischen zwei heranstürmenden deutschen Panzern. Splitter fetzten über die Deutschen hinweg. Ein Obergrenadier brüllte getroffen auf und hielt sich die Schulter, ehe er zu Boden ging.

»Pak!«, plärrte Engelmann und krallte sich an seinem Sitz fest. »Zweites Bogenfenster von rechts!«

»Gott!«, stöhnte Nitz, umklammerte sein MG. »Die armen Hunde haben noch immer nicht genug.«

Doch jeder Widerstand schien zwecklos. Noch ehe die Büchsen des Regiment hätten reagieren können, blieb ein Zug der Tiger-Abteilung stehen und jagte eine Salve Sprenggranaten in die großen Bogenfenster hinein. Danach schwieg die feindliche Pak.

»Wir gehen bis auf 200 an die Kathedrale heran, dort lösen sich die Schützen von uns«, dröhnte Stollwerks Stimme aus dem Äther. »Danach abdrehen nach links und Gebäudegruppe umfassen. Auf feindliche Panzer achten! Luftaufklärung meldet vier T-34 hinter der Kathedrale!«

Engelmann bestätigte, dann befahl er Nitz, seine Mütze auf den internen Funkkreis umzustellen.

»Hans, bleib an Stollwerk dran!«, drängte er in sein Kehlkopfmikrofon.

»Wie Sie wünschen, Hochwürden.«

»Und lass deine beschissenen Sprüche!« Scheinbar war die Botschaft angekommen, denn dieses Mal unterließ Münster jeden weiteren Kommentar. Stattdessen warf er sich in die Steuerhebel und ließ Franzi II einen leichten Schwenk nach links fahren, so wie Stollwerks Tank es eben vorgemacht hatte. Die Infanteristen, die durch die Panzer bis auf 200 Meter an die Kathedrale herangekommen waren, rasten nun wie von der Tarantel gestochen ins sterbende Feindfeuer hinein und warfen sich in die vordersten Bombentrichter. Eine ganze Kompanie Tiger hatte auf dem Platz Stellung bezogen. Nachdem sie zwei weitere Pak ausgeschaltet hatten, richteten sie ihre Rohre auf die beiden Kathedralen. Mit zerfetzendem Getöse schickten sie die ersten Sprenggranaten auf die Reise, die sich donnernd in das Gemäuer gruben und große Stücke aus den Bauwerken herausrissen.

Eine gewaltige Nebelwand tat sich auf, die die Feindstellungen einhüllte. Doch die Tiger benötigten keine Ziele mehr – sie hielten bloß noch drauf. Die nächste Salve Explosivgeschosse zischte in die Nebelwand hinein, löste dahinter einen Höllenlärm aus. Mannsgroße Steinbrocken wurden aus der Nebelwand heraus auf den Platz geschleudert. Inzwischen erstarb das Feindfeuer weitgehend. Vereinzelt prasselten noch MG-Garben gegen die Stellungen der deutschen Grenadiere oder gegen die Panzer, doch dass der Russe hier geschlagen war, das sah jeder. Engelmann reckte seinen Kopf gegen den Deckel seiner Kuppel und warf einen kurzen Blick durch den universalen Sehschlitz nach hinten. Zwischen Staub und Funken erkannte er so gerade eben, wie die Bomber am Himmel winzig anmutende Stifte abwarfen, die torkelnd in die Tiefe glitten. Ein weiteres Mal würde im angrenzenden Wohnbezirk jeder einzelne Stein umgedreht werden.

Ihr müsst doch endlich aufgeben, flehte Engelmann in sich hinein; nicht ohne Anerkennung für die russischen Verteidiger, die in diesem Höllenfeuer die Stellung hielten. Für die Besatzungen der beiden Kirchen hatte derweil das letzte Stündlein geschlagen. Engelmann beobachtete, wie kompanieweise die Grenadiere im Nebel verschwanden. Zeitgleich stellten die Tiger das Feuer ein. Kommunikation war Trumpf!

»Wir besorgen es den Hunden!«, brüllte Münster jubelnd und beschleunigte die Büchse weiter, bis er mit Stollwerk auf einer Höhe fuhr. »Denen besorgen wir es heute richtig!«

Die Panzer der 11. und 12. Kompanie umfuhren die eingenebelten Kirchengebäude, in denen der russische Widerstand nun in einem letzten Zucken zum Nahkampf gegen eine deutsche Übermacht antrat.

Die Büchsen mussten einige Male großen Bombenkratern und zerschossenen Fahrzeugen ausweichen. Alles andere – umgekippte Bäume, Schutt, Leichname – wurde von den Raupen der Panzer zerhackt und in die Erde hinein gestanzt. In einiger Entfernung folgten den beiden vorstoßenden Kompanien die jämmerlichen Reste des Regiments, hielten sich aber am Rande des Platzes bei den angrenzenden Gebäuden, um das Schlachtfeld abzuschirmen.

Die Tanks der 11. und 12. hatten die Rückseite der Kathedrale fast erreicht. Hektisch steuerten verzweifelte Russen Militärlastwagen amerikanischer Bauart aus der Nebelwand und versuchten, sich in Richtung Norden abzusetzen. Ob sie wussten, das dort bereits Haussers Männer auf der Lauer lagen?

Die beiden deutschen Tank-Kompanien schickten ihnen eiserne Grüße nach. Eine Sprenggranate riss ein Loch neben einen davonrasenden LKW. Die Wucht warf das Fahrzeug auf die Seite, wo es sich auf der Karosserie noch einige Meter durch den Dreck wühlte. Mit einem anderen Lastwagenfahrer schienen die Nerven durchzugehen. Er riss das Steuer herum, und landete geradewegs in einem Bombentrichter, wo sich die Schnauze des LKW in den Boden wühlte, während die Hinterachse in der Luft hing und die Räder durchdrehten.

»Spreng, Siggi!«, schnaufte Engelmann. »Theo, den Kübel im Krater holen wir uns auch noch. Wer weiß, was der geladen hat!«

Jahnke lud entsprechend die Kanone, während Ludwig das Rohr ausrichtete. Doch eine Büchse der 11. Kompanie war schneller, verwandelte den festgefahrenen Wagen in winzige Schrottteile, die umher wirbelten.

»Verdammte Glücksritter«, knirschte Engelmann grinsend, dann aber wurde es ernst. Die Umrisse dreier Feindpanzer schälten sich aus der Nebelwand.

»Nitz, an alle! Drei T-34 auf drei Uhr! Wir nehmen den linken.«

»Bin schon dran«, erklärte Ludwig mit zusammengebissenen Zähnen, richtete das Rohr aus und feuerte. Das Geschoss saß mittig zwischen Wanne und Turm, wo es zerplatzte und einen Flammenball ausspuckte, dessen Feuerzungen den Panzer umspielten wie Haarsträhnen das Gesicht eines hübschen Mädchens. Nach Sekunden war das Feuer verschwunden, der Panzer jedoch noch da – voll funktionstüchtig.

»Heh?«, stöhnte Engelmann verwundert, denn der feindliche Tank war keine 400 Meter entfernt.

»Mensch, Leutnant!«, knarzte Jahnke. »War noch Spreng geladen.« Doch der Panzeroberschütze schob bereits eine Panzergranate in die Ladevorrichtung und ließ den Verschluss zuschnappen.

»Geladen!«, meldete er. Zeitgleich feuerten die T-34 und die deutschen Panzer aufeinander. Nach dem kurzen Schlagabtausch standen zwei deutsche Büchsen in Flammen, während einem Russenpanzer der Turm aus dem Drehkranz flog. Einem anderen T-34 hatten gleich drei Geschosse die rechten Laufräder und Ketten zerschossen. Auch Franzi II jagte nun noch ihre Granate hinterher, doch verfehlte. Das Geschoss verschwand irgendwo im Nebel.

Plötzlich stockte den Deutschen der Atem, denn mehr und mehr Schatten von Panzern zeichneten sich hinter dem Staubmantel ab. Gleichzeitig fuhr eine ganze Welle T-34 in ihren Sichtbereich hinein. Engelmann zählte über zwanzig Panzer ... und mehr waren im Anmarsch. Einer nach dem anderen wühlten sich die Russenpanzer aus dem Nebel.

»Die meinten nicht vier Panzer ... die meinten vier Kompanien«, bemerkte Engelmann bitter.

»Rein und ran! Wir verwickeln die Iwans in Nahkämpfe!«, drang in diesem Augenblick Stollwerks Stimme aus dem Funkgerät. Engelmann war bewusst, dass Stollwerk seiner Kompanie mit dieser Order einen ungeheuerlichen Opfergang abverlangte, doch die Alternative wäre Flucht gewesen. Dann wären wahrscheinlich ebenso viele deutsche Panzer vernichtet worden, ohne jedoch auch dem Feind Verluste beizubringen. Die beiden stählernen Fronten rasten aufeinander zu. Die Rohre knallten, Stahl barst, Panzer platzten auseinander. Auf die kurze Entfernung landeten die deutschen Panzer einige wirkungsvolle Treffer, doch von den übermächtigen T-34 war jeder Schuss tödlich. Die deutschen Tanks fielen wie die Fliegen. Panzermänner booteten aus, stürzten über das

Schlachtfeld. Es kamen noch mehr Russenpanzer aus dem Nebel. Und noch mehr. Während ein Einschlag links von Franzi II Humus in die Höhe warf, wurde die Büchse unter dem Druck der Detonation durchgeschüttelt. Engelmann meinte zu erkennen, dass das Regiment in diesem Kampf chancenlos war. Die Russen waren erbarmungslos in der Überzahl, und die 11. und 12. Kompanie hatten schon jetzt mächtig Prügel bezogen.

»Wir haben den Wohnbezirk genommen«, raunte Nitz plötzlich zwischen das Getöse. Die Meldung kam über Funk herein. Massig Gefangene wurden beim Sturm auf die Gebäude aufgebracht. Die Russen hatten tapfer gekämpft, waren der deutschen Übermacht letztlich jedoch nicht gewachsen gewesen. Auch das Panzergefecht hinter der Kathedrale würde nichts am Ausgang der Schlacht um Tula ändern – nichts zumindest aus Sicht der Gesamtlage.

Für Engelmann und seine Kameraden konnte es dennoch das letzte Gefecht ihres Lebens werden, denn der Russe kämpfte verbissen wie eh und je.

Im Rücken der beiden vorgestoßenen deutschen Panzerkompanien tauchten nun zwar die Reste des Regiments auf, doch anders als bei der 12. mit Stollwerk schienen dort kühne Führer zu fehlen, denn die Panzer IV blieben auf fast 1.000 Meter Abstand; versuchten von dort anzurichten, was sie eben anzurichten vermochten. Das war im Angesicht der dicken T-34-Panzerungen nicht viel. Die Russen schluckten entsprechend den Beschuss aus der Ferne, als würden sie mit matschigen Tomaten beworfen werden. Sirrend rasselten die Querschläger von den Panzern weg und vergingen irgendwo zu Explosionen.

»Die rauchen uns auf, dass es sich gewaschen hat!«, stöhnte Nitz, der sich das Empfangsgerät der Funke ans Ohr presste.

»Der Burgsdorff soll endlich die Kästen ranholen!«, forderte Münster und wischte sich den Schweiß von der Stirn.

»Ruhig bleiben!«, beschwor Engelmann die Panzermänner. Seine Finger verkrallten sich so heftig in seiner Sitzschale, dass die Knöchel unter der Haut weißlich durchschimmerten. Jetzt gab es keine Taktik mehr, keine Tricks. Die beiden verfeindeten Fronten standen sich gegenüber und schossen, was die Rohre hergaben. Wer schneller schoss, besser traf und über mehr Panzer verfügte, würde schließlich den Kampf für sich entscheiden – und es schienen dieses Mal die Russen zu sein, die das Rennen machten. Ein deutscher Tank nach dem anderen ging in die Binsen. Schreie und wilde Befehle drangen aus dem Äther. Engelmann erblickte durch seinen Sehschlitz, wie Stollwerks Büchse just in diesem Augenblick einen T-34 in voller Fahrt rammte. Der Leutnant erwischte sich bei der Überlegung, seiner Mannschaft die Flucht zu befehlen – einfach zurücksetzen und Land gewinnen. Plötzlich drang ein Jubelschrei aus den Lautsprechern seiner Mütze.

Die Tiger der Afrikaner waren dem Regiment gefolgt und hatten das Schlachtfeld betreten. Zwanzig Tiger gegen noch knapp über 40 T-34 – arme Russen.

Die Sowjets beschleunigten und fuhren direkt in die Formation der 11. Und 12. Kompanie hinein, um die Tiger davon abzuhalten, auf sie zu feuern.

Doch die Russen unterschätzten die Fähigkeiten eines gut ausgebildeten Richtschützen. Gnadenlos jagten die Tiger die erste Salve aus ihren Rohren. Sie verwandelten gleich acht Feindpanzer in glühenden Unrat. Noch kämpfte der Feind, doch das Gefecht war augenblicklich entschieden.

Südwestlich von Piazza Armerina, Italien, 03.07.1943

Die 299 Patienten waren an diesem Morgen in aller Herrgottsfrühe vom Personal geweckt und im großen Lehrsaal versammelt worden, wo nun Generalarzt Link, ein breitschultriger Mann mit hoher Stirn und stahlgrauen Augen, gemeinsam mit dem italienischen Offizier Tonti auf die Bühne trat. Auch die Bediensteten des Sanatoriums waren ausnahmslos anwesend. Für Berning war es das erste Mal, dass er Link in Uniform sah. Immerhin musste Berning seit dem Vortag keinen Gips mehr tragen, konnte seinen Arm endlich wieder ein wenig bewegen.

»Ich habe Sie heute zusammenkommen lassen, um Ihnen einige wichtige Dinge mitzuteilen«, begann der Generalarzt ohne Umschweife. Nach jedem Satz machte Link eine kurze Pause, und gab Tonti die Gelegenheit, das Gesprochene zu übersetzen.

»In der Nacht sind feindliche Fallschirmjäger bei Gela und Sykarus gelandet.« Ein Raunen und Rascheln ging plötzlich durch die Reihen der Anwesenden. Link fuhr unvermittelt fort: »Während wir hier sprechen, stehen deutsche und italienische Verbände entlang der gesamten Südküste von Licata bis Augusta im Abwehrkampf gegen feindliche Invasionstruppen. Meine Damen und Herren, der Kampf um Sizilien hat begonnen.«

Link ließ diese Worte einen Moment auf das Auditorium wirken. Die Neuigkeit legte sich wie eine schwere Steindecke auf die Gemüter der Anwesenden.

»Ich habe heute früh bereits mit General Hube telefoniert, der wiederum mit Kesselring gesprochen hat. Es ist der unbedingte Wille sowohl unserer Kanzlers als auch der italienischen Führung, Sizilien zu halten, koste es, was es wolle! Man hat damit begonnen, zusätzliche Truppen vom Festland zu uns zu verlegen, um dem Feind mit aller gebotenen Entschlossenheit entgegenzutreten. Es gibt demnach keinen Anlass, diese Einrichtung aufzugeben.«

Das Raunen und Tuscheln im Saal verstärkte sich.

Wenn ein Arzt eine militärische Lage beurteilt, dachte Berning sich, ohne zu wissen, ob Link mit seiner Einschätzung richtig oder völlig danebenlag. Er überlegte weiter, dass Kanzler von Witzleben sicherlich verhindern wollte, dass sein »Leuchtturmprojekt« evakuiert werden musste.

»Wenn Sie in den nächsten Tagen also das entfernte Donnern der Geschütze von der Küste her hören, dann seien Sie bitte ganz unbesorgt«, fuhr Link fort, als sich der Lärm im Saal wieder etwas gelegt hatte, »das ist bloß unsere Artillerie, die den Feind zurück ins Meer pustet.«

»Na, hoffentlich verpusten die sich nicht«, bemerkte ein junger Kerl neben Berning, der beständig auf seinen Fingernägeln herumkaute.

»Für uns wird sich nur eines ändern«, kämpfte sich Links Stimme durch das Geflüster im Raum, »wir werden Block 2 räumen müssen, General Hube wird dort seinen Befehlsstand einrichten. Er wird zusammen mit einer Flak-Einheit heute Nachmittag eintreffen. Zur Tarnung werden wir die großen Rote-Kreuz-Fahnen auf den Dächern der Blöcke ausbreiten und fixieren. Ich fürchte also, der Luxus des Einzelzimmers ist einigen von Ihnen ab sofort nicht mehr vergönnt, doch zumindest dürfen sie weiterhin beruhigt schlafen, denn die Bomber der Angloamerikaner werden sich hüten, eine Rote-Kreuz-Einrichtung anzugreifen. Sieg Heil, Kameraden.«

Während Tonti den letzten Teil der Ansprache auf Italienisch übersetzte, lächelte Link zufrieden und blickte in die Gesichter der Anwesenden. Viele Mienen waren verdunkelt und von trübem Ernst erfasst, doch der Arzt schien selbstbewusst an einen Sieg der Achsenmächte zu glauben.

Berning war sich nicht so sicher. Die Amerikaner galten als stark, doch bisher war es in diesem Krieg noch nicht zum offenen Landkampf mit ihnen gekommen. Andererseits würde die Wehrmacht – und vor allem die Italiener – alles daran setzten, diese Insel zu verteidigen, denn nun ging es nicht mehr um irgendwelche Gebiete im Osten; nun ging es um das ureigene Land.

Berning fühlte sich jedenfalls sicher genug hier in diesem Sanatorium. Als Verwundeter war er erst einmal fein heraus – und zur Not wäre die amerikanische Kriegsgefangenschaft auch nicht das schlechteste Los. Immerhin besser als russische … oder überhaupt als Ostfront. Berning nickte bei diesen Gedanken.

Südwestlich von Tula, Sowjetunion, 04.07.1943

Nach zwei Monaten härtester Kämpfe, nach zwei Offensiven und noch mehr Abwehrschlachten war das PzRgt 2 nun trotz einiger notdürftiger Auffrischungen aus den Ersatzeinheiten vollkommen ausgeblutet. Der Verband war nicht mehr in der Lage, an irgendeiner Kampfhandlung von Bedeutung teilzunehmen. So erwarteten die Soldaten des Regiments, dass es bald zurück in die Etappe gehen würde; und die Spatzen pfiffen es quasi von den Dächern. Alles wartete auf den Marschbefehl. Die Zeit bis dahin vertrieben sich die Panzermänner mit Ausbildung, Wartungsarbeiten, aber vor allem mit Rauchen, Trinken, Essen und Faulenzen. Immerhin: Die Schlacht um Tula war gewonnen; die ganze Offensive hatte exakt so funktioniert, wie von Mansteins Plan es vorgesehen hatte. Dabei überlebte ein militärischer Plan eigentlich niemals die erste Feindberührung. Die Ostfront stand still. 2.500 Kilometer Frontlinie lagen in völliger Ruhe da, während beide Seiten ihre Wunden leckten und damit begannen, sich einzugraben. Die Rote Armee war am Boden, doch auch die Wehrmacht war nicht mehr zu einer weiteren Bewegung in der Lage. Im schlimmsten Fall war dies der Beginn eines Stellungskrieges.

Die Sonne war im Niedergehen begriffen. Engelmann stand im Türrahmen eines verlassenen Bauernhauses, das den Überlebenden der 12. Kompanie als Behausung diente. Der Leutnant lehnte gegen den Türrahmen, starrte auf die weite Ebene hinaus und seufzte. In den Zeiten der Pause fiel es ihm besonders schwer zu ertragen, dass er hier draußen war – tausende Kilometer weit weg von seiner Familie.

In den Händen hielt Engelmann Borns »Befreite Welt«. Seitdem er das Buch an sich genommen hatte, wollte er es lesen, doch bis zum heutigen Tag war er nicht über die Seite mit den Copyright-Informationen hinausgekommen. Unterfeldwebel Münster spazierte aus dem schmalen Waldstück heraus, in dem Franzi II untergestellt war, und bewegte sich über die Freifläche, die zwischen dem Panzer und dem Bauernhaus lag. Eingerissene Holzzäune deuteten an, dass hier einmal Tiere gehalten worden waren.

Münster erreichte das Bauernhaus, nickte Engelmann zu und zwängte sich an diesem vorbei in die Küche, die hinter dem Eingang lag. Jahnke, Nitz und einige andere Panzermänner hielten sich dort auf, verputzten Schwarzbrot mit hauchdünnem Aufstrich.

»Unterfeldwebel Münster?« Engelmanns Stimme war scharf und spiegelte wider, wie ungehalten er über das Verhalten seines Fahrers war. Der drehte sich mit hängenden Schultern um.

»Jepp, Herr Leutnant?«

»Sie wissen ganz genau, dass sie nicht dort aus dem Wald latschen sollen, wo unsere Panzer stehen, sondern sich im Wald zu verschieben haben, um diesen woanders zu verlassen. Wenn Sie ein Tiefflieger aufklärt, wissen die gleich, wo unsere Kästen stehen.«

Münster zuckte mit den Schultern. »Ich sehe keine Tiefflieger.«

In Engelmann brodelte es. Selten hatte er so eine Wut verspürt wie in diesem Augenblick. Die Kameraden in der Küche schienen zu begreifen, was die Stunde geschlagen hatte. Sie hörten auf zu kauen und wurden aufmerksam. Nur Münster blickte lethargisch drein.

»Unterfeldwebel, kommen Sie mal mit raus. Ich muss mit Ihnen unter vier Augen sprechen.«

Münster sagte nichts darauf, doch mit seiner ganzen Mimik zeigte er dem Offizier, für wie nervend und überflüssig er diese Unterredung hielt. Wie ein bedröppelter Hund dackelte er seinem Kommandanten hinterher.

Als beide einigen Abstand zum Bauernhaus gewonnen hatten, begann Engelmann mit ruhiger Stimme: »Sie sind der beste Panzerfahrer, den ich kenne. Aber, Herrgott, was ist los mit Ihnen?«

Münster zuckte mit den Schultern. »Weiß nicht, was Sie meinen.«

»Ich glaube, das wissen Sie sehr wohl.«

Beide starrten sich einen Moment lang an, dann öffnete der Unterfeldwebel den Mund: »Ich hab den Kaffee einfach auf, Leutnant.«

»Wie kommt's?«

»Na, zuerst einmal, weil kein Kaffee mehr da ist. Diese Ersatzscheiße können die Windeier von Versorgern selber fressen ... und zum zweiten, weil es mich wurmt, dass wir eine völlig inkompetente Führung haben, die ums Verrecken zu blöd ist, die richtigen Entscheidungen zu treffen.«

»Was meinen Sie damit?«

»Ich bitte Sie, Leutnant! Das ist doch offensichtlich.«

»Nein. Erleuchten Sie mich.«

»Seitdem unser Führer gestorben ist, geht es doch bloß noch bergab! Von Witzleben und seine Lakaien sind die absoluten Nieten, die keine Ahnung vom Krieg haben. Ja, ich meine: Die lösen unsere kompetenteste und schlagkräftigste Militärorganisation auf. Was für ein Schwachsinn! Fragen Sie einen beliebigen Soldaten der Wehrmacht. Jeder kann mindestens eine Geschichte erzählen, wo er froh war, als plötzlich die Jungs von der SS aufgetaucht sind. Das war unsere Elite! Und diese Affen lösen die SS auf, zerschlagen ihre Verbände und verteilen die SS-Männer über die gesamte Wehrmacht, damit bloß nirgendwo auch nur ein Hauch von deren Schlagkraft erhalten bleibt.«

»... die SS war alles andere als schlagkräftig ...«

»Nein!« Münster besaß die Dreistigkeit, den Leutnant zu unterbrechen. »Die Wehrmacht ist einfach nicht in der Lage, die richtigen Entscheidungen zu treffen. Von Manstein ist ein solcher Sicherheitsfanatiker, dass er den Krieg um Jahre hinauszögert! Die ganze Scheiße könnte doch schon längst zu Ende sein, wenn die Herren bloß nur ein bisschen Mumm beweisen würden!«

»Ach?«

»Natürlich! Stalingrad!« Münster untermauerte den Namen der Stadt, indem er beschwörend seine Hände hob. »Wir hatten die Stadt quasi in der Hand; DAS Industriezentrum an der Wolga – und zudem mit Stalins Namen versehen. Der Verlust von Stalingrad hätte dem Iwan das Rückgrat gebrochen. Stalin hätte sich ergeben – oder er wäre aus dem Amt gejagt worden. Wir hatten die Stadt so gut wie eingenommen; und was entscheiden die Nulpen in Berlin, nachdem Hitler tot ist? Rückzug! RÜCKZUG! Wir hätten den Krieg vor Weihnachten beenden können, wenn bloß nicht diese Weltverbesserer an die Macht gekommen wären. Stattdessen kommen die nun mit so Minioffensiven wie Kursk – oder Tula. Hier mal 100 Meter Landgewinn, dort drei Kilometer. Wie lange soll diese Scheiße denn noch gehen? Ich hab nicht vor, meinen 35. Geburtstag an der Front zu feiern, aber von Witzleben scheint es wichtiger zu sein, dass wir ja den armen, armen Kriegsgefangenen genug zu essen geben und jedem einmal über den Kopf streicheln – diesem dreckigen Pack!«

»Ich glaube, Sie schätzen die Lage falsch ein.«

»Vielleicht schätzen Sie die Lage auch falsch ein. Reden Sie mal mit Hauptmann Stollwerk. Bei allem Respekt, aber der Mann ist Veteran des Großen Krieges. Ich glaube, der versteht am Besten, was Sache ist. Jetzt sind die Amerikaner auf Sizilien gelandet! Die machen uns jetzt von allen Seiten fertig, wenn wir nicht ganz schnell das Ruder herumreißen.«

»Hat das auch Stollwerk behauptet?«

»Mhm.«

»Jedenfalls erwarte ich von Ihnen, dass Sie sich entsprechend Ihrer Dienststellung verhalten, Herr Unterfeldwebel.«

Die beiden Männer starrten sich einen Moment lang an – wie Bullen nach einem Kampf, der keinen Sieger hervorgebracht hatte. Schließlich schlug Münster knallend die Hacken zusammen.

»Habe verstanden! Heil Witzleben, Herr Leutnant!«

Südwestlich von Piazza Armerina, Italien, 05.07.1943

Von wegen »beruhigt schlafen«!, brummte Berning in sich hinein und presste seinen Kopf in das Kissen. Neben ihm schnarchte ein Unterfeldwebel, dessen Bett ans andere Ende der winzigen Stube gestellt worden war. Es schien, als wolle er einen ganzen Wald zersägen. Doch es waren nicht bloß die Schlafgeräusche seines neuen, übergewichtigen Zimmergenossen, dessen rechte Hand durch einen Granatsplitter zertrümmert worden war; es waren vor allem die alliierten Bomber, die seit Beginn der Invasion Tag und Nacht ins Innere der Insel einflogen, um Flugplätze und Truppenaufstellungen der Achse zu bombardieren. Sie hielten Berning vom Schlafen ab, und nun dröhnten die feindlichen Bomberpulks schon wieder hoch oben am Himmel.

Berning kniff die Augen zusammen und wünschte sich, er könnte mit den Ohren dasselbe machen. Deutsche Flugzeuge – oder wenigstens italienische – hatte er bisher noch nicht gesehen, und die, die nun über das Adolf-Hitler-Sanatorium hinweg flogen, wahren sicherlich keine eigenen Vögel, denn sie kamen aus dem Südwesten und zogen gemächlich nach Nordosten. Wenigstens blieb die Flak ruhig. Scheinbar wollte man den Gegner gar nicht erst auf diese Einrichtung aufmerksam machen, und hatte die Kanonen bloß für den Notfall aufgestellt.

Bernings Augen waren gerötet, die Müdigkeit drückte ihn ins Bett. Doch bei dem Lärm vermochte er nicht zu schlafen. Lauter und lauter wurde das Dröhnen der Motoren, als sich die Bomber ihren Weg über das Sanatorium hinweg bahnten.

»Könnt ihr euren Krieg nicht woanders machen?«, flüsterte Berning flehend. Gleichwohl musste er an die Worte Links denken: den Feind zurück ins Meer werfen. »Pah!«, spuckte Berning aus und grinste verkniffen. *Vollidioten, alles Vollidioten! Von wegen, zurück ins Meer werfen!*

Die Amis, die bei Licata, Gela und Vittoria gelandet waren, standen mittlerweile überall bis zu 20 Kilometer im Landesinneren. Die Briten und Kanadier, die bei Augusta, Syrakus und Avola an Land gegangen waren, hatten sich mit den Amerikanern bereits zu einer geschlossenen Front verbunden. Piazza Armerina war nur noch 19 Kilometer von den Spitzen der US-Kräfte entfernt.

»Verdammte Avantis! Können nicht einmal ihr eigenes Scheiß-Land verteidigen!«, stöhnte Berning und versuchte sich langsam an die Tatsache zu gewöhnen, dass er diese Nacht wohl nicht mehr schlafen würde. Zwei Uhr war bereits vorbei. Wenigstens waren die Schmerzen seiner Wunden zu einem dumpfen und tauben Gefühl verkommen.

Immerhin würde Berning bald von hier verschwinden. Nachdem der Feind nun so fix vorgerückt war, rechnete Berning stündlich mit dem Evakuierungsbefehl für das Sanatorium. Vielleicht spielte ihm die Situation sogar in die Hände, und er würde doch noch in ein heimatnahes Lazarett kommen. Plötzlich ging eine Sirene los.

Gleichmäßig heulend fraß sich das Geräusch in Bernings Gehör. Erst stöhnte er vor Wut auf, dann stockte er. Noch nie zuvor war die Sirene erklungen. Im nächsten Augenblick bellten bereits die Vierlingsgeschütze, die zwischen den Blöcken in Stellung gegangen waren. Ratternd jagten sie glühende Geschosse gen Himmel, die die Fensterscheibe der kleinen Stube erzittern ließen. Die Flakgranaten glitten wie brennende Aale durch die Nacht.

Schmatzend erwachte Bernings Zimmergenosse. »Was denn nun ...?«, begann er zu sprechen, dann rauschten draußen die ersten Bomben in den Vorplatz der Blöcke.

Der Druck der Detonationen zerrte mit aller Wucht an den Gebäuden, brachte letztlich das Glas der Fenster zum Bersten. Berning warf sich schützend seine Decke über den Leib, während die feinen Splitter auf ihn niederprasselten wie ein Regenschauer. Sein Zimmergenosse fiel schimpfend aus dem Bett.

Draußen brach die Hölle los. Ein ganzer Bombenteppich traf den provisorischen Sportplatz und die Ausgrabungsstätte. Die Holztribünen zersprangen wie Glaskugeln. Beingroße, abgerissene Holzplanken fetzten über den Platz, klopften gegen die Wände der Blöcke. Als Berning sich aufraffte und, über seinen hustenden Zimmergenossen steigend, aus dem zersprengten Fenster sah, da gefror ihm das Blut in den Adern. Gegen das Mondlicht schimmerten weiße Schirme, die langsam zur Erde hinab schwebten, im Nachthimmel.

Fallschirmjäger!, ächzte Berning innerlich, *die wollen bestimmt den Hube haben!*

Berning humpelte zum Spind, riss das Türblatt auf und wühlte sich durch einen Berg von Klamotten, die der fettleibige Unteroffizier gestern dort hineingestopft hatte. Er fand schließlich etwas zum Anziehen – seine feldgraue Uniform – und stülpte sich Bluse und Hose über.

Langsam raffte sich auch sein Zimmergenosse auf. Er spuckte verächtlich. Seine Arme und sein Gesicht waren von Glassplittern zerschnitten.

»Wir werden angegriffen!«, raunte Berning.

»Scheiße«, hustete der Fette.

Doch Berning hörte ihn schon nicht mehr. Während ein heftiger Stich durch seine verletzte Schulter fuhr, und er einen Aufschrei unterdrückte, hinkte er auf den Flur hinaus, wo nun überall die Türen aufgerissen wurden und verdutzt dreinblickende Menschen heraus schauten.

»Wir werden angegriffen!«, brüllte Berning. »Fallschirmjäger!« Er fragte sich in diesem Augenblick, ob es clever gewesen war, seine Uniform statt der Kurbekleidung anzuziehen.

Wildes Gerufe brach los. Die Menschen stoben durcheinander, sprinteten den Gang hinunter und rannten sich gegenseitig über den Haufen. Berning bahnte sich seinen Weg durch die Menge.

Er hatte nur ein Ziel: Raus aus dem Block, rein in den Olivenhain und sich dann bedeckt halten. Morgen früh würde er schon sehen, woran er war. Doch er wollte auf keinen Fall in der totalen Finsternis einer amerikanischen Kommandoeinheit in die Arme laufen, die sicherlich nicht hier war, um Gefangene zu machen. Morgen früh – wenn die Situation es denn gebot – konnte er sich immer noch einer regulären Einheit des Feindes ergeben. Oder sich von den Deutschen einsammeln lassen – je nachdem, wer dann gewonnen hatte.

Als Berning das Treppenhaus nach unten stürmte, blieb ihm nicht verborgen, dass die Amerikaner das Bombenwerfen aufgegeben hatten. Stattdessen flammten draußen Handfeuerwaffen auf. Das Knallen von Gewehren und Maschinenpistolen schallte durch die Gänge des Blocks. Italienische und deutsche Rufe vermengten sich zu einem hektischen Wirrwarr. Auch die Flak gellte noch immer.

Berning stürzte aus dem Block, rannte inmitten einer Traube aus Menschen auf den zerbombten Sportplatz zu. Mündungsfeuer blitzten bei der Ausgrabungsstätte auf. Es waren helle Lichtblitze, die die grauen Schattierungen der in der Finsternis liegenden Gemäuer umtanzten. Einer der Patienten wurde von einem Projektil durchbohrt, ging jaulend zu Boden. Der Rest stob auseinander und raste schreiend in alle Richtungen davon.

Jemand streifte Berning an der Schulter. Ein heftiger Schmerz zischte durch seine Verwundung und ließ ihn mit verzerrtem Blick aufschreien. Dann machte sich auch der erst langsam heilende Durchschuss in seinem Oberschenkel bemerkbar und lähmte den Unteroffizier kurzzeitig. Berning griff sich an das verletzte Bein und biss die Zähne so hart aufeinander, dass er auch dort einen Schmerz zu spüren begann. Mit kraftlosem Stöhnen reckte er den Kopf in die Höhe, blickte sich nach allen Seiten um. Flüchtende Verwundete und Schwestern wurden zu Schatten in der Dunkelheit. Irgendwo kreischte eine Frau. Der Lärm des Gefechtes bildete jetzt die Geräuschkulisse. Im Norden und im Süden knallten die Karabiner gleichermaßen. Plötzlich schnatterte ein Maschinengewehr. Berning konnte das Geräusch nicht einordnen, doch eine deutsche Waffe war das nicht. Mit beständigem Rattern jagte das MG seine Kugeln über das Gelände des Sanatoriums. Berning schaute hinter sich zu den Blöcken hinüber. Im Schein der belfernden Flak, die noch immer lange Glühfäden in den Himmel ballerte, sowie im Lichtschein der Lampen, die im Block brannten, den Hubes Männer für sich vereinnahmt hatten, erhielt Berning eine visuelle Ahnung von den Geschehnissen. Deutsche Soldaten, teils nur zur Hälfte bekleidet, stürmten mit Maschinenpistolen in den Fäusten durch die Eingangstür nach draußen. Die meisten von ihnen brachen umgehend im feindlichen Kugelhagel zusammen. Einige wenige aber sprangen hinter einem zusammengeschossenen Einheits-PKW in Deckung und nahmen den Feuerkampf auf. Die Flak neben dem Block verstummte plötzlich. Der Kanonier hielt sich die Brust, dann kippte er seitlich von seinem Stuhl. Dessen Kameraden bemerkten das Debakel, schleiften den Getroffenen zur Wand des Gebäudes hinüber, wo sie sich sorgenvoll über ihn beugten. Berning begriff, dass die Feinde, die genau aus dem Olivenhain kamen, drauf und dran waren, die eigenen Leute zu überrennen. Der Unteroffizier raffte sich auf, drehte sich in Richtung Osten, wo weder Kampflärm zu hören noch Mündungsblitze zu sehen waren. Noch immer feuerte eine deutsche Flak, die etwas abseits der Gebäude positioniert war, doch die Töne hatten sich verändert. Statt eines dumpfen, wallenden Stakkatos waren die Geräusche nun heller. Das Klirren und Schrabbeln einschlagender Geschosse folgte auf dem Fuße. Die Flak war in den Erdkampf übergegangen. Doch nun brummten in der Ferne Motoren los. Fahrzeuge näherten sich mit großer Geschwindigkeit. Weitere Kanonen wummerten los. Kleine Explosionen tanzten über die Außenwand des Hube-Blocks. Drinnen flackerten die Lichter.

Ohne sich zu wundern, wie die Angloamerikaner 20 Kilometer hinter der Front an Fahrzeuge herankamen, biss sich Berning auf die Unterlippe und eilte los, so schnell sein geschundener Körper es zuließ. Er humpelte in Richtung Osten, verschwand rasch in der Dunkelheit. Während noch immer Schreie durch die Nacht hallten und das Feuer in Bernings Rücken langsam nachließ, erreichte der Unteroffizier hügeliges und von dornigen Kusseln durchzogenes Gelände.

Er humpelte weiter, tastete mit den Händen vor seinem Körper, um nicht in ein Hindernis hineinzulaufen. Er keuchte und schnaubte. Seine Atmung ging schnell, sein Puls pochte wie eine Nähmaschine. Eine drückende Hitze erfasste seinen Schädel. Berning machte schließlich langsamer, musste langsamer machen. Seine Schulter brannte; wenn er Pech hatte, war die Wunde unter der Anstrengung wieder aufgegangen. Sein Oberschenkel hatte sich in einen Heizkörper verwandelt: steinhart und brütend heiß wie ein Hochofen. Schließlich sperrte sich das Bein gegen jede weitere Bewegung. Berning musste stehenbleiben. Erst jetzt spürte er tatsächlich, wie sehr ihn die kurze Hast verausgabt hatte. Seine Kehle brannte, seine Schleimhäute waren angeschwollen. Er fühlte sich, als hätte er eine Qualle im Mund. Seine Wunden pochten. Kurzzeitig setzte sogar starkes Seitenstechen ein, als habe ihm jemand eine Klinge zwischen die Rippen gejagt. Langsam, ganz langsam beruhigten sich Atmung und Puls. Berning hechelte bloß noch leise. Abrupt knackte es vor ihm. Ehe Berning hätte reagieren können, schob sich eine düstere Gestalt vor ihn und drückte ihm die Mündung einer Waffe gegen die Brust. Berning schrie auf und warf die Hände in die Luft. Seine Füße – er trug bloß Wollsocken – verhedderten sich, dann stolperte er und landete mit dem Hintern auf dem Boden. Die Waffe ließ nicht von ihm ab. Unsanft drückte ihm der Fremde seine Mündung gegen den Thorax, presste Berning somit gegen den Boden. Der stöhnte vor Schmerzen auf, und flehte um sein Leben: »Nein, nein, bitte, nein!« Fast schluchzte er. Todesangst hatte ihn erfasst, lähmte ihn, ließ ihn wie versteinert darauf warten, ob die Gestalt ihn töten oder leben lassen würde. Plötzlich ließ der Druck, den die kalte Mündung auf seinen Leib ausübte, nach, dann nahm der vermeintliche Angreifer die Waffe zurück.

»Name, Dienstgrad?«, forderte eine raue Stimme, der man den Holsteiner Ursprung deutlich anmerkte.

»B...B...Berning. Unteroffizier Berning.«

»Alles klar. Ich bin Leutnant Donner. Auf die Füße, Unteroffizier, ab sofort unterstehen Sie meinem Kommando. Wir haben mit den Amis noch ein Hühnchen zu rupfen, und da brauche ich jeden Mann. Mir folgen!«

Berning starrte sein Gegenüber ungläubig an. Der wandte sich ab, und machte sich auf in Richtung Osten. Berning erhob sich und trottete hinterher.

*

Leutnant Donner, der neben seiner MP 40 die blauen Kleider des Sanatoriums trug, marschierte schnurstracks durch das Meer aus messerscharfen, verdorrten Büschen, die ihre sterbenden Zweige wie Netze nach allen Seiten ausgeworfen hatten. Sie stachen Berning, kratzten ihn blutig. Doch humpelnd und innerlich fluchend hielt er Schritt.

Dieser Donner, den er bisher ausschließlich anhand der Stimme kennengelernt hatte, schien niemand zu sein, mit dem Gut-Kirschen-essen war. Berning hatte über die Jahre beim Militär einen Riecher dafür entwickelt, solche Menschen auszumachen.

Widerwillig ließ er sich von dem Leutnant hinter einen Hügel in eine Mulde führen. Dort hockten drei weitere Gestalten, eine davon ganz in weiß gekleidet, sodass sie selbst im Dunkeln schimmerte.

Donner gesellte sich zu den Personen in der Mulde. Berning folgte auf dem Fuße.

»Einen habe ich noch aufgespürt«, verkündete der Leutnant. »Aber ich fürchte, die Angloamerikaner wimmeln jetzt überall auf dem Gelände herum. Also sehen wir zu, dass wir uns verschieben, sobald Tonti zurück ist.«

Die Gestalten nickten eifrig.

»Sieglinde, wären Sie bitte so freundlich und würden ihre Waffe dem Unteroffizier hier übergeben?« Donner wies auf Berning, der jetzt erst erkannte, wer die Person in Weiß war.

»Sieglinde?«, fragte er in die Dunkelheit hinein.

Sie schien seine Stimme umgehend zu erkennen. »Herr Unteroffizier?«

»Ja! Ich bin's, Franz!«

»Oh, das ist aber eine freudige Überraschung.«

Stürmisch warf sie sich Berning an den Hals. Dieser wusste nicht, wie ihm geschah. Er hob erst die Hände, als würde er sich ergeben; dann aber, als ihm gewahr wurde, dass sie sich immer fester an ihn schmiegte, ihren Kopf gegen seine Brust drückte und leise weinte, legte er ihr eine Hand auf den Rücken.

Unsicher tätschelte er sie, bis Sieglinde langsam von ihm abließ. Sie legte Berning schließlich das warme Holz eines K98 in die Hände.

»Hab bloß die fünf Patronen, die im Gewehr sind«, seufzte sie mit zitternder Stimme.

Berning nickte.

»Herhören!«, lenkte Donner die Aufmerksamkeit auf sich. »Der Feind hat in der Nacht eine umfassende Offensive gestartet und ist endgültig aus seinen Landeköpfen bei Gela und Licata ausgebrochen. Gepanzerte Verbände rücken bereits auf Piazza Armerina vor und sind wohl schon an uns vorbei, soweit die Informationen von unserem Freund von der Flak.«

Eine Gestalt in kompletter Uniform der Wehrmacht neben Sieglinde tippte mit den Fingern auf das Metall seiner MP, während er nickte.

»So, wie es aussieht, haben sie Hubes Gefechtsstand ausgehoben. Aber warten wir ab, was Tonti zu berichten hat.«

»Wollte der Itaka nicht längst zurück sein?«, fragte der Flak-Soldat.

Donner blickte stumm auf seine Uhr, dann entgegnete er: »Wir warten noch 15 Minuten, danach marschieren wir ab.«

»Ich trau den Avantis nicht«, wisperte die andere Gestalt.

»Ich auch nicht.« Donner grinste. »Aber wie sagte mein alter Scharführer stets: Meine Heimat würde ich sogar mit Stöcken und Steinen verteidigen, wenn nichts anderes da ist. Nun geht es um deren Heimat – und die werden sie nicht so leicht aufgeben wie sie es mit Afrika getan haben.«

Berning spürte sofort die bewundernden Blicke, die Donners Offenbarung bei den beiden Kameraden ausgelöst hatte. Der Flak-Mann fasste seine Gedanken auch gleich in Worte: »Sie waren bei der Waffen-SS?«

»Korrekt. Ich bin Untersturmführer – jedenfalls war ich das bis zu von Witzlebens Generaldekret, das mir den Leutnant aufdrückte. Aber keine Bange, ich habe nicht vergessen, wo ich herkomme!«

Donner zeigte seine Zähne, die in der Finsternis leuchteten. Dann fuhr er mit der Befehlsausgabe fort: »Zur Lage: Ich gehe davon aus, dass der Feind den Sack bereits zugemacht hat, und wir demnach in der Mausefalle sitzen. Kesselring wird den feindlichen Vorstoß sicher im Morgengrauen mit einem massierten Angriff beantworten, der die Angloamerikaner an die Strände zurückwirft. Wir haben 42 Tiger auf der

Insel, und nochmal so viele andere Panzer. Die Sache ist also gebongt.«

Berning fragte sich, wie sehr die Sache tatsächlich gebongt war – und für wen. Seine Wunden machten sich darüber hinaus immer unangenehmer bemerkbar.

Sicherlich war durch die Aufregung der Nacht alles aufgerissen, doch er wagte nicht, unter seinen Verband zu greifen und die Situation zu ertasten. Stattdessen hörte er mit mulmigem Gefühl den Ausführungen des Leutnants zu. Wäre er doch einfach im Bett geblieben!

»Unsere Aufgabe muss es daher sein, den Feind zu stören, wo es nur geht, um zum Gelingen unserer Offensive beitragen zu können. Als erstes gehen wir einen weitläufigen Kreis um das Gelände herum und lesen jeden auf, der dem Feind entwischen konnte. Wir brauchen jeden Mann; außerdem: Wir brauchen Waffen, Munition, Verpflegung. Sollte sich unsere Offensive wider Erwarten verzögern oder irgendwo steckenbleiben, müssen wir damit rechnen, mehrere Tage oder Wochen auf uns gestellt aushalten zu können.

Solange wir uns hinter den feindlichen Linien aufhalten, tragen wir zum Endsieg bei, wo wir nur können. Es gilt, Art und Stärke des Feindes aufzuklären. Haben wir es mit Briten zu tun? Oder mit Amis? Schwere Waffen? Panzer? All dies aufklären, wann immer möglich.

Ansonsten konzentrieren wir uns auf Störangriffe gegen ihren Nachschub oder versprengte Teile des Feindes. Sobald wir auf reguläre eigene Truppen treffen, lassen wir uns eingliedern und helfen, den Feind endgültig von der Insel zu werfen.

Stellen Sie sich also darauf ein, in nächster Zeit viel auf den Beinen zu sein. Die Urlaubszeit ist vorbei.«

»Herr Leutnant?«, wisperte Berning kaum hörbar.

»Ja?«

Berning druckste herum, traute sich kaum zu sprechen, musste sich jedes Wort mühsam abringen: »Ich bin schwer verwundet ... ich kann mich kaum bewegen ...«

Trotz der Dunkelheit erkannte der Unteroffizier, dass Donner diese Aussage ganz und gar nicht gefiel. Verstimmt entgegnete er: »Ich habe einen kollabierten Lungenflügel. Und jetzt?«

Beide starrten sich an. Berning wusste nicht, was er darauf sagen sollte.

»Hören Sie mal zu, Unteroffizier!« Donner erhob die Stimme, und machte seinem Namen alle Ehre. »Wir sind hier nicht in irgendeinem verschissenen russischen Kaff. Das hier ist Europa! Unser Land! Wenn sich der Feind hier festsetzt, geraten wir in arge Bedrängnis. Jetzt gilt es, die Zähne zusammenzubeißen und zu handeln. Das Reich erwartet von jedem einzelnen Soldaten das Äußerste, um diesen Kampf zu unseren Gunsten zu entscheiden. Also schlucken Sie die Tränchen hinunter und reißen Sie sich zusammen! Jetzt heißt es nur noch: Kampf oder Tod! Zur Not mit dem Gewehrkolben, mit dem Dolch oder den puren Fäusten. Ab sofort werden wir jeden Meter Boden verteidigen! Wir werden nicht mehr weichen, bis zum letzten Mann! Haben Sie das begriffen?«

Berning blieb dem Leutnant eine Antwort schuldig. Hilfesuchend blickte er sich nach Sieglinde um, die bloß dasaß und ihn anschaute. Schließlich flehte er: »Ich dachte doch nur ...« Jäh wurde er von Donner unterbrochen: »Überlassen Sie das Denken den Pferden, die haben einen größeren Kopf. Und jetzt weiter im Text!«

»... Jawohl ...«, gab Berning kleinlaut zurück.

»Nun denn.« Donner schnaubte verächtlich. »Haltet außerdem die Augen offen nach der Zivilbevölkerung. Wir müssen schauen, dass wir die Schwester irgendwo unterbringen.«

Empört warf Sieglinde den Kopf in den Nacken.

»Na hören Sie mal! Ich kann ebenso für das Reich kämpfen!«, forderte sie, doch Donner winkte ab.

»Ihr Kampfgeist in allen Ehren, aber Krieg ist nichts für Mädchen. Sehen Sie lieber zu, dass Sie es in den rückwärtigen Raum schaffen. Dort werden Sie als Krankenschwester sicherlich bald gebraucht.«

Sieglinde schien noch einmal dagegen aufbegehren zu wollen, blieb aber stumm.

Minuten vergingen. Plötzlich sprang eine Gestalt in langen Sätzen über die Kuppe. Die Männer in der Mulde verständigten sich wortlos und rissen ihre Waffen hoch. Dann aber senkte der Flak-Mann seine MP. Stattdessen flüsterte er: »Das ist Tonti! Die Itakas erkenne ich von Weitem an ihrem saumäßigen Gang.«

Die Deutschen grinsten und nahmen die Waffen herunter. Wie eine Schlange glitt der italienische Primo Capitano den Hang hinab in die Mulde. Er führte bloß eine Pistole bei sich und war ansonsten in Schlafkleidung gehüllt. Japsend erreichte er Donner und legte ihm umgehend die Lage dar. Mit starkem Akzent erklärte er auf Deutsch: »Sind alles Amerikaner da oben. Alle Kämpfe aus. Keine Spur vom General. Alle Deutschen haben sich ergeben.«

»Pah!«, spuckte Donner verächtlich aus. »Verdammte Feiglinge!«

Der Flak-Mann nicke beflissen.

»Man sollte sie alle erschießen!« Ein unglaublicher Hass schäumte mit einem Mal aus Donner heraus, dass Berning erschrak. *Ohne nein,* flehte er innerlich. Donner plärrte weiter: »Jeden, der es wagt, sich zu ergeben oder wegzurennen, sollte man abknallen! Alle erschießen! Sich ergeben ist Feigheit vor dem Feind und Verrat an allen Kameraden, nichts anderes! Verfluchte Hunde!« Donner spie seine Worte voller

Hass und Zorn. Berning vernahm, wie der Offizier mit den Zähnen knirschte, nachdem er seine Hasstiraden beendet hatte – und für einen Moment überkam den Unteroffizier die Befürchtung, der Leutnant spiele mit dem Gedanken, die Amis zu überfallen, nur um die Gefangenen – die Feiglinge – hinzurichten. Doch Donner blickte auf. »Herr Primo Capitano, ich kann Ihnen keine Befehle erteilen, aber ich würde mich freuen, wenn sie uns begleiten. Wir sehen zu, dass wir den Amis ein Schnippchen schlagen.«

Tonti nickte.

»Also dann! Mir nach!« Donner verließ die Mulde in Richtung Nordosten, der Rest erhob sich und folgte ihm.

Oh nein, seufzte Berning noch einmal, und setzte sich dann in Bewegung.

*

Sie waren etwa eine Stunde unterwegs gewesen, ohne auf Widerstand, ohne auf eigene Teile, ohne auf irgendetwas zu stoßen.

Langsam klarte die Nacht auf, der erste Lichtschimmer des Tages ragte bereits über den Horizont und tauchte die Landschaft Siziliens in weißlichen Glanz. Knochentrockener Staub lag in der Luft und kratzte Berning in der Lunge, während er humpelnd versuchte, Schritt zu halten – doch sein Bein schmerzte mehr und mehr. Es würde über kurz oder lang den Dienst versagen.

Langsam dämmerte es Berning auch, dass sie eingeschlossen waren. In allen vier Himmelsrichtungen donnerten die Geschütze und wütete der Kampf.

Blitze zuckten über den grauen Himmel, Brände leuchteten blutrot in der Ferne. Die Amerikaner mussten in einem wahnwitzigen Vorstoß über die halbe Insel gepresst sein, hatten zeitgleich Hubes Befehlsstand angegriffen, um die Deutschen kopflos zu machen, und versuchten nun wohl, die gewonnenen Räume zu behaupten.

Geduckt näherte sich die bunte Gruppe im Licht der Dämmerung einer staubigen Straße, die grob von Süd nach Nord führte. Sie schlängelte sich nach beiden Richtungen über das hügelige Terrain wie ein Bindfaden. Trockene Kusseln und ausgedörrtes Gras bestimmten auch hier das Bild der Landschaft.

Die vielen Bodengewächse mit ihren hellgrünen, fast weißen Blättern verliehen der Insel an der Stiefelspitze Italiens ihre so typische mediterrane Präsenz; ebenso wie die einzeln stehenden Korkeichen, deren karge Blätterdächer an Hirschgeweihe erinnerten.

Mit einem Mal ratterte drüben auf der anderen Straßenseite ein Maschinengewehr los. Das Mündungsfeuer zuckte am Fuße einiger Korkeichen auf. Sofort sprangen die Deutschen und der Italiener in den Straßengraben.

Berning zog Sieglinde mit sich und drückte sie sanft ins trockene Gras, damit ihr nichts geschah. Surrend jagten die Kugeln über die Köpfe der kleinen Gruppe hinweg, dann verebbte der Beschuss so schnell, wie er gekommen war.

Stille. Sekunden vergingen.

Gespannt blickten sich die Männer im Graben an. Sie legten die Finger über die Abzüge ihrer Waffen. Donner dachte angestrengt nach. Berning glaubte zu erkennen, dass sich der Leutnant gerade irgendein Himmelfahrtskommando ausdachte.

Plötzlich grinste Donner, scheinbar zufrieden mit den Ergebnissen seiner Gedanken, ehe er auf Berning zeigte und befahl: »Du ...« Weiter kam er nicht, denn von der anderen Straßenseite drangen plötzlich Stimmen zu ihnen herüber: »Ciao, siamo italiani!« Das war Italienisch, kein Englisch.

Wie von Geisterhand wurde der bunten Kampfgemeinschaft die Anspannung genommen. Tonti atmete aus, dann lächelte er breit und kraxelte den Graben hinauf.

»Allora sto tranquillo!«, rief er den Männern drüben zu. Plötzlich ratterte das MG wieder los. Tonti strauchelte, kippte hinten über und rutschte auf den Boden des Grabens zurück. Entgeistert starrten die Deutschen die klaffenden Einschusswunden an, die den hellblauen Anzug des Primo Capitano dunkelrot färbten. Da musste kein Puls mehr gefühlt werden – Tonti war tot. Auf der anderen Straßenseite brach schallendes Gelächter los.

»Fuckin' moron!«, brüllte einer, der vor Lachen wohl schon Tränen in den Augen haben musste.

Mit eiskalten Mienen und hasserfüllten Augen blickten sich die Deutschen an. Sieglindes Antlitz war zu Stein erstarrt, ihre Augen schimmerten wässrig. Sie konnte ihren Blick nicht von dem Toten lösen. Berning ergriff ihre Hand und nickte ihr zu. »Wird schon«, hatte er sagen wollen, doch dessen war er sich nicht so sicher. Scheinbar aber genügte die wortlose Geste, denn Sieglinde entspannte sich merklich. Sie lächelte Berning an, als wolle sie erwidern: »Ja, wird schon«.

Bernings Herz jedoch schlug und schlug, drohte gar, sich zu überschlagen. Er wollte nicht in der Pampa von Sizilien verrecken!

Als hätte die Situation nicht noch schlimmer werden können ... wurde sie plötzlich schlimmer. Drüben auf der anderen Seite sprang ein Motor an. Rasselnd setzten sich Ketten in Bewegung. Die ganze Straße und der Graben vibrierten, als das Stahlungetüm aus seiner Stellung rollte.

Donner legte sich flach auf den Boden und zog sich sachte die Grabenwand hinauf. Als er die Kante erreicht hatte, riskierte er einen Blick. Sofort zog er den Schädel ein und ließ sich zu den anderen hinab gleiten.

»Zwei Shermans drüben bei den Bäumen«, gab er zerknirscht zu Protokoll. »Dazu ein MG-Nest plus etwa 20 Mann.« Donner blickte seine Begleiter einen Moment lang an, dann atmete er resigniert aus und senkte den Blick. In dem Leutnant arbeitete es. Ein angstvolles Zucken huschte über seine Lippen.

»Männer«, wisperte er. »Ich glaube, das war es. Hier kommen wir nicht mehr heraus. Waffen niederlegen und raus aus dem Graben!«

Der Flak-Mann und der andere Soldat nickten emsig, entluden vorschriftsgemäß ihre Waffen und legten sie sorgsam auf dem Boden ab. Berning aber starrte den Leutnant bloß an.

Was?, war die einzige Frage, die in diesem Augenblick sein Denken beherrschte. *Du toller Hecht! Was ist denn mit »Kämpfen bis zum Schluss«, Herr Leutnant Wir-geben-niemals-auf? Wir bringen sie alle um! Mit Messern und Fäusten! Und wer sich ergibt, wird erschossen? Ha! Das soll es also gewesen sein! Große Heldenansprache gehalten, dann eine Stunde durch die Gegend marschiert, dann Ende? Du lächerlicher Piefke!*

Natürlich war er glücklich über diese Entscheidung – allemal besser, als mit Messern und Fäusten gegen Panzer anzurennen. Aber in diesem Augenblick kam er einfach nicht darüber hinweg, wie deutlich der Leutnant gegen seine eigenen, mit feurigen Reden verteidigten Prinzipien verstieß. Doch Donner meinte es ernst.

Auch er legte seine Waffe im Gras ab, dann erhob er sich mit einem Blick wie ein Hund, der etwas falsch gemacht hatte. Mit gesenktem Haupt marschierte er den Graben hinauf und warf die Hände in die Luft. Sieglindes hilfesuchender Blick fand Berning, doch der lächelte beschwichtigend und legte ihr eine Hand auf die Schulter.

»Wird alles gut«, flüsterte er. »Wir können eh nichts mehr anrichten.«

Donner erreichte den Scheitel der Steigung und trat auf die Straße. Dort blieb er mit erhobenen Händen stehen.

»So, these greaseballs give up?«, krächzte eine Stimme. *Du ergibst dich, Schmierlappen?* Scheinbar hielten die Amerikaner die kleine Gruppe durchweg für Italiener.

»Man, fuck it!«, drängte sich eine andere, betont gleichgültige Stimme in die Geräuschkulisse. Erneut ging das amerikanische MG los.

Berning konnte aus dem Graben heraus so gerade noch Donners Kopf sehen, der in diesem Augenblick auseinander platzte wie eine Wassermelone. Auch der Soldat dahinter brach sofort zusammen.

Der Flak-Mann hechtete zurück in den Graben. Eine Kugel bohrte sich in seinen linken Unterarm, dann rutschte er ab und knickte mit dem Fuß um, es erklang ein fürchterliches Peitschen, als seine Achillessehne riss. Schmerzverzerrt schrie der Mann auf, blieb liegen und krümmte sich wie ein Säugling im Mutterleib.

Berning war gelähmt vor Angst. Schweiß floss in Bächen seinen Körper hinab, sammelte sich unter den Verbänden, die bereits juckten und scheuerten. Auch Sieglinde war erstarrt.

Abermals drang von den Amerikanern schallendes Gelächter herüber. »Three wasted, two to go!«, brüllte einer.

Sieglinde warf sich Berning an den Hals. Tränen kullerten über ihre Wangen. Berning jedoch saß im Gras wie versteinert; unfähig, eine Faser seines Körpers zu rühren; unfähig, einen klaren Gedanken zu fassen. Er hatte das ganze Ausmaß ihrer gefährlichen Lage noch gar nicht erfasst. Der Flak-Mann stöhnte leise und verformte sein Gesicht zu einer Maske grausamen Schmerzes.

Sekunden vergingen, ohne dass vom Feind weitere Geräusche herüberdrangen. Langsam löste sich Berning aus Sieglindes Umklammerung und schob sie beiseite. Er umfasste seine Waffe, während er den Scheitel des Grabenanstiegs nicht aus den Augen ließ.

Was machen diese Schweine jetzt? Seine Gedanken rasten. Näherten sie sich dem Graben? Oder würden Sie einfach abwarten? Berning, Sieglinde und der verwundete Flak-Soldat waren zu Spielbällen der Amerikaner geworden. Ihr Leben hing von der Stimmung und dem Gutdünken einiger übermütiger GIs ab. Es wäre für die Amis ein Leichtes, den Graben einfach mit Granaten zu füllen, doch scheinbar wollten sie mit ihren Opfern spielen. Die Deutschen waren zu Versuchsratten in einem Käfig geworden, machtlos ob ihres eigenen Schicksals – auf Gedeih und Verderb völlig Fremden ausgeliefert.

»Hey, dickhead!«, schallte drüben eine beinahe jugendliche Stimme auf. »We just want your girl! Wanna make bumbum! Okay?« *Wir wollen nur dein Mädchen haben.* Scheinbar hatten sie die deutsche Uniform erkannt, denn die Amis sprachen kein Italienisch mehr.

Sieglinde, die wohl ein bisschen Englisch verstand – oder zumindest das lüsterne Grunzen richtig deutete, das die jugendliche Stimme begleitet hatte, schreckte zusammen. Danach vergrub sie ihr Gesicht in den Händen. Sie weinte bitterlich. Währenddessen angelte der Flak-Mann nach einer MP und einem Magazin, stopfte dieses in die Waffe und lud durch. Mit zusammengepressten Lippen blickte er die Grabenwand hinauf. Langsam blinzelten die ersten Sonnenstrahlen über den Horizont.

Bernings Gedanken überschlugen sich, doch so sehr er sich auch anstrengte, ihm fiel kein Ausweg ein. Sie saßen in der Falle.

Verdammt! Jeder normale Ami hätte mich gefangengenommen, aber ich muss an die verdammte Metzger-Maurer-Mörder-Kompanie geraten!, schimpfte er innerlich. Doch der Galgenhumor drängte seine Angst bloß für Millisekunden hinfort.

»Just give up!«, gellte die jugendliche Stimme wieder auf. »We won't shoot! Promise! We just want your girl!« *Ergebe dich! Wir werden nicht schießen, versprochen! Wir wollen nur das Mädchen haben!*

Gelächter begleitete den Zuruf, doch Berning verstand kein Englisch, und wusste daher gar nicht, was sie forderten. Stattdessen suchte er fieberhaft nach einem Ausweg. Rechts von ihnen endete der Graben bereits nach 20 Metern, links verlief er noch gute 80 Meter neben der Straße her, ehe er sich auch dort auflöste. Von hier war kein Wegkommen!

»We'll get you!«, rief ein anderer Ami überschwänglich. Berning meinte, das Klappern von Waffen und Ausrüstung zu hören. Der Flak-Mann gab dem Unteroffizier zu verstehen, dass sich die Amerikaner im Anmarsch befänden. Berning riss seine Waffe hoch, zielte auf den Grabenrand. Nur fünf Schuss, dazu Repetieren nach jeder Patrone! Was sollte er damit schon ausrichten? Jeder GI hatte zumindest eine Halbautomatik in der Hand. Und der sich anbahnende Kampf würde auf 20 Meter Distanz stattfinden. Die Deutschen waren chancenlos. Kurz spähte Berning zu der MP hinüber, die einige Meter neben ihm im Gras lag. Doch er wagte es nicht, sein Gewehr wegzulegen. Er starrte auf den Rand. Oben knackte etwas. Nichts war zu erkennen. Plötzlich Bewegung neben ihm. Sieglinde war aufgesprungen und mit einem Satz bei der MP. Zielsicher drückte sie das Magazin in die Waffe. Mit blutunterlaufenen Augen ging sie in Anschlag. Drei Waffen waren nun auf den Grabenrand gerichtet. Die Mündungen zitterten. Der verwundete Flak-Mann ächzte langsam vor sich hin. Oben war Bewegung, ganz deutlich zu hören. Es knackte. Es raschelte. Doch nichts war zu sehen! Berning blinzelte. Seine Augen juckten. Und schmerzten. Er hielt die Lider offen, solange es ging. Mit brennenden Augen stierte er auf den Grabenrand. Oben tuschelte jemand. Dann wieder das Klappern von Waffen. Sie waren ganz nah! Doch noch immer war nichts zu sehen!

Plötzlich lugte ein amerikanischer Helm über den Grabenrand. Sofort feuerten der Flak-Mann, Sieglinde und Berning. Der Helm verschwand hinter dem Rand. Kleine Erdfontänen rissen Humus und Gras aus dem Boden. Berning repetierte. Er musste sein Gewehr dafür aus dem Ziel nehmen. Die Prozedur dauerte eine Sekunde bloß. Zu lange! Er stemmte die Waffe zurück vor die Augen und schoss in das Gewirbel aus Rauch und Erde, wo gerade noch der amerikanische Helm zu sehen gewesen war. Sieglinde knatterte das ganze Magazin ihrer Waffe durch.

Mitten im deutschen Feuer sprang ein anderer Ami mit gezogener MP vor, gab brüllend einen langen Feuerstoß in den Graben ab und verschwand blitzschnell wieder aus dem Blickfeld der Deutschen. Der Flak-Mann kreischte los. Daumengroße, rote Löcher übersäten seine Beine. Einen Wimpernschlag später flog eine Eierhandgranate in hohem Bogen durch die Luft. Sie landete auf dem Bauch des Flak-Soldaten, der angestrengt seinen hochroten Kopf hob und wie ein Gnu im Angesicht des Löwen auf das Ei starrte, das auf seinem Leib ruhte. Berning warf sich zu Boden, Sieglinde tat es ihm gleich. Die Explosion der Granate zerriss den armen Soldaten in blutige Einzelteile.

Weitere Detonationen ertönten. Das war es! Sie mussten mehr Granaten in den Graben geworfen haben! Berning presste sich beide Hände gegen den Kopf und wartete auf das Ende.

Lange Augenblicke strichen ins Land. Hektische Rufe erfüllten die Luft. Unter die ganzen Detonationen mischte sich das entfernte Krachen von Kanonen.

Berning hob den Kopf. *Das sind keine Handgranaten!* Dieser Gedanke stieg ihm in dem Moment in den Kopf, als oben auf der Straße der Sherman in einem großen Flammenball unterging.

Eine Schlacht entbrannte, doch außer dem Kampflärm ging sie an Berning vorüber. Er presste sein Gesicht ins Gras und war zu nichts mehr fähig. Er ließ die Dinge um sich herum einfach geschehen. Seine Hand suchte und fand die von Sieglinde. Sie drückte die seine. Sie zitterte am ganzen Körper, doch sie beruhigte sich merklich, als Berning einen Arm um sie schlang. Sieglinde schmiegte sich an ihn an wie eine Katze.

Der zweite Sherman flog mit lautem Getöse in die Luft. Die Amerikaner traten die Flucht an. Unter MG-Feuer setzten sie sich in Richtung Südwesten ab. Doch nicht nur hier an der Straße tobte der Kampf. Die ganze, von Kusseln übersäte Ebene, wurde in diesem Augenblick Zeuge einer Panzerschlacht. Bald waren die Shermans auf dem Rückzug, während unzählige ihrer Brüder brennend in der Sonne Siziliens zurückblieben. Aus Nordosten tauchten beige gestrichene Tigerpanzer auf den Höhenzügen auf.

Eine halbe Stunde verging, in der Sieglinde und Berning bloß dalagen und der Dinge harrten. Sie klammerte sich mit aller Macht an ihm fest – und auch für Berning war der Körperkontakt eine Wohltat. Feine, rote Fäden überzogen Sieglindes Schwesternkluft.

Nach 30 Minuten dann brauste donnernd ein Panzer die Straße hoch, blieb etwa auf Höhe der beiden Deutschen stehen. Italienische Stimmen erklangen, während hörbar Männer aus der Büchse ausstiegen, um die ehemalige Stellung der Amerikaner zu untersuchen.

Langsam erhob sich Berning. Sieglinde sah ihn flehend an. Er ergriff ihren Hinterkopf, strich ihr sanft über das Haar und küsste sie auf die Stirn.

»Alles wird gut«, flüsterte er. »Es ist vorbei.« Sie nickte apathisch.

Berning nahm Sieglinde an die Hand und kletterte zusammen mit ihr aus dem Graben. Auf der Straße stand ein Tigerpanzer ohne Balkenkreuz – also eine Büchse unter italienischem Kommando. Berning hatte schon davon gehört, dass die Italiener nun deutsche Waffen in Lizenz produzierten, doch gesehen hatte er davon bisher nichts.

Der Panzerkommandant, ein bartloser Mann mit schwarzem Haar, schaute aus dem Turmluk. Als er den Unteroffizier und die Schwester erblickte, erschrak er erst, dann aber sackte er beruhigt in sich zusammen. Er hatte wohl einen Moment gebraucht, um die deutsche Uniform zu erkennen.

»Ciao Deutschen!«, rief der Mann freudestrahlend. »Ey, Tigre ist guter Carro Armato! Aber Motore schlecht! Wie gehen euch?«

Berning zuckte mit den Achseln, dann erst wurde er sich des starken, dumpfen Schmerzes bewusst, der durch seine verletzte Schulter zog. Er knöpfte sich Feldbluse und Hemd auf, legte den Verband frei. Der war blutgetränkt.

»Sehe, sehe«, kommentierte der Italiener. Mit der Hand formte er einen Telefonhörer, dann verschwand er im Turm seines Panzers. Berning nutzte den Moment und ließ seinen Blick einmal über die Ebene schweifen, während Sieglinde seine Hand noch immer fest umschlossen hielt.

Überall fuhren nun italienische Tanks auf. Berning zählte vier Tiger, außerdem vier Panzer IV. Alle anderen waren italienischer Machart. *Klar,* sagte sich Berning und rechnete die Monate bis zu Hitlers Tod zurück. *So schnell geht das eben alles auch wieder nicht.*

Plötzlich streckte sich der Tigerkommandant wieder aus seiner Luke. Im Hintergrund durchforsteten zwei Italiener die Leichen gefallener Amis.

»Hier warten. Deutschen kommen.«

*

Eine Stunde später lag Berning auf der Ladefläche eines deutschen Sankas. Sieglinde saß neben ihm und hielt seine Hand. Während der LKW über die kurvige Piste rumpelte und sich mit jeder Sekunde weiter von der Frontlinie Siziliens entfernte, schaute sie dem Unteroffizier mit ihren wasserblauen Augen ins Antlitz. Sie lächelte sanft und wischte Berning eine Strähne aus dem Gesicht. Der atmete in einer Mischung aus Erleichterung und Erschöpfung lautstark aus. Für ihn war der Krieg mal wieder unterbrochen. Die Wunde an seiner Schulter war großflächig aufgerissen. Sie musste dringend behandelt werden. Der Sanka brachte Berning auf direktem Weg nach Messina, von wo aus alle Verwundeten aufs Festland verschifft wurden, während gleichzeitig stündlich Frachter mit neuen Truppen den Inselhafen erreichten. Kesselring und von Witzleben wollten Sizilien um jeden Preis halten, ganz zu schweigen von Mussolini. Dennoch, für das Adolf-Hitler-Sanatorium war es vorerst aus, und auch Sieglinde musste schauen, wo sie nun blieb. Der Feldwebel von den Sankas, der in der Fahrerkabine saß, hatte ihr versprochen, sich in Messina nach dem Verbleib der Kur-Abteilung 1 umzuhören. Dort trennten sich also die Wege von ihr und Berning.

Sieglinde schaute dem Unteroffizier in die Augen. Er blickte zurück und lächelte sanft. Seine Verletzungen brannten wie die Hölle, doch im Augenblick war es in Ordnung.

Langsam beugte Sieglinde sich zu ihm vor. Er verlor sich in ihren Augen, die tief wie die Unendlichkeit schienen. Ihre feingliedrigen Finger fühlten sich angenehm warm an in seinen Händen. Sie beugte sich weiter vor. Ihre Brüste, die sich unter ihrem Kittel abzeichneten, berührten Bernings Leib. Sie waren weich wie ein Kissen. Sieglinde beugte sich noch weiter vor. Ihre Gesichter waren nur wenige Zentimeter voneinander entfernt. Sie schloss die Augen, spitzte ihre Lippen und legte sie auf die seinen.

In einem wilden Anfall schreckte Berning hoch und drückte Sieglinde von sich, sodass sie fast von ihrem Sitzplatz fiel.

»Was fällt dir ein?«, brüllte er. »Ich hab zu Hause ein Mädel!«

Sie starrte ihn entgeistert an. Ihre Augen wurden glasig. Eine Welt brach für sie zusammen.

»Ich … ich …«, stammelte sie mit brüchiger Stimme.

»Ich glaub, du spinnst!«, zischte Berning und wischte sich über den Mund.

»Aber … ich dachte, du magst mich.«

»Nein! Wie kommst du denn auf so etwas?«

Ein gebrochener Blick traf einen zornigen. Berning schüttelte vehement den Kopf, dann drehte er sich um und kehrte ihr den Rücken zu.

»Ich glaub das einfach nicht! Verdammte Dirne!«, brummte er und presste die Augen zu.

Segi Point, Salomonen (GB), 07.07.1943

Die Japaner, die bei Segi Point auf so ungewöhnliche Weise kämpften, hatten noch bis zum 05.07.1943 gegen immer neu anlandende Kräfte der US-Marines sowie der US-Army ausgehalten. Auch massierte Luftangriffe hatten den feindlichen Widerstand nicht brechen können. Erst die durch den andauernden Kampf bedingten hohen Verluste sowie die scheinbar desolate Versorgungslage der Japaner mit Medikamenten, Verpflegung und Munition zwang den Feind, zu weichen und Segi Point den Amerikanern zu überlassen.

Somit konnten nun endlich die Pioniere ans Werk gehen und den für alle weiteren Operationen im Gebiet so wichtigen Flugplatz errichten. Dennoch, die Japaner hatten bereits jetzt eine Verzögerung der amerikanischen Pläne bewirkt – und noch immer war New Georgia zu Teilen in Feindeshand. Jeder Tag, den die Japaner hier länger ausharren konnten, würde die Isolation der so wichtigen Festung Rabaul weiter verzögern und die Japaner somit länger im Spiel halten.

Während die Pioniere auf der großen Freifläche mit allerlei Baumaschinen auffuhren, und die Geräusche von aneinander schlagendem Metall über die Pläne hallten, hatten Roebuck und Pizza im Schatten einer Palme an der angrenzenden Waldkante Schutz gesucht.

Obwohl jene Palme ihre riesigen Fächerblätter wie einen Schirm um die beiden Marines spannte, schwitzten sie am ganzen Körper. Die unbändige Hitze ließ ihre Haut im Licht glänzen. Sie hatten ihre Feldblusen aufgeknöpft; Pizza hatte sich außerdem die Ärmel abgeschnitten. Doch selbst wenn sie sich komplett entblößt hätten, wäre es ihnen noch in ihrer bloßen Haut zu warm gewesen. Beide hockten schweigend da und hingen ihren eigenen Gedanken nach. Roebuck nahm sich vor, im Laufe der Woche noch einen Brief an seine Frau zu schreiben. Ihr Bild sprang vor seinem geistigen Auge ins Leben. Marie war wunderschön, kurvenreich, mit festem Busen. Die Bilder, die sie ihm immer wieder schickte, entzückten und quälten ihn zugleich. Wie gern wäre er nun zu Hause bei ihr! Wie gerne würde er Liebe mit ihr machen! Oder bloß bei ihr sein; das würde ihm schon reichen.

Batman kam schließlich mit einem Foto in der Hand angerannt. Er schnaubte.

»Was gibt's, Batman?«, fragte Roebuck teilnahmslos.

»Ich habe mal ein bisschen herumgefragt wegen des Fotos«, proklamierte der.

»Was für ein Foto?«

»Das Foto mit den Germans drauf.«

Pizza und Roebuck blickten auf. Juergens genoss scheinbar für einen Augenblick die ungeteilte Aufmerksamkeit, die er nun innehatte, dann erklärte er: »Der Captain vom 3rd Platoon ist doch so belesen wie ein verfickter Lehrer. Ich hab ihm das Bild gezeigt. Er sagt, der Typ ganz links ist ein General der Krauts. Nehring heißt der.«

»Und wer ist das?«

Juergens blickte seine Kameraden an. Nach Sekunden zuckte er mit den Schultern. »Keine Ahnung.«

»Klasse Neuigkeit, Batman. Wirklich, klasse Neuigkeit!« Pizzas Sarkasmus quoll aus jeder Silbe.

Nördlich von Polistena, Italien, 26.07.1943

Die Achsenmächte sammelten alle Verwundeten der Schlacht um Sizilien vorerst in gigantischen Lazarettstädten, die sich wie Tumore um die Stadt Polistena geschlungen und in der unmittelbaren Umgebung festgesetzt hatten. Die Lazarette sogen die Ortschaft am Fuße des Sila-Gebirges aus wie ein Vampir einen gut durchbluteten Körper.

Über 26.000 Verwundete hatte der Kampf um die Insel bereits gefordert; und die Masse davon wurde in Polistena zwischengelagert, bevor es weiterging in Lazarette, die über ganz Italien verteilt waren.

Die Verwundeten wurden zu Gruppen zusammengefasst und verlegt, sobald sie verlegefähig waren. Berning sollte nächste Woche verlegt werden, um dann irgendwann mal in seiner Genesungskompanie anzukommen, doch wer wusste schon, ob dies so stattfand, nun, da die Achsenmächte Sizilien offiziell aufgegeben hatten und den Rückzug antraten. Die Invasion des italienischen Festlandes war nur eine Frage der Zeit, weshalb die deutschen und italienischen Sanitätseinheiten nicht mehr ein noch aus wussten. Wo würden die West-Alliierten landen? Wohin sollte man all die Verwundeten bringen? Wie schnell konnte die Verlegung stattfinden?

In Polistena herrschte dieser Tage das blanke Chaos; und Bernings einziger Trost war der, dass seine Wunden hervorragend verheilten. Dennoch musste er weiterhin hunderte Kilometer von Daheim entfernt in einem mit stöhnenden, stinkenden und sterbenden Menschen überfüllten Zelt ausharren. Er betete, dass er sich hier nicht noch irgendetwas einfing. Dabei hatte er nun keine Chance mehr auf Genesungsurlaub, denn seine Zeit im AH-Sanatorium wurde als solcher gewertet.

Hier in Polistena hatte Berning allerdings etwas Interessantes über Leutnant Donner erfahren, nämlich, dass der alte SS-Offizier nicht ein einziges Gefecht in seiner Soldatenzeit erlebt hatte; und seine Lungenverletzung von einem Autounfall in der Heimat herrührte. Zwei Landser kannten den Kerl scheinbar von früher, und klein wie die Welt war, lagen sie nun mit Verbrennungen und Splitterverletzungen im selben Zelt wie Berning. Die beiden kotzten sich ganz schön über den Leutnant aus, einen guten Stand schien Donner in seiner alten SS-Einheit jedenfalls nicht genossen zu haben.

Velikiye Luki, Sowjetunion, 21.08.1943

Nun war Berning zweimal quasi direkt an seiner Heimat vorbeigekommen, nämlich einmal auf dem Weg nach Italien und dann, Anfang August, auf dem Weg ins Herz des Reichs in die Genesungskompanie. Von dort aus war er keine zwei Wochen später schon wieder in Marsch in Richtung Russland gesetzt worden.

Einen Zwischenstopp daheim hatte er nicht einlegen können. Nun war es schon ein Jahr her, dass er das letzte Mal in Podersdorf am See gewesen war; dass er zum letzten Mal den Neusiedler See erblickt hatte. Ein Jahr war es schon her, dass er mit Gretel zusammen gewesen war ... Manchmal musste Berning auch an Sieglinde denken. Seit Messina hatte er sie nicht mehr wiedergesehen. Noch immer wunderte er sich darüber, wie seltsam sich dieses Mädchen doch verhalten hatte.

Nun also Heeresgruppe Nord, sinnierte er, während er die Stiege am Zugwaggon hinabkletterte und mit seinen Stiefeln den Bahnsteig des Bahnhofes berührte. Tatsächlich gefiel ihm die Ostfront derzeit besser als Italien. Im Osten stand wenigstens alles still, während im Stiefel jeden Tag mit dem Angriff der Angloamerikaner gerechnet werden musste.

Auch bei Velikiye Luki hatten sich die Fronten festgefahren. Anfang des Jahres noch drohten 8.000 eingekesselte Angehörige der Wehrmacht in der Stadt unterzugehen, doch der damalige OB der Heeresgruppe, Generalfeldmarschall Rommel, reagierte klug und rettete die Eingeschlossenen mit einer Mischung aus Ausbruch und Entsatz. Im Februar schaffte er es darüber hinaus, mit seinen Verbänden die Russen wieder hinter die Stadt zurückzudrängen. Seitdem stand die Front in diesem Abschnitt still.

Zusammen mit Berning waren hunderte Kameraden in Velikiye Luki eingetroffen. Heimkehrer aus dem Urlaub oder dem Lazarett; sogar zwei komplette Kompanien der Feld-Ersatz-Truppe färbten die Bahnsteige feldgrau. Männer von der Gendarmerie, dank der Blechschilder, die an Ketten um ihre Hälse hingen, auch Kettenhunde genannt, durchstreiften das Bahnhofsgelände, forderten Soldbücher, Marschbefehle und Urlaubsscheine ein. Es gab genug Soldaten, die versuchten, sich illegal davonzumachen, und sogar einige, die ihre Brust unberechtigter Weise mit Orden schmückten. Die wenigen, in einfache Kleidung gehüllten Zivilisten blieben reserviert und drückten sich um die deutschen Soldaten herum.

Viele der Landser waren direkt mit Karabinern angereist – man nahm sie den Soldaten nicht mehr ab, damit die Reisenden einer Eisenbahn im Falle eines Partisanenangriffes direkt wehrfähig waren. Berning jedoch war unbewaffnet; seine Einheit musste zusehen, eine Waffe für ihn zu besorgen. Zuerst einmal musste er seine Einheit aber finden. Ein flaues Gefühl im Magen begleitete den Unteroffizier, als er die Bahnhofskommandantur aufsuchte, um nach seiner Einheit zu fragen. Ganz unverhohlen wünschte er sich tief in seinem Inneren, dass Pappendorf in der Zwischenzeit gefallen oder zumindest versetzt worden war. Er wusste wahrlich nicht, wie lange er dessen Schikanen noch ertragen würde – gerade jetzt, nach Monaten ohne den Unterfeldwebel ... pardon, Feldwebel ... trug er die schlimme Befürchtung in sich, diesen Menschen überhaupt nicht mehr aushalten zu können. Mit Wut, mit Angst, mit Hass im Bauch setzte er seine Suche fort.

*

Berning stieß die Türe zu einem schmalen Bauernhaus auf, das im Osten der Stadt lag – circa drei Kilometer hinter der Frontlinie. Pappendorf stand im Raum mit geschniegelter Uniform, als würde er sich gleich auf eine Militärparade begeben. Auch Hege war anwesend. Pappendorf fischte Unterlagen aus einer Holzkiste, überflog sie kurz und legte sie dem zum Gefreiten beförderten Maschinengewehrschützen dann auf einen Stapel in dessen Händen. Hege erblickte den Unteroffizier umgehend und zeigte seine braunen, wie von einer Ölschicht belegten Zähne. Dann wandte auch Pappendorf sich dem Neuankömmling zu. Der Feldwebel schaute Berning mit jener Miene an, welche fast immer sein Gesicht zierte: Die Lippen kniff er zu einem schmalen Strich zusammen, die Augen verengten sich zu winzigen Schlitzen.

Berning verspürte beim Anblick seines Zugführers sofort den Drang, diesem an die Kehle zu gehen. Er biss gewaltsam die Zähne aufeinander. Pappendorf war schuld daran, dass Berning sich auf Sizilien hatte langweilen müssen, statt zu Hause bei seiner Familie und Gretel zu sein. Wegen Pappendorf war Berning in die Kämpfe um die Insel geraten, wäre fast drauf gegangen. Pappendorf war drauf und dran, Bernings ganzes Leben zu zerstören. Der Unteroffizier kochte.

Doch er ließ sich seine Gedanken nicht anmerken. Stattdessen ging er in Grundstellung und meldete sich vorschriftsmäßig.

»Sieh an«, sagte Pappendorf und grinste hämisch, »der Urlauber ist zurückgekehrt.«

Bern, Schweiz, 08.09.1943

Taylor stand am Fenster seiner kleinen Berner Wohnung und starrte hinaus in den blauen Himmel. Die Sonne schien kräftig und ließ die Fassaden und Dächer der Berner Innenstadt glänzen. Feine Puderwölkchen zogen über den strahlend blauen Himmel, der sich wie ein schwebendes Meer über die Stadt legte. Gelächter junger Menschen drang an Thomas' Ohr. Kinder spielten in den Straßen. Paare genossen eng umschlungen die Nachmittagssonne, gaben ihr Geld für Speiseeis und kühle Getränke aus. In der Ferne bimmelte die Tram.

Doch Thomas war heute nicht nach Ausgelassenheit. Mit starrem Blick schaute er in die Ferne. An dem Geschehen dort draußen nahm er keinen Anteil. Gedanken – schlimme Gedanken – trieben ihn um. Er fürchtete um das Reich. Er war sich nicht sicher, ob der Krieg noch zu gewinnen war. Er flehte innerlich um ein wenig Kriegsglück für sein Land – in diesen schweren Zeiten.

Die Alliierten hatten schon von Sizilien nicht vertrieben werden können, und nun waren sie auf dem italienischen Festland gelandet. Man hörte, sie hatten sich dort bereits festgesetzt. Salerno, Taranto, Bari – alles in Feindeshand. Auch dieses Mal war es nicht gelungen, die Amis und Tommys am Strand abzuschlagen, sie zurück ins Meer zu werfen. Das aber wäre die einzige Möglichkeit gewesen, der unglaublichen materiellen und personellen Übermacht der Westmächte beizukommen – immerhin standen hier die geballten Volkswirtschaften der USA, Englands und des Commonwealth gegen die Deutschlands. Das war quasi die halbe Welt. Die Wirtschaftsleistung, das Menschenaufgebot und das Kriegsgerät der halben Welt gegen ein Land. Solange man am Strand in der Verteidigung lag und die Küsten feindfrei hielt, war der Kampf zu schaffen. Doch nicht auf dem Land – nicht fernab der Küste, wo Mann gegen Mann und Panzer gegen Panzer stehen würde.

Langsam schüttelte Thomas den Kopf. Man würde nun Verbände aus dem Osten abziehen müssen, um Italien zu verstärken. Dann würde dort der Russe bald durchbrechen, und man würde die Verbände wieder zurück in den Osten schleifen, um dort die Löcher zu stopfen. Die Alliierten würden sich dann die nächste Schwachstelle suchen und in Norwegen oder Griechenland landen. Wieder würden dann Einheiten aus dem Osten abgezogen werden, um an diesen Kriegsschauplätzen auszuhelfen. Ein Teufelskreis. Thomas glaubte an die qualitative Überlegenheit des deutschen Militärs, doch in diesem Krieg, der mehr und mehr zu einem Kampf der gesamten verdammten Welt gegen das Deutsche Reich wurde, drohte jede Qualität am Ende von der schieren Masse des Feindes überspült zu werden.

Thomas verspürte ein flaues Gefühl im Magen. Er suchte im Geiste krampfhaft nach einem Weg, wie er seinem Land in diesem Konflikt am meisten nützen könnte. Er war sich jedenfalls nicht mehr sicher, ob der beste Platz für ihn hier in der Schweiz war. Gleichwohl wollte er nicht weg von hier – nicht weg von *ihr*. Das war ein schwieriger Konflikt, den er da mit sich selbst austrug.

Hinter ihm klackte das Schloss der Tür, die im nächsten Moment aufgestoßen wurde. Luise stürmte freudestrahlend in den Raum. »750 Kilometer!«, stöhnte sie und fiel Thomas um den Hals. »750 Kilometer!« Fast weinte sie. Thomas ergriff ihre Schultern. Endlich beruhigte sich Luise. Ihr Blick erfasste Thomas. Eine blonde Strähne fiel ihr ins Gesicht, die Thomas sorgsam hinter ihr Ohr strich. Luise lächelte breit. Ihre großen Augen, blau und weit wie der Himmel, schauten ihn an. Ihre vollen, vor rotem Lippenstift strotzenden Lippen schienen eine Einladung zu flüstern. Luise brachte Thomas, obwohl ihm eigentlich gar nicht danach war, nun selbst zum Lächeln. Ein angenehmes Kribbeln durchdrang seinen Magen, und er konnte seine Augen nicht von ihr nehmen.

»750 Kilometer«, wisperte sie noch einmal.

»Was meinst du?«

»Ich hab es an der Karte ausgemessen. Nur noch 750 Kilometer liegen zwischen den Amis und der Schweizer Grenze. Wir können bald aufatmen, Aaron. UNSER Volk kann aufatmen!« Langsam beugte sie sich vor. Thomas starrte sie an, unfähig sich zu rühren. Sie beugte sich noch weiter vor, die Wölbungen ihrer Bluse stießen gegen Thomas' Arme.

»Ich will dich, Aaron«, flüsterte sie ihm ins Ohr. »Jetzt!«

Dann ließ sie von ihm ab und biss sich keck auf die Unterlippe. Langsam trat sie rückwärts und setzte sich aufs Bett. Dabei ließen ihre großen Augen keinen Augenblick von Thomas ab. Der stand noch immer da wie angewurzelt; starrte sie bloß an. Luise spreizte ihre Beine und grinste. In diesem Moment kamen Thomas zwei Gedanken. Erstens: *Ich muss mich sofort ausziehen!* Zweitens: *Von wegen Balkan!*

Podersdorf am See, Deutsches Reich, 16.09.1943

Die alte Holztüre öffnete sich und Unteroffizier Franz Berning blickte in das Gesicht seines unglaublich alt gewordenen Vaters. Berning erschrak. Während er in Uniform und mit entladenem Gewehr in der Hand dastand, erinnerte ihn der Anblick seines alten Herrn an eine Mumie: Das Gesicht war eingefallen und wurde von unendlich vielen Falten nach unten gezogen. Die Haare waren lang und grau und zerzaust. Altersflecken bedeckten die dürren, alten Hände. Aufgekratzte, trockene Haut zierte sein Antlitz. Der überschuldete Postbeamte Gustav Berning sah aus wie 70, dabei war er noch keine 60.

Franz Berning hatte es doch noch nach Hause geschafft, doch bei dem Grund seines kurzen Heimaturlaubs hätte er gerne darauf verzichtet.

»Grüßgott, mein Junge«, zitterte sich eine schwache Stimme aus dem tieftraurigen Mund des Vaters nach draußen. Der burgenländische Dialekt war unüberhörbar.

Franz' Augen wurden glasig. Er vermochte seines Vaters Anblick kaum zu ertragen.

Erst letztes Jahr noch, als sie sich zuletzt gesehen hatten, war er ein so stolzer und starker Mann gewesen. Das war, bevor Mutter krank geworden war ... »Es tut mir so leid ...«, flüsterte Franz und trat in den engen Hausflur. Er stellte das Gewehr neben sich ab und lehnte es gegen die Wand, dann riss er sich seine Feldmütze vom Kopf. »Es tut mir so leid, Vater«, wisperte er noch einmal und fiel seinem Vater in die Arme. Er war zu spät – einen Tag bloß. Mutters Beerdigung war gestern gewesen.

»Ist schon gut, Junge«, hauchte der Vater und streichelte seinem Sohn über den Schopf. »Kannst ja nichts dafür.« Dann weinten sie beide.

Franz hätte es wirklich schaffen können. Er hatte die Nachricht rechtzeitig erhalten und ihm war umgehend Sonderurlaub genehmigt worden. Dann aber verzögerten Partisanenangriffe gegen Schienen die Reise um fast zwei Tage.

Franz weinte laut und heftig, der Vater eher leise. Er hatte bereits viele Tränen vergossen, während Franz bis jetzt stets stark geblieben war – immerhin war er immer umringt gewesen von anderen Soldaten, vor denen er sich nicht die Blöße geben wollte. Nun aber konnte er es nicht mehr zurückhalten. Dicke Tränen liefen über seine Wangen. Er hatte sich nicht verabschieden können, das lag ihm am schwersten auf dem Herzen. Als er das letzte Mal in Richtung Front gefahren war, im Sommer 42, da wusste er noch nicht, dass er seine Mutter nie wieder sehen würde. Natürlich hatte sie damals beim Abschied geweint, so wie die meisten Mütter weinen, wenn ihre Kinder in den Krieg ziehen. Doch damals wusste noch niemand, was in ihrem Körper heranwuchs – sich unwiderruflich ausbreitete. Die Eltern hatten Franz bis zum Schluss den schlimmen Zustand der Mutter verschwiegen, er hatte erst durch die Todesnachricht davon erfahren. So hatte Franz Berning sich tatsächlich nie verabschieden können.

Beide lagen sich noch einige Minuten lang in den Armen, ehe sie sich langsam voneinander lösten. Der Vater, dessen

Gesicht aufgequollen und rot war, betrachtete seinen uniformierten Sohn von Kopf bis Fuß. »Siehst fein aus«, bemerkte er, dann bat er Franz in die Stube herein.

*

Sie saßen am kleinen Esstisch und tranken Tee, den der Vater aufgesetzt hatte. Während draußen eine kräftige Brise gegen die Fenster wehte und der Spätsommer mit aller Macht von ungemütlichen Temperaturen verdrängt wurde, entfaltete sich in der kleinen Küche der leicht scharfe Geruch von schwarzem Tee. Franz erzählte einige Erlebnisse von der Front, ohne ins Detail zu gehen oder von Brutalitäten zu berichten. Doch verschweigen musste er auch nichts. Gustav Berning hatte im Großen Krieg gegen die Italiener gekämpft und wusste, was Krieg war. Der Vater wiederum erzählte ein bisschen von den Neuigkeiten aus dem Dorf. So erfuhr Franz, dass es seinen beiden Cousins gut ging. Der eine diente in Griechenland, der andere in Norwegen – Glückspilze! Geschwister hatte Franz keine und auch sonst war die Familie recht klein, weshalb der Vater auch ganz allein sein würde, sobald Franz wieder fort war.

»Wann musst du wieder los?«, fragte der Alte alsgleich.

»Am Sonntag.«

Vater nickte. »Dann sitz hier nicht herum«, sagte er plötzlich. Dabei kehrte tatsächlich ein wenig Leben in sein altes Gesicht zurück. Franz blickte fragend auf.

»Ab zu Gretel. Sie wartet freilich schon auf dich.«

»Ehrlich gesagt, weiß sie gar nicht, dass ich hier bin. Ist doch bloß für ein paar Tage, da würde ihr der Abschied am Sonntag das Herz brechen.«

Ein Hauch von Zorn, zumindest aber Unverständnis, stieg in das Gesicht seines Vaters, während der sich drohend erhob. Franz verstand erst gar nicht, warum. »Junge, sei nicht dumm!«, raunte der Alte. »Du solltest jede Minute nutzen, die du kriegen kannst!«

»Wie meinst du das?«

»Da wartet ein hübsches Mädel auf dich, also hin, Franz! Ehrlich, Junge, Sonntag gehst du zurück an die Front. Und wir beide kennen den Krieg. Vielleicht kehrst du nicht wieder zurück, so ehrlich musst du mit dir sein. Also hol dir, was du kriegen kannst.«

Franz starrte seinen Vater mit offenstehendem Mund und großen Augen an. So »offen« hatten die beiden noch nie über Frauengeschichten gesprochen.

»Deine Mutter hat mich beauftragt, dir noch etwas zu sagen«, fuhr Gustav fort.

»Ja?«

»Ich soll das ...«, nun blickte der Vater etwas verlegen zu Boden und druckste herum, » ... das Männergespräch mit dir führen.«

Franz schwante Übles. Er fühlte sich ganz plötzlich sehr unwohl und lehnte sich unsicher in seinem Stuhl zurück. Vater jedoch sagte kein weiteres Wort mehr, sondern griff in die Schublade einer Kommode, holte zwei Papiertütchen heraus und schleuderte sie auf den Tisch. »Nur für die Deutsche Wehrmacht bestimmt. Nach Gebrauch sofort zu vernichten«, stand darauf. Franz wusste nicht, was er davon halten sollte. Natürlich kannte er den Inhalt dieser Tütchen und selbstredend waren sie in seiner Einheit schon verteilt worden, ganz zu schweigen, dass er selbst welche davon im Sommer 42 benutzt hatte. Die Preisfrage lautete allerdings, woher der Vater Wehrmachtmaterial hatte. Gustav jedoch redete sofort weiter, denn ihm schien diese Unterhaltung ebenso unangenehm zu sein wie seinem Sohn. Franz wäre gerade am liebsten woanders.

»Also, Männergespräch«, räusperte sich der Alte und setzte sich. »Junge, hör zu: Mach, was immer du für richtig hältst – ist mir völlig egal. Aber benutze die da«, er zeigte dabei auf die Tütchen, »oder heirate sie. Solltest du irgendwann ein uneheliches Kind zeugen, dann schwöre ich dir beim Herrn, dann hole ich den Gürtel nochmal raus und schlag dich blau und grün! Ich bin noch nicht zu alt, um dir eine Tracht Prügel zu verpassen.«

Beide starrten sich an. Franz wartete auf ein Zeichen der Lockerung bei seinem Vater, doch der schien jedes Wort zu meinen, wie er es gesagt hatte. Nach Minuten der Stille lehnte sich Vater dann doch in seinem Stuhl zurück, nahm seine Tasse und trank einen Schluck schwarzen Tee.

»Jetzt steck schon die Dinger ein, Franz«, befahl der Vater schließlich und wies auf die Kondome. Franz tat sofort, wie ihm geheißen. Weitere Sekunden lang schwiegen beide.

»Geh, Junge«, forderte der Vater seinen Sohn schließlich auf, »wird schneller Sonntag sein, als dir lieb ist.«

Franz nickte und erhob sich.

»Ich geh mich eben umziehen.«

»Ne, glaub mal, Junge. Bleib in Uniform. Ist besser.« Vater grinste, dann nickte Franz, drehte sich um und verließ den Raum. »Keine Bange! Du siehst mich auf jeden Fall noch mal, bevor ich fahre!«, rief er zurück. Das Gesicht des alten Mannes wurde von Trauer und Freude zugleich geflutet.

*

Noch in derselben Nacht waren Franz und Gretel auf den Scheunenboden ihrer Eltern geklettert, wo es bitterkalt war. Bloß Bernings Taschenlampe schnitt mit einem grellen Schein durch die Dunkelheit – Kerzen wollte er in einem mit Stroh ausgelegten Holzboden nicht anzünden. Das tiefhängende

Dach knarzte und ächzte unter dem Wind, der pfeifend an der Scheune zerrte. Draußen waren kräftige Böen unterwegs. Eine Fensterlade klatschte irgendwo immer wieder gegen die Hauswand und dann zurück.

Franz und Gretel lagen eng aneinandergeschmiegt im Stroh, hatten sich in dicke Pferdedecken gehüllt. Sie streichelten sich und tranken Sturm, der zu dieser Zeit fast schon überreif war, somit unglaublich süß schmeckte, gleichsam aber ordentlich knallte. Im Schein der Leuchte sah Gretel sehr anziehend aus. Licht und Schatten spielten in ihrem sanften Gesicht und mit ihrer kleinen Nase. Ihr blondes Haar schimmerte.

»Weißt du, ich bin so stolz, dass mein Franz das Reich in Russland gegen diese Barbaren verteidigt. Die anderen Mädels sind schon ganz rot vor Neid, weil ihre Kerle bloß in Norwegen oder Frankreich stationiert sind, wo es ja gar nichts Heldenhaftes zu tun gibt. Ich finde das prima, dass du an der wichtigsten Aufgabe in diesem Krieg teilhast.«

»... Ja, prima ...«

»Du bist eben ein richtiger Mann. Manchmal bin ich ganz aufgeregt, wenn ich daran denken muss, was du alles erlebst dort drüben. Und du bist so mutig. Du warst in Russland, und sogar als du verwundet in Italien warst, hast du gekämpft.« Sie lächelte sanft und streichelte Franz über die Brust.

»Ja, mag sein. Aber so dolle ist es gar nicht, Gretel.«

»Ach, sei nicht bescheiden! Es ist so schlimm, wenn man bedenkt, dass diese Untermenschen das Reich angreifen wollten! Unsere alte Scharführerin hat uns das alles erklärt. Wie die Russen bereits mit ihren Soldaten und Panzern hinter der Grenze standen. Die wollten uns einfach überfallen und sich unser Land einverleiben! Kannst du dir das vorstellen? Und jetzt sehen sie, was sie davon haben.« Die Jugendorganisationen, die die NSDAP nach ihrer Machtübernahme in den

Staat integriert hatte, waren auch dieser Tage noch aktiv. Sogar von Witzleben konnte der Idee einer unter einem Dach vereinigten Jugend einiges abgewinnen.

Gretel blickte Franz an, doch der war geistig nicht ganz bei der Sache. Mit leerem Blick starrte er an ihr vorbei in den Schein der Taschenlampe, während über ihnen der Wind das Dach hinfort zu reißen versuchte.

»Was hast du denn?«, wollte sie wissen.

»Nichts. Es ist nichts.«

»Du machst aber so ein Gesicht wie sieben Tage Regenwetter.«

»Nein, ist in Ordnung.«

Plötzlich lag ihre Hand auf seinen Schenkeln, während ihr Gesicht ganz nah an seinem war. »Erzähl doch endlich mal, Franz«, flüsterte sie und schien erregt zu sein.

»Was denn?«

»Erzähl von deinen Erlebnissen.«

»Ich weiß nicht, ob das hier hingehört.«

»Komm schon, sei kein Frosch! Erzähl mir von deinen Heldentaten, dann gehöre ich dir!« Ihre Hand bewegte sich langsam nach oben zu seinen Lenden. Franz zuckte und spürte, wie sie ihn anstachelte.

»Na ja, einmal ...«, begann er und fühlte sich unwohl dabei. Dann blickte er in ihre Augen, die schon ganz nah waren – und die mehr wollten. »Einmal«, wiederholte er sich, »waren wir umzingelt von den Russen ... na ja ... also unsere Schwadron und noch ein paar andere Einheiten. Die Russen waren überall ... na ja ... also ...«

»Drucks doch nicht herum!«, forderte sie und fasste ihm in den Schritt. Franz fuhr zusammen. Er wollte sie!

»Also, wir waren umzingelt. Und die kamen von überall. Dreimal, viermal so viele wie wir waren. Und Panzer hatten die! Unsere eigenen Kästen waren schon aufgeraucht. Ich war oben in einem Gebäude mit meinem MG-Schützen und noch zwei anderen. Einer von denen war schon tot und der MG-Schütze verwundet. Also war fast nur noch ich übrig.«

Gretels Augen wurden größer und größer. Ihre Hand massierte seinen Schritt. Franz richtete sich etwas auf, er sprach nun schneller: »Also lag es an mir. Ich hab geschossen, was das Zeug hielt. Zwanzig oder fünfundzwanzig Russen hab ich erwischt. Dann hab ich aber gemerkt, dass das alles nichts hilft, solange da die feindlichen Büchsen noch herumfahren.«

»Stark«, hauchte Gretel.

»Ich hab mir also meine Männer geschnappt und bin runter. *Geballte Ladungen fassen!*, rief ich. Das taten die Männer, und dann sind wir raus. Aber im selben Moment kommen schon mehr eigene Panzer, und die machen mit den Russen natürlich kurzen Prozess, weil: Was will schon ankommen gegen deutsche Wertarbeit? Also bin ich mit meinen Männern durchs Dorf, und wir haben alles gesichert und den letzten Widerstand bekämpft. Plötzlich bin ich ganz allein in einer Gasse und eine Türe geht auf. Da steht doch tatsächlich so ein Russe vor mir.«

Gretel lag schon halb auf Franz drauf und wurde mit jedem Wort noch aufgeregter.

»Franz, was ist dann passiert? Musstest du ihn erschlagen?«

»Nein, nein. Er hat sofort sein Gewehr hochgerissen und wollte mich totschießen.«

»Oh Gott, wie schrecklich!«

»Aber ich war natürlich schneller und schon lag er da.«

»Unglaublich.«

»... Ja ...« Franz starrte einen Moment in die Dunkelheit.

»Und getroffen haben sie dich auch!«, hauchte sie mit gespielter Bestürzung, während ihre Finger über seine Narbe am Hals fuhren.

»Ja.«

»Und du durftest nicht nach Hause?«

»War halb so wild. Ging quasi direkt weiter.«

»Oh Franz, du bist so stark.« Sie drückte ihren Körper gegen seinen.

»Hast du nie einen Russen im Handgemenge bezwungen?«, wollte sie wissen. Franz starrte sie an. *Was ist bloß mit diesem Mädel los?*, fragte er sich. Doch da gleichsam ihre Hand seinen Schritt rieb und ihre harten Wölbungen, die sich unter ihrem Kleid abzeichneten, gegen seinen Leib drückten, erzählte er artig weiter: »Einmal wurden wir angegriffen – da lagen wir in Stellung. Die Russen sind bei uns eingebrochen und waren plötzlich überall.« Franz hielt einen Moment inne, während sein Herz kräftig schlug. Er zögerte. Dann erzählte er weiter: »Die waren überall. Plötzlich sehe ich, wie ein Russe mit einem guten Kameraden von mir ringt. Ich renne hin und stehe direkt neben den beiden. Der Russe drückt meinem Kameraden die Luft ab. Der war fast schon erstickt.«

»Gott nein, was für Barbaren!«

»Ja, da sagst du was.«

»Hast du ihn erschossen, mein Franz?« Gretel blickte ihn fordernd an. Bernings Augen wurden glasig. Ein Kloß setzte sich in seinem Hals fest. Doch Gretel starrte ihn an … Gretel wollte ihn. Franz fuhr fort: »Nein. Auf die Entfernung wollte ich keine Kugel verschwenden. Ich hab ihn runter gezogen von meinem Kameraden und kurz mit ihm gekämpft. Ich hab ihn aber schnell kleingekriegt. Dann dachte ich mir, es wäre eigentlich nicht schlecht, ihn als Gefangenen zu nehmen, dann können wir noch Informationen aus ihm herausquetschen. Also hab ich ihn gefangen genommen.«

»Und dein Kamerad?«, flüsterte sie.

»Der ist wohlauf. Hat sich bedankt.« Berning nahm Gretel in seine Arme. Ihre Lippen näherten sich einander.

»Du bist mein Held«, wisperte sie und schloss die Augen. *»Und wo du jetzt Urlaub hast, lass das Weib mal ihre Aufgabe erfüllen.«* Mit diesen Worten drückte sie ihn ins Stroh und öffnete ihm die Knöpfe der Feldbluse.

Westlich von Orel, Sowjetunion, 16.09.1943

Engelmann beobachtete von der Waldkante aus, wie sich eine Kolonne von Wehrmachtsfahrzeugen, die beidseitig bis zum Horizont reichte, langsam über die staubige Straße schob, die nach Orel führte. Blitz-LKW, Pferdekarren und Einheits-PKW verstopften die Straße und machten jedes Weiterkommen nur noch im Schritttempo möglich. Fahrer blafften sich an, russische Hilfswillige saßen mit verkniffenen Mienen auf Panjewagen. Vereinzelte Trecks von Zivilisten, die scheinbar ihr gesamtes Hab und Gut mit sich führten, trotteten mit gesenkten Köpfen an der zum Stillstand verdonnerten deutschen Militärmaschinerie vorbei. Auch Kräder rauschten brummend seitlich der Straße an der Kolonne entlang. Manchmal winkten die Kradfahrer den Männern in den vierrädrigen Kisten provozierend zu – und ernteten zum Dank wild gestikulierte Wutausbrüche der zum Warten Verdammten.

Dank Gott, dass wir außer Reichweite der angloamerikanischen Luftwaffe sind, dachte Engelmann, *die Jungs da gäben ein prima Ziel ab.* Er würde schmunzeln, würde nicht seine Familie tagtäglich im Einzugsgebiet der feindlichen Bomber leben müssen. Immerhin konnte er sich rasch von solchen Gedanken ablenken, denn in seinen Händen hielt er quasi ein Stück Heimat, einen Brief von Elly. Während im Hintergrund seine Besatzung auf Wanne und Turm von Franzi II saß und Karten spielte, und andere Landser der 12. Kompanie im

Schatten vor sich hin dösten, riss Engelmann den Umschlag auf und holte das feine Briefpapier heraus, auf dem Elly zu schreiben pflegte. Gerade wollte er die erste Zeile lesen, da dröhnte Münsters schallendes Gelächter über die Ebene und mischte sich unter das stete Brummen der Motoren. Engelmann blickte gen Norden. Er machte seinen Fahrer auf Höhe des Führungspanzers der 12. aus. Münster stand dort im hohen Gras, angelehnt an einen Baum, und zog genüsslich an einer Kippe. Stollwerk erzählte dem Unterfeldwebel gestenreich irgendwelche Dinge, doch Engelmann war zu weit weg, um zu hören, um was genau es ging.

Pfft, Heldengeschichten, spie sein Geist aus. Engelmann lachte freudlos auf, als er sah, wie Stollwerk seine Hand zu einer Pistole formte und anschließend eine Bewegung machte, als würde er auf jemanden einschlagen. Schließlich grinste der Hauptmann, und Münster lachte abermals laut auf.

Einmal mehr beneidete Engelmann seine Kameraden um deren Leichtigkeit. Hatte sich die Gesamtlage seit dem Unternehmen Zitadelle dramatisch verändert, ja zu Teilen sogar verbessert, beherrschte Engelmann einmal mehr der Pessimismus. Kurz rekapitulierte er in Gedanken die Geschehnisse seit Mai dieses Jahres: Nach der Einschließung einiger sowjetischer Armeen bei Kursk war es der Wehrmacht gelungen, mehrere russische Offensiven unter nur geringen Gebietsverlusten abzuwehren. Dabei hatte man dem Feind nicht nur immense Verluste beigebracht, sondern auch eine gewaltige Lücke in die überhastet aufgestellten Feindformationen geschlagen und konnte somit einen raschen Gegenstoß ausführen, der die Wehrmacht bis an die Oka und nach Tula vordringen ließ. Moskau war plötzlich wieder zum Greifen nahe. Doch die Kräfte der Wehrmacht waren nach diesem Vorstoß endgültig aufgebraucht. Die deutsche Armee war zu einem Bewegungskrieg im Osten nicht mehr in der Lage. Dabei mangelte es nicht nur an Panzern und ausgebildeten Besatzungen, sondern ebenso an Munition, Nahrungsmitteln und vor allem an Treibstoff. Dennoch hatte die Wehrmacht in diesem Sommer alles erreicht, was sie angesichts der ungünstigen Ausgangslage hatte erreichen können: Die Massen der Roten Armee waren vorerst gestoppt und vernichtet worden. Die Sowjets, die Anfang des Jahres noch über zehnmal mehr Panzer verfügt hatten als die Wehrmacht sowie über schier endlosen Nachschub an Menschen und Rohstoffen, waren zur Bewegungsunfähigkeit zusammengeschossen worden. Dementsprechend war nun Ruhe eingekehrt an der Ostfront. Kleinere Scharmützel fanden weiterhin statt, auch schickte die Artillerie ab und an einen Gruß auf die andere Seite, doch die Zeit der großen Offensiven war vorüber – zumindest für dieses Jahr. Beide Seiten lagen verschanzt in ihren Stellungen, gruben sich immer weiter ein. Ein Stellungskrieg drohte, der so grausam werden könnte, wie jener an der Westfront im Großen Krieg. Engelmann musste angesichts dieser Aussichten schlucken. Waren die Gräben erst einmal tief genug, und die Verteidigungsstellungen mit Stacheldraht, Minen, Kampfständen und Bunkern befestigt, würde jeder Angriffsversuch im feindlichen Abwehrfeuer sofort verbluten. Dabei könnte eine letzte Offensive im nächsten Jahr alles beenden – einmal noch müsste die Wehrmacht ihre Kräfte sammeln und gegen Moskau marschieren. Doch Engelmann war ebenfalls bewusst, dass auch der Russe die Zeit der »Ruhe« zur Auffrischung nutzen würde. Schaffte die Wehrmacht es, bis Anfang nächsten Jahres 3.000 neue Panzer an die Ostfront zu liefern, würden es auf russischer Seite 10.000 sein. Konnten auf deutscher Seite die Divisionen in diesem Zeitraum aufgefrischt werden, so würde der Russe seine ebenso auffrischen und zusätzlich 30 neue aus dem Boden stampfen. Die Zeit arbeitete gegen das Deutsche Reich, da war Engelmann sich sicher. Zudem war da die schwierige Lage im Westen. Der Feind hatte mit Italien die Festung Europa gestürmt. Binnen Wochen hatten die Westmächte Sizilien erobert, und nun waren sie auf dem Südzipfel des Stiefels gelandet. Wegen der Invasion Siziliens hatte der Große Faschistische Rat Italiens über Mussolinis Absetzung beraten. Der »Duce« hatte, bedingt durch die Bestrebungen von Witzlebens, Italien als gleichberechtigten Bündnispartner zu behandeln, eine knappe Mehrheit hinter sich vereinigen können. Dennoch zeigte die Abstimmung deutlich, wie instabil der wichtigste europäische Verbündete des Reichs war.

Hatte die Achse der geballten Macht der USA und Englands wirklich etwas entgegenzusetzen? Oder würde der Feind im Winter bereits an den Alpen stehen? Engelmann wollte sich diese Fragen lieber nicht beantworten. Es musste einfach gelingen, die West-Alliierten im Südteil des Stiefels festzunageln. Doch mit der Ostfront im Rücken, mit englischen Schiffen im Mittelmeer, amerikanischen Bombern über dem Reichsgebiet und schwachen Verbündeten wie Italien, aber auch Ungarn oder Rumänien im Herzen Europas, flehte Engelmann geradezu, dass das Deutsche Reich unter diesem von allen Seiten ausgeübten Druck nicht zusammenbrechen würde. Seine Augen wurden glasig, als er sich fragte, wie lange dieser Krieg noch dauern mochte. Sie waren jetzt im vierten Kriegsjahr – solange hatte der Große Krieg angedauert. Wie viel Krieg würde Europa noch ertragen können? Unweigerlich musste er an den siebenjährigen Krieg denken … an den dreißigjährigen, an den hundertjährigen …

Engelmann schüttelte sich, um solche Gedanken loszuwerden.

Immerhin würde es für das Regiment nun erst einmal in die Etappe gehen – in die wirkliche Etappe, nicht wie hier in Orel, wo sie auch bloß einige Kilometer vom Russen entfernt lagen. Nein, dass PzRgt 2 würde gänzlich aus dem Frontbereich herausgezogen werden. Die verbrauchten Kräfte bedurften dringend einer Auffrischung und die altgedienten Kameraden einer Erholung. Nach Frankreich sollte es gehen, munkelte der Buschfunk, doch Engelmann würde das erst glauben, wenn er den Marschbefehl dazu in Händen halten würde. Darüber hinaus sollte dann auch endlich die 9. Kompanie wiederbelebt werden, und Engelmann würde wieder Herr über einen Zug sein, mindestens.

Schließlich wandte sich Leutnant Engelmann dem Brief seiner Frau zu. Allzu lange hatte er sie nun warten lassen und sich mit seinen immerwährenden, militärischen Gedanken befasst.

Wenn das keine Sünde ist, dann weiß ich auch nicht, lachte er innerlich, ehe sich seine Augen auf die schwungvoll geschrieben Lettern seiner Frau hefteten.

Leutnant   **29.8.1943**
Josef Engelmann
F.P. 34444

Mein Sepp!

Wie sehr habe ich darauf gehofft, von Dir über den Sommer eine Nachricht zu erhalten, daß Du in Deutschland bist und doch mal kommen kannst für einen Tag oder zwei. Leider aber kam nichts. Hattet ihr wieder Schreibverbot? Musstest Du doch in Russland bleiben und konntest nicht nach Deutschland oder Italien oder Frankreich? So hattest Du ja schließlich gedacht, daß es vielleicht so kommt. Ich hoffe jedenfalls, Du bist wenigstens nicht mehr ganz vorne mit dabei. Wenn ich sehe, was dieser Tage so passiert überall, dann werde ich ganz ängstlich und weiß manchmal nicht mehr ein noch aus. Gudrun soll doch ein behütetes Leben haben, doch das ist im Krieg nicht möglich. Die Bomber der Alliierten sind nun jeden Tag und jede Nacht über Deutschland. Die haben den Hafen schwer getroffen, und auch das St. Jürgen-Krankenhaus wurde vollständig zerstört. Erst kamen die Sprengbomben und haben das Dach zerstört, dann kamen die Brandbomben hinterher und fielen direkt in die Kinderklinik hinein. Die kleinen, armen Seelen sind kreischend im Feuer verbrannt. Ein Bekannter von Onkel Theo ist doch bei der Feuerwehr. Er hat sich drei Tage nach dem Unglück in seiner Wohnung erhängt, weil man sagt, er hätte die verkohlten Kinderlein gesehen und das nicht ertragen können. Sagt man zumindest! Habe ich auch auf seiner Beerdigung gehört von allen möglichen Leuten. Das hättest Du sehen sollen! Halb Bremen war da, um den Mann zu verabschieden!

Ach, ich hoffe einfach, dass all dies Leid zumindest an unserer kleinen Familie vorüberzieht. Wir haben doch nichts Böses getan, daß wir so etwas verdient hätten. Vor allem Gudrun nicht. Bitte schreib bald, wie es Dir geht und wo Du steckst. Ich werde schon durchhalten, bis Du zurückkehrst, aber ohne Nachricht von Dir gehe ich ein!

In Liebe
Elly

Berlin, Deutsches Reich, 17.09.43

Im letzten Drittel des Jahres 1943 nahmen die Bombenangriffe der Amerikaner und Briten gegen deutsche Städte mit jedem Tag zu. Hamburg war im Sommer schwer getroffen worden. Die Bomben und der anschließende Feuersturm hatten große Teile der Altstadt vernichtet. Auch über dem

Himmel der Hauptstadt waren feindliche Bomberverbände keine Seltenheit mehr. Die Luftwaffe, deren Kräfte über den ganzen Kontinent verteilt waren und die im vierten Kriegsjahr die ungeheuren Verluste an Mensch und Material nicht mehr ersetzen konnte, musste dem Bombenterror beinahe tatenlos zusehen. Berlin lag zu Teilen in Trümmern, doch ungeachtet der sich häufenden Fliegeralarme, musste der Betrieb in der Hauptstadt weitergehen. So auch im Büro des Kanzlers.

Mit ernster Miene brütete von Witzleben über einem Schreiben. Neben ihm stand Louis Ferdinand von Preußen, ein großgewachsener Mann mit hoher Stirn und dichtem, schwarzen Haupthaar – dort, wo noch welches wuchs. Er hatte oft ein keckes Lächeln auf den Lippen und war für seine sympathische Art bekannt und beliebt, doch an diesem Tag, wo er neben dem Kanzler auf das Schriftstück blickte, da lag auch seine Stirn in Falten; seine Miene verriet die ganze Sorge, die er in sich trug.

Von Witzleben hatte Louis Ferdinand von Preußen zum Reichsaußenminister gemacht, denn dieser, als Sohn des Kronprinzen des ehemaligen Kaiserreichs, unterhielt so viele Kontakte nach Großbritannien, nach Frankreich und Russland, dass es keinen Besseren für den Posten hätte geben können. Louis, der insgeheim noch immer von der Krone träumte, unterlag als Reichsaußenminister einem ewigen, inneren Zwist: Zum einen musste er den Kriegsgegnern Deutschlands mit Stärke und Dominanz entgegentreten, zum anderen aber waren seine Gesprächspartner oftmals alte Freunde oder – schlimmer noch – Verwandte.

Und dann war da noch die Tatsache, dass es seiner Gesinnung zutiefst zuwider lief, mit so großartigen Nationen wie England oder Russland – auch wenn letztere derzeit dem Wahnsinn des Kommunismus anheimgefallen war – Krieg zu führen. Würde es nach Louis Ferdinand gehen, würde er den

Krieg lieber heute als morgen beenden, doch natürlich war auch er ein glühender Patriot, weshalb er das Deutsche Reich sicherlich nicht zum Ramsch-Laden für alliierte Interessen machen würde.

Stapelweise Dokumente und Briefe lagen auf dem Schreibtisch verstreut, und eines von ihnen war nun schon über acht Monate alt. Dennoch war es von besonderer Bedeutung: Es war ein anonymer Brief eines Absenders, der sich selbst als »Werther« bezeichnete und in dem er dem Kanzler versicherte, seine Spionagetätigkeiten umgehend einzustellen; nun, da die Nazis vom Thron gestoßen waren.

Doch über diesen Brief, der bereits Gegenstand vieler Diskussionen und Streite innerhalb des Kabinetts gewesen war, konnte von Witzleben sich nun nicht den Kopf zerbrechen, denn er hielt ein ganz anderes Schreiben in den Händen.

»In Ordnung«, sinnierte er und legte das Dokument beiseite. »Mein Englisch ist nicht das Beste, aber ich denke, ich habe die Kernaussage verstanden.« Er seufzte tief. »Die Alliierten verharren also auf der bedingungslosen Kapitulation?«, schloss der Kanzler.

Louis Ferdinand betrachtete von Witzlebens Gesicht, das sich mit jeder Sekunde weiter verdunkelte. Der Kanzler schien diese Antwort erwartet zu haben, gleichwohl er nicht darauf vorbereitet war. Kurz umspielte ein Zucken den Mund des Reichskanzlers, dann fragte er: »Und? Das ist schließlich eine gemeinsame Erklärung. Was hatten Sie für einen Eindruck vor Ort? Von den einzelnen Parteien?«

Louis Ferdinand war bis vor vier Stunden noch in London gewesen, um mit den Alliierten über Friedensverhandlungen zu sprechen.

»Vor allem die Engländer und Russland«, begann er mit Resignation in der Stimme, »pochen auf der bedingungslosen Kapitulation. Bei Hull ...«

»... der Amerikaner?«

»... genau. Bei Hull habe ich das Gefühl, mit ihm lässt sich reden. Ich glaube, die Amerikaner können im Grunde auf Krieg mit uns verzichten.«

Von Witzleben nickte langsam, man sah ihm an, dass es in ihm arbeitete. Tiefe Falten bildeten sich auf seiner Stirn. Seine Finger tanzten auf der Tischplatte umher.

»Die wissen nun seit Italien, worauf sie sich eingelassen haben«, überlegte der Kanzler laut. »Ich werde für Sonntag das Kabinett einberufen. Wir müssen unser weiteres Vorgehen im Angesicht der jüngsten Entwicklungen planen.«

Das Zusammenkommen der Kriegsnationen hätte sicherlich hoffnungsvollere Ergebnisse zutage fördern können, doch auf der positiven Seite musste vermerkt werden, dass die Kriegsparteien – nach Hitlers Geheimverhandlungen mit England im Jahre 1940 – erstmals überhaupt wieder miteinander sprachen.

Plötzlich wurde die Türe zu von Witzlebens Büro aufgestoßen. Ein wutentbrannter Ludwig Beck im Anzug inklusive Schlips stürmte herein. Hinter Beck war von Witzlebens junger Adjutant zu sehen, dessen Gesicht eine stumme Entschuldigung zeichnete, dass er den Reichspräsidenten nicht hatte aufhalten können.

Von Witzleben bedeutete ihm, er solle die Türen schließen, dann echauffierte sich Beck bereits: »Ich lasse mich nicht länger zur Marionette von Kriegstreibern machen! Ich verlange, dass Sie umgehend die Friedensverhandlungen wiederaufnehmen.«

»Wenn das so einfach wäre«, seufzte der Kanzler und erhob sich. Dann begann er: »Herr Reichspräsident ...« Weiter kam er nicht, denn Beck fiel ihm jäh ins Wort: »Sparen Sie sich ihre Floskeln. Sie haben mich im letzten Jahr unter gewissen Vereinbarungen in diese Regierung geholt ...«

»Und die haben wir eingehalten.« Von Witzleben war irritiert.

»Sie haben jetzt fast ein Jahr lang weiter Krieg geführt – und außer ein paar Kilometern Geländegewinn hat es zu nichts geführt. Wie lange soll das noch gehen?«

»Solange es nötig ist.«

»Und dann der Bombenterror der Amerikaner und Briten! Wollen Sie etwa warten, bis auch die letzte deutsche Stadt vom Erdboden getilgt worden ist? Wie viele Deutsche sind ums Leben gekommen seit letztem November, nur um diesen sinnlosen Kampf weiter voranzutreiben? Von Italien will ich gar nicht erst anfangen!«

»Keine Bange, wir werden Italien nicht verlieren ...«

Beck unterbrach den Kanzler jäh: »Nein, sie werden DIESEN KRIEG verlieren! Sie müssen den Wahnsinn stoppen!«

Nun verstummte Beck und wartete auf eine Reaktion seines Gegenübers. Louis Ferdinand fühlte sich, als wäre er ausgeblendet worden. »Gerade von Ihnen hätte ich mehr Verständnis für die strategischen Zusammenhänge erwartet«, erwiderte von Witzleben ruhig und leckte sich die Lippen.

»Dann bin ich ja mal gespannt«, forderte Beck den Kanzler heraus und verschränkte die Arme.

»Wir haben das Jahr seit Hitlers Tod ja allein dazu gebraucht, um die gemachten Fehler zu korrigieren. Der Führer hatte sich so sehr in seine Offensiven gegen Stalingrad und den Kaukasus verbissen, dass er nicht hören wollte, wie fatal seine Pläne eigentlich waren. Als wir hier übernommen hatten, waren diese Offensiven in vollem Gange und wir mussten große Anstrengungen darauf verwenden, die totale Vernichtung der Heeresgruppe Süd zu verhindern, denn der Feind versuchte bereits, uns den Rückweg zu verlegen. Vor diesem Hintergrund sind unsere Erfolge in Kursk und Tula überwältigend.«

»Und wie viele Menschenleben hat das gekostet? Ich frage Sie, wie lange müssen noch junge Deutsche in fremden Ländern sterben, weil alte Männer hier in Berlin ihre Kriegsspiele treiben?«

»Bitte verschließen Sie nicht die Augen vor dem, was wir erreicht haben. Die Ostfront ist stabil. Von Manstein hat uns eine Atempause verschafft.«

»Dann verhandeln Sie doch bitte endlich über den Waffenstillstand! Sie können doch nicht nach London fliegen und erwarten, dass Sie den Gegnern keine Zugeständnisse machen müssen ...«

»Die Alliierten verharren noch immer auf der bedingungslosen Kapitulation. Wir sind also weiterhin am Zug, um sie davon zu überzeugen, dass das Deutsche Reich nicht zu schlagen ist.«

»Sind wir nicht zu schlagen?«

»Niemals wird es unter meiner Kanzlerschaft Zugeständnisse geben! Ich werde nicht tatenlos zusehen, wie Stalin sich den Osten des Reiches einverleibt und das Saarland und das Elsass an Frankreich fallen. Denken Sie doch mal an die Menschen, die dort leben!« Von Witzleben und Beck starrten sich an wie scharfe Hunde.

»Mit jedem Monat zögern Sie das Unvermeidbare weiter hinaus.« Becks Worte hatten nun fast einen bittenden Charakter. »Die Russen warten mit einer schier endlosen Masse an Soldaten und Panzern auf, und die Amerikaner stehen in Italien. Und die Spatzen pfeifen es ja schon von den Dächern, dass Frankreich als nächstes dran ist. Damit stünde dem Feind der Weg ins Reich offen. Wollen Sie warten, bis Sie den Alliierten Ihre Forderungen von Ihrem Bürofenster aus zurufen können? BEENDEN SIE DIESEN WAHNSINN!«

Von Witzleben zuckte. »Wir werden der Invasion in Frankreich entgegentreten und sie abschlagen.«

»So, wie Sie die in Italien abgeschlagen haben?« Für einen Augenblick hatte er damit eine Totenstille heraufbeschworen.

»Italien ist eine Sackgasse«, folgerte der Kanzler, »und wenn wir die Invasion auf dem europäischen Festland erst einmal abgewehrt haben, haben wir die Westmächte vom Hals. Ein zweites Mal werden die es nicht wagen.«

Becks Mimik verdrehte sich fast ins Wahnsinnige. Der alte General zeigte die Zähne, dann presste er die Lippen zusammen, während sich sein Gesicht mit Wut füllte. Louis Ferdinand wurde unheimlich bei diesem Anblick, doch Beck schüttelte bloß den Kopf.

»Pah!«, spuckte er, »Kriegstreiber! Sie alle sind kaum besser als die Nazis! Bloß ein Haufen von Kriegstreibern!« Und mit diesen Worten stapfte er aus dem Raum und hinterließ lange Augenblicke des Schweigens. Von Witzleben und Louis Ferdinand schauten sich an. Schließlich brach der Kronprinz das Schweigen: »Ich hörte von verschiedenen Invasionsgerüchten: Frankreich, Norwegen, Dänemark.«

»Wir müssen wohl davon ausgehen, dass es in Frankreich geschehen wird. Alles andere wäre Wahnsinn und würde den Alliierten bloß ein weiteres Italien einbringen, von wo aus kein Weg ins Reich führt. Wenn wir die Invasion im Westen abschlagen und im Osten den Russen im Stellungskrieg verbluten lassen, dann hat das Deutsche Reich eine realistische Chance«, proklamierte von Witzleben mit dünner Stimme. Müdigkeit schien ihn ergriffen zu haben.

»Wie sicher sind Sie sich damit?«

»Wir befinden uns im Krieg, mein Freund. Da ist nichts sicher.« Ein schwaches Grinsen huschte über von Witzlebens Antlitz.

»Ich sehe bloß, dass uns mit der Sowjetunion sowie den USA zwei weit überlegene Volkswirtschaften gegenüberstehen. Der Weltkrieg hat bereits bewiesen, dass dieser Tage am Ende der siegreich sein wird, der die effizienteste Volkswirtschaft hinter sich hat, nicht der mit der besten Armee.«

»Aber der Amerikaner ist ja allzu sehr mit den Japanern beschäftigt, als dass er seine ganze Aufmerksamkeit auf uns richten könnte. Wie sie selbst sagten, im Grunde wollen die gar keinen Krieg mit uns«, warf der Kanzler ein.

»Und wenn Japan einknickt?«

»Wir müssen alles daran setzen, dass dies nicht geschieht. Die Japaner sind in doppelter Hinsicht äußerst wichtig für uns – nicht bloß wegen der Amerikaner. Die Japaner binden auch starke Verbände der Russen, die sonst gegen uns eingesetzt werden würden. Also glauben Sie mir, dass die Unterstützung Japans seit Anbeginn meiner Amtszeit auf meiner Agenda weit oben steht.«

»Mit Verlaub, uns ermangelt es an den nötigen Kräften, andere zu unterstützen.«

»Mein guter Herr von Preußen, ohne ins Detail zu gehen, kann ich Ihnen versichern, dass wir dies bereits tun.«

Ferdinand starrte sein Gegenüber mit fragender Miene an. Der Kanzler erklärte sich knapp: »Wir und die Japaner sitzen im selben Boot. Umzingelt von unseren gemeinsamen Feinden, abgeschnitten von wichtigen Ressourcen. Wenn der eine untergeht, geht auch der andere unter, denn einer alleine ist der geballten Macht unserer Feinde nicht gewachsen.«

»Was wollen Sie damit andeuten?«

»Technologie, Material, Ausbildung, Wissen. So handhabe ich das mit all unseren Verbündeten; und glauben Sie mir, die Risiken dieses Vorgehens sind mir bewusst. Doch im Augenblick zählt jeder Verbündete – und jeder Verbündete muss gestärkt werden, wo es nur geht. Nur ist Japan ein Fall für sich; unser stärkster Alliierter, doch leider so gut wie unerreichbar. Wir haben nicht umsonst damit begonnen, die U-

Boote aus dem Atlantik abzuziehen.«

»Wir haben die U-Boote aus dem Atlantik abgezogen?«

Von Witzleben lachte auf. »Scheinbar so unauffällig, dass nicht einmal die eigenen Minister etwas davon mitbekommen haben«, freute er sich.

Von Preußen jedoch konnte sich nicht freuen, wurde ihm doch bewusst, wie sehr ihn der Kanzler an der kurzen Leine führte, wie wenig er als Außenminister eigentlich in die Geschäfte involviert war, die Deutschland mit seinen Verbündeten abwickelte.

»Aber ... England? Wir müssen die Insel vom Nachschub abschneiden.«

Der Kanzler schüttelte entschieden den Kopf. »Schauen Sie sich an, wie sich die Zahlen seit Jahresbeginn entwickelt haben. Die Schlacht um den Atlantik ist aussichtslos geworden, und ich werde unsere Männer nicht auf Selbstmordkommandos schicken. Wir benötigen unsere Boote viel eher in europäischen Gewässern zum Schutze der Heimat – und für Spezialaufträge im Pazifik.«

Nachspiel

Das Jahr 1941 lag in den letzten Zügen. In einem kleinen Apartment unter dem Spitzdach eines Mehrfamilienhauses am nördlichen Stadtrand von San Diego, Kalifornien, verbrachte Private Tom Roebuck den Abend mit seiner Ehefrau Marie. Es würde ihr letzter gemeinsamer Abend werden, ehe er fort musste. Die Ehe der beiden war noch frisch. Anfang des Jahres hatten sie sich kennengelernt und im September dann geheiratet. Zu der Zeit war die Welt noch in Ordnung gewesen – zumindest in den Staaten. Seit dem 7. Dezember allerdings war alles anders. Die USA waren überraschend von den Japanern angegriffen worden. Gleich darauf erklärte Nazi-Deutschland Amerika den Krieg. Roebuck hatte seine Marschbefehle erhalten, das Corps gönnte ihm scheinbar nicht einmal mehr die Neujahrsfeier.

Leichter Nieselregen besprenkelte die Fenster. Vergoldete Glöckchen und bunte Glaskugeln zierten einen kleinen Weihnachtsbaum, der auf dem Esstisch aufgebaut war. Marie – deren Urgroßeltern aus Österreich stammten – hatte die Vorhänge zugezogen, damit die Nachbarn von Gegenüber sie nicht beim Liebesspiel mit ihrem Mann beobachten konnten. Seit Toms Rückkehr aus der Base verführte sie ihn zu jeder sich bietenden Gelegenheit, verwöhnte ihn ausgiebig mit allen ihr zur Verfügung stehenden Mitteln.

Sie würde das vor ihm nie zugeben, doch sie hatte Angst, er würde sich im Pazifik eine Asiatin zur Geliebten nehmen. Daher wollte sie die kurze ihnen vom Marine Corps gegönnte Zeit nutzen, ihren Mann eindringlich davon zu überzeugen, was er an ihr hatte.

Nun saßen beide auf dem Teppich vor dem Sofa – ineinander verschlungen lauschten sie schweigsam ruhiger Jazz-Musik, die aus dem Radio kam. Ein Klassiker von Benny Goodman wurde gespielt. Gerade erfüllte der vom Saxophon begleitete Refrain mit »He's not worth your tears« den Raum. Minuten des Schweigens vergingen. Marie stieg sein Körpergeruch in die Nase, den sie sehr mochte. Sie spürte sein bedächtig schlagendes Herz und seine Atmung. Ganz langsam hob und senkte sich sein Brustkorb – immer wieder.

Sie hatte ihre rechte Hand auf seinen Thorax gelegt und umspielte mit ihren Fingern die schwarzen Haare, die Tom dort hatte. Zehn Uhr pm war schon durch. Sie seufzte leise. Morgen früh würde er in den Zug steigen müssen. Einmal noch wollte sie ihm in dieser Nacht ihren Körper schenken. Einmal noch.

Ihr Unterleib war ausgelaugt, ihre Lippen brannten; doch sie hatte wahnsinnige Angst, Tom könnte sich in das betörende Wesen einer exotischen Asiatin vergucken. Einmal musste sie noch mit ihm schlafen.

»Marie«, flüsterte er plötzlich. Seine raue Stimme verlieh ihrem Namen einen besonderen Klang.

»Ja?«, hauchte sie.

»Marie, Honey.« Seine Augen waren glasig. »Du bist die wundervollste Frau, die ein Mann sich wünschen kann.« Er lächelte sie an. Sanft und weich waren die Züge um seinen Mund, wenn er das tat. Umgehend setzte ein Kribbeln in ihrem Bauch ein. Marie lächelte zurück, alsdann überfiel sie Traurigkeit, die ihre Gesichtszüge verformte.

»Morgen steigst du in den Zug«, wisperte sie mit bebender Stimme, »und dann bist du so lange fort. Ich könnte weinen, wenn ich daran denke.«

Sie senkte ihr Haupt, doch Tom fasste sie am Kinn und hob sanft ihr Antlitz an, bis sich ihre Blicke trafen. Das tat er immer, wenn sie traurig war. Sie liebte ihn.

»Nächstes Weihnachten werden wir wieder beisammen sein. Der Lieutenant Colonel hat gesagt, die Japs halten kein Jahr gegen uns aus.«

»Aber was dann? Dann schicken sie dich nach Europa.«

Tom lachte behutsam auf. »Little Marie.« Er drückte sie an sich und küsste ihre Schläfe. »Little Marie, vom Militär hast du keinen Schimmer, muss ich feststellen. Du überschätzt die Germans maßlos. Schau dir den Großen Krieg an. Kaum waren unsere Boys in Europa, hatten sie die deutsche Armee schon zerschlagen.«

Sie blickte ihn mit weiten Augen an – erwartungsvoll. Ihre Lippen bebten.

»Glaub mir, Hitler wird noch vor Tōjō zur Hölle fahren«, versicherte er ihr.

Abkürzungen militärischer Einheiten (Größen in Klammern, Angaben beziehen sich auf das Heer)

Trp, Trupp, (kleinste militärische Einheit; der Spähtrupp ist eine Besonderheit: obwohl Trupp genannt, operiert er meistens in Gruppenstärke)
Grp, Gruppe (im Schnitt 10 Mann)
Zg, Zug (Zugführer plus drei bis fünf Gruppen)
Kp, Kompanie (sehr unterschiedlich, meistens drei Züge plus Versorgungselement)
Abt, Abteilung (mehrere Kompanien, meist drei bis sechs plus Versorgungselement)
Btl, Bataillon (Stab plus zwei bis fünf Kompanien plus Versorgungselement)
Rgt, Regiment (zwei bis vier Bataillone)
Brig, Brigade (sehr unterschiedlich, insgesamt bis etwa 5.000 Mann)
Div, Division (sehr unterschiedlich, etwa 5.000 bis 30.000 Mann)
K, Korps (zwischen zwei und fünf Divisionen)
A, Armee (zwischen drei und sechs Korps)
Heeresgruppe, (keine Abkürzung, mehr als zwei Armeen)
KG, Kampfgruppe (Kp-Stärke bis hin zur K-Größe)
OB, Oberbefehlshaber

Militärische Einheiten englisch

Trupp, Team
Gruppe, Squad (US), Section (GB)
Zug, Platoon
Kompanie, Company
Bataillon, Battalion

Regiment, Regiment
Brigade, Brigade
Division, Division
Korps, Corps
Armee, Field Army
Heeresgruppe, Army Group

Personenverzeichnis
Dienstgrad, Einheit und Dienststellung entsprechen der Situation **während der ersten Erwähnung** der Figur im Roman.

Balduin, Horst, Leutnant, Chef der Aufklärungs-Schwadron / SonderRgt 2 / KG Becker / Heeresgruppe Mitte / OB Ost
Barth, Alfred, Grenadier, Soldat der Grp Berning
Bauer, Heinz-Gerd, Obergrenadier, MG-Schütze der Grp Pappendorf
Beck, Ludwig*, Generaloberst a.D., Reichspräsident des Deutschen Reichs
Bennett, Arnold* †, englischer Schriftsteller
Berning, Franz, Unteroffizier, Gruppenführer 2. Grp / 2. Zg / Aufklärungs-Schwadron / SonderRgt 2 / KG Becker / Heeresgruppe Mitte / OB Ost
Berning, Gustav, Franz' Vater, Postbeamter in Podersdorf
Bongartz, Rudi †, Gefreiter, ehemaliger MG-2-Schütze der Grp Berning, bei Olchowatka gefallen
Born, Eduard †, Stabsgefreiter, ehemaliges Besatzungsmitglied des Panzers Engelmann, gefallen bei Kursk
Brinkmann, Karl, Unteroffizier, Führer GasspürTrp / 1. Kp / Panzerjäger-Abt 355 / 355. Infanterie-Div / XXXXII. AK / A-Abt-Kempf / Heeresgruppe Süd / OB Ost
Busse, Theodor* †, Oberst, ehemaliger 1a der 11. Armee, gefallen bei Stalingrad

D'Amico, John, Private First Class, Heavy Machine Gun Squad / 1st Platoon / Company L / 4th Marine Raider Battalion / 1st Marine Raider Regiment / United States Marine Corps
Donner, Friedhelm, Leutnant, Patient des Adolf-Hitler-Sanatoriums
Droste, Hans-Josef, Hauptmann, Kommandeur der Panzerjäger-Abt 355 / 355. Infanterie-Div / XXXXII. AK / A-Abt-Kempf / Heeresgruppe Süd / OB Ost
Engelmann, Else, Frau von Leutnant Josef Engelmann
Engelmann, Gudrun, Tochter von Josef und Else Engelmann
Engelmann, Josef »Sepp«, Leutnant, kommissarischer Kompaniechef 9. Kp / PzRgt 2 / KG Sieckenius / Heeresgruppe Süd / OB Ost
Fontane, Theodor* †, deutscher Schriftsteller und Apotheker
Goodmann, Benny*, amerikanischer Jazz-Musiker
Guderian, Heinz*, Generalfeldmarschall, Chef des Heereswaffenamtes
Gunthermann, Hagen, Feldwebel, Panzerkommandant von Anna 2 in der Kp Engelmann
Hausser, Paul*, General der Panzertruppe, Kommandeur des II. Panzer-K, direkt geführt durch OB Ost
Hitler, Adolf* †, ehemaliger »Führer« des Deutschen Reichs
Hoth, Hermann*, Generalfeldmarschall, Generalstabschef des OB Ost
Hugo, Victor-Marie* †, französischer Schriftsteller
Hube, Hans-Valentin*, General der Panzertruppe, OB Sizilien (untersteht dem OB Italien)
Hull, Cordell*, Außenminister der USA
Jahnke, Siegfried, Panzeroberschütze, Ladeschütze im Panzer Engelmann
Juergens, Timothy, Private First Class, Heavy Machine Gun Squad / 1st Platoon / Company L / 4th Marine Raider Battalion / 1st Marine Raider Regiment / United States Marine Corps

Kesselring, Albert*, Generalfeldmarschall, OB Italien
Klaus, Moritz, Unterfeldwebel, Panzerkommandant von Anna 3 in der Kp Engelmann
Kreisel, Helmut*, Stabsfeldwebel, Verpflegungsoffizier PzRgt 2 / KG Sieckenius / Heeresgruppe Süd / OB Ost
Krüger, Ernst, Doktor, Oberfeldarzt, Chefarzt im Feldlazarett der 72. Infanterie-Div
Krupp, Alfried*, Inhaber der Friedrich Krupp AG
Küpper, Sieglinde, Rote-Kreuz-Schwester im Dienste der Kur-Abt 1
Laschke, Henning †, Unteroffizier, Panzerkommandant im ehemaligen Zg Engelmann, gefallen bei Kursk
Lenz, Udo, Obergrenadier, Soldat des Zg Pappendorf
Link, Hans-Werner, Doktor, Generalarzt, Leiter des Adolf-Hitler-Sanatoriums
Ludwig, Theo, Obergefreiter, Richtschütze im Panzer Engelmann
Micgy, Renate, Krankenschwester im Feldlazarett der 72. Infanterie-Div
Milch, Erhard*, Generalfeldmarschall, OB der Luftwaffe
Morgan, William, Captain, Kompaniechef Company L / 4th Marine Raider Battalion / 1st Marine Raider Regiment / USA Marine Corps
Münster, Hans, Unterfeldwebel, Kraftfahrer im Panzer Engelmann
Mussolini, Benito*, Ministerpräsident Italiens
Nabokov, Iljitsch, Jefereitor (Gefreiter), Panzerfahrer im 2. Zg / 2. Kp / 2. Tankovy Batalon / 40. Gardepanzer-Brig / 11. mechanisiertes Garde-K / 1. Gardepanzer-A / Woronesher Front
Nehring, Walther*, General der Panzertruppe, Verbindungsoffizier der Panzertruppe zur kaiserlich-japanischen Armee
Nitz, Eberhardt, Feldwebel, Funker im Panzer Engelmann

Ossipow, Dimitri, Mlatschi Leitenant, Panzerkommandant im 2. Zg / 2. Kp / 2. Tankovy Batalon / 40. Gardepanzer-Brig / 11. mechanisiertes Garde-K / 1. Gardepanzer-A / Woronesher Front
Pappendorf, Adolf, Unterfeldwebel, Zugführer 2. Zg / Aufklärungs-Schwadron / SonderRgt 2/ KG Becker / Heeresgruppe Mitte / OB Ost
Porsche, Ferdinand*, Inhaber von Porsche und Volkswagenwerk GmbH
Reyter, Max*, General-Polkownik (Generaloberst), OB der Brjansker Front
Roebuck, Tom, Private First Class, Bazooka Squad / Weapons Platoon / Company L / 4th Marine Raider Battalion / 1st Marine Raider Regiment / United States Marine Corps
Roebuck, Marie, Ehefrau von Tom Roebuck
Rommel, Erwin*, Generalfeldmarschall, OB der Heeresgruppe Nord
Roth, Luise, Mitarbeiterin im britischen Konsulat in Bern
Saviano, Tony, Private First Class, Bazooka Squad / Weapons Platoon / Company L / 4th Marine Raider Battalion / 1st Marine Raider Regiment / United States Marine Corps
Schapnick, Bernhard, Obergrenadier, Soldat der Grp Berning
Schukow, Georgi*, Marschall Sowjetskowo Sojusa (Marschall der Sowjetunion), erster stellvertretender Volkskommissar für die Verteidigung der Sowjetunion
Sieckenius, Rudolf*, Generalmajor, Kommandeur KG Sieckenius / Heeresgruppe Süd / OB Ost
Speer, Albert*, Reichsminister für Produktion und Rüstung
Stalin, Josef*, Führer der Sowjetunion
Stollwerk, Arno, Hauptmann, Kompaniechef 12. Kp / PzRgt 2 / KG Sieckenius / Heeresgruppe Süd / OB Ost
Taylor, Thomas, Unteroffizier, Soldat des Sonderverbands Brandenburg; kommandiert zur Abwehr

Tillmann, Remigius, Obergrenadier, 2. Zg / 1. Kp / Panzerjäger-Abt 355 / 355. Infanterie-Div / XXXXII. AK / A-Abt-Kempf / Heeresgruppe Süd / OB Ost
Timofej, Wassili, Mladschi Serschant (Unteroffizier), Panzerfahrer im 2. Zg / 2. Kp / 2. Tankovy Batalon / 40. Gardepanzer-Brig / 11. mechanisiertes Garde-K / 1. Gardepanzer-A / Woronesher Front
Tōjō, Hideki*, Premierminister Japans
Tonti, Hugo †, Primo Capitano, Patient des Adolf-Hitler-Sanatoriums
von Burgsdorff, Kurt*, Major der Reserve, Kommandeur des PzRgt 2 / KG Sieckenius / Heeresgruppe Süd / OB Ost
von Goethe, Johann Wolfgang* †, deutscher Schriftsteller
von Manstein, Erich*, Generalfeldmarschall, OB Ost
von Preußen, Louis Ferdinand*, Reichsaußenminister des Deutschen Reichs
von Rundstedt, Gerd*, Generalfeldmarschall, OB des OKH
von Witzleben, Erwin*, Generalfeldmarschall, Reichskanzler des Deutschen Reichs, OB der Wehrmacht
Walther, Emil, Obergrenadier, 1. Zug / 1. Kp / Panzerjäger-Abt 355 / 355. Infanterie-Div / XXXXII. AK / A-Abt-Kempf / Heeresgruppe Süd / OB Ost
Weiß, Otto, Obergefreiter, Soldat der Grp Berning

*historische Persönlichkeit

Vorankündigung
Dezember 2014 erscheint STAHLZEIT Band 3
April 2015 erscheint STAHLZEIT Band 4

Newsletter
Wenn Sie monatlich kostenlos per E-Mail
Infos zu unseren Neuerscheinungen erhalten möchten,
abonnieren Sie bitte unseren Newsletter.
Geben Sie dazu bitte auf der Seite
www.hjb-news.de
Ihre E-Mail-Adresse an und klicken auf *Senden*.
Natürlich können Sie den Newsletter
jederzeit wieder abbestellen.

News-Ticker
Auf der Homepage
www.unitall.de
informiert Sie ein aktueller News-Ticker.